ye 16495

LE TOUR-DE-VILLE

PROMENADE CHARTRAINE

EN 22 STATIONS

PAR M. L'ABBÉ CALLUET

Chanoine honoraire, ancien principal du Collège de Chartres

CHARTRES
NOURY-COQUARD, LIBRAIRE ÉDITEUR
RUE DU CHEVAL-BLANC.
1858.

AUX CHARTRAINS

PROLOGUE

I. LA BUTTE DES CHARBONNIERS
II. FÊTES ET RÉJOUISSANCES
III. LA BUTTE DU VIDAME
IV. LA FOIRE DES BARRICADES
V. LE MARCHÉ AUX CHEVAUX
VI. LA PLACE DES ÉPARS
VII. NOUVEAUX PROJETS
VIII. SOUVENIRS D'AUTREFOIS
IX. LA BUTTE SAINT-MICHEL
X. LE CŒUR-PÉTION
XI. LA BUTTE DE LA COURTILLE
XII. LE PONT DE LA COURTILLE
XIII. LE FAUBOURG DE LA GRAPPE
XIV. LA PORTE MORARD
XV. LA PORTE GUILLAUME
XVI. LE VIEUX-TROU
XVII. LES FILLES-DIEU
XVIII. LE PONT-NEUF
XIX. LA PORTE DROUAISE
XX. SAINT-MAURICE
XXI. L'EMBARCADÈRE
XXII. INAUGURATION DU CHEMIN DE FER

ÉPILOGUE

LE TOUR DE VILLE.

Nogent-le-Rotrou, Imprimerie de A. GOUVERNEUR.

LE

TOUR-DE-VILLE

PROMENADE CHARTRAINE

EN 22 STATIONS

PAR M. L'ABBÉ CALLUET

Chanoine honoraire, ancien principal du Collége
de Chartres.

CHARTRES

NOURY-COQUARD, LIBRAIRE-ÉDITEUR,
RUE DU CHEVAL-BLANC.

1858.

AUX CHARTRAINS.

C'est à vous, mes chers compatriotes, à vous surtout fidèles habitués du Tour-de-Ville, que je fais hommage de cette Mosaïque. Ce sont vos plaisirs de chaque jour que je chante. Je ne veux point d'autres Mécènes.

Que ne vous doit pas l'œuvre légère?

C'étaient d'abord quelques rimes fugitives, saisies au vol sous nos tilleuls et uniquement destinées à deux ou trois oreilles amies. Mais depuis, vos conseils ne m'ont pas manqué; vous avez posé devant moi; vous m'avez libéralement fourni vos souvenirs et vos pensées; et grâce aux miettes que chacun lui a jetées, voilà le petit poisson devenu grand.

Vous en plaira-t-il davantage?

Vous me pardonnerez du moins en faveur de la bonne volonté. J'ai vu chacun dans notre France, historien ou peintre, célébrer à l'envi la gloire de sa province ou la beauté de ses rivages. Et moi aussi, pauvre vétéran mis à la réforme, j'ai voulu, à ma façon, faire valoir mon clocher.

Je le sais, mes chers concitoyens, c'est vous offrir bien peu de choses au milieu des grands intérêts qui vous agitent. Condamné à ne rien faire, le vieux Professeur a fait ces riens ; comme aux jours de ma jeunesse, je vous ai consacré mes derniers loisirs.

N'allez donc pas juger trop sévèrement ces rêves d'un Invalide. Laissons dormir aujourd'hui les grands préceptes classiques ; c'est encore une promenade que je fais avec vous. Que mon vers puisse courir à l'aventure sérieux ou gai, bavard ou concis, prévenant ou grondeur, suivant la température ou la santé.

J'ai pris partout sur mon chemin, présent ou passé, histoire ou conte, philosophie ou badinage ; tout m'a semblé bon, pourvu qu'il amusât.

Indulgens et faciles, lisez donc à vos momens perdus ces fantaisies rimées, comme je les ai faites moi-même. Dans mes courses solitaires, elles ont été pour moi, pendant vingt ans, une source de distractions joyeuses ; puissent-elles aussi parfois vous dérider le front, et jeter sur vos lèvres un sourire au milieu de toutes les misères de la vie ! Un moment d'oubli par le temps qui court est une chose si bonne et si rare !

CALLUET.

PROLOGUE.

—

Vois, mon ami, comme le doux printemps
Nous envoie un charmant sourire !
La chaude haleine du zéphire
Caresse mes cheveux flottans ;
Tout se réveille, et la nature
Reprend partout sa robe de verdure ;
Écoute : les oiseaux chantent dans le lointain !
Sous les tilleuls fleuris de sa butte facile
Chartres va respirer les parfums du matin ;
Jeunes époux du lendemain,
Allons aussi comme eux faire un long Tour-de-Ville !

∴

Sous ce brillant soleil d'été,
Que fais-tu, beau chasseur, avec cette famille
Par mille bonds joyeux fêtant sa liberté ?
Je comprends, nos épis tombent sous la faucille ;
Dans son gîte bientôt le lièvre épouvanté
Connaîtra ton adresse et leur agilité ;
Devant toi la meute indocile,
En attendant, court, aboie et s'ébat ;.

Et pour la préparer au grand jour du combat,
   Tu lui fais faire un Tour-de-Ville!

Eh quoi! toujours courbés sur d'épais bordereaux!
   On ne vit pas au fond de nos bureaux.
De l'automne déjà les froides matinées
Ont allumé la houille et rougi nos tuyaux.
Mais de la liberté les heures sont sonnées!
   C'est assez! en toute saison
   En avons-nous sans rime ni raison
      Barbouillé de ces paperasses!
Tôt ou tard, je le crains, si quelqu'embrasement
Ne met pas ordre enfin à cet encombrement,
Le sol refusera d'en supporter les masses.
Soignons bien cependant nos santés et nos places!
Dans cet air vicié l'esprit s'appesantit;
   Pour nous tenir la jambe agile,
   Et nous rendre un peu d'appétit,
Amis, avant dîner, faisons un Tour-de-Ville!

Où vont sous leurs manteaux ces promeneurs tremblans
Et d'un chaud bonnet noir couvrant leurs cheveux blancs?
   Ne sentez-vous pas comme il gèle?
   « — Sous nos pieds la glace étincelle,
   » Il est vrai; mais voyez ce beau soleil d'hiver!
   » Le coin du feu ne vaut pas ce bon air;
   » Nous usons du moment, c'est le conseil du sage;

» *Le festin n'est pas long, quand on est au dessert.*
» *Chartres de jour en jour prend un autre visage;*
   » *Sous leurs nouveaux alignemens*
   » *Ses carrefours et ses vieux monumens*
» *Ont bientôt disparu; mais la Butte entre mille*
» *A profité du moins à tous ces changemens.*
   » *Pour le vieillard grelottant et débile*
» *La Petite-Provence offre-t-elle à Paris*
» *Contre le nord cruel de plus tièdes abris?*
» *Heureux qui fait encore un demi Tour-de-Ville!* »

Le voilà des Chartrains le mot sacramentel!
   Il est né dans notre patrie,
Il a grandi comme elle et vécu de sa vie;
C'est sa religion, son culte solennel!
   De près, de loin, pas un seul ne l'oublie;
Il galope avec eux le long du grand chemin;
   A Bordeaux, à Marseille, à Lille;
Voudraient-ils se cacher? Le mot part, et soudain
   On les connaît au Tour-de-Ville.

   C'est leur plaisir de chaque jour :
Qu'un peu de bleu se montre à travers le nuage,
Et les voilà courant à leur premier amour !
Le père avec respect garda le saint usage,
   Et le fils l'observe à son tour;
   On se le passe d'âge en âge.

Si l'amateur fidèle, effrayé par l'orage,
N'a pu s'aventurer dans le cercle prescrit,
Sa journée est perdue, et le soir dans son lit
  Nul espoir de dormir tranquille!
  C'est le baume à ses longs travaux;
Même, quand on le porte à son dernier repos,
  Il fait encor son Tour-de-Ville!

  Heureux celui qui de sa main,
  Loin du tumulte de la ville,
  Sans nul souci du lendemain,
 Taille sa vigne et bêche son jardin!
Ainsi dirait Horace, ainsi dirait Virgile,
  Ou tel autre grimaud romain.
  Mais à Chartres, changeant de style,
  Le forgeron qui bat le fer,
  Le marchand aunant son étoffe,
  Le vieux Régent dans son enfer,
  Le poète et le philosophe,
Disent : « trois fois heureux qui peut d'un pied certain,
» Après avoir placé ses fonds en temps utile,
  » Sur ses vieux jours soir et matin
  » Faire en causant son Tour-de-Ville! »

  Le fils du riche vigneron
 Vient d'épouser l'active jardinière;
 En bons voisins Saint-Brice et Saint-Cheron

Sont accourus se joindre à leur prière.
  Sans compter tous ces vœux touchans,
 Pour être heureux, tous deux en mariage
Apportent un bon cœur, des bras et du courage,
Le tout assaisonné d'écus et de bons champs;
Rien ne manque : au dessert tambour et clarinette
  Les régalent de tous leurs sons,
Et mère des plaisirs, la bruyante Suzette
Épuise en leur honneur sa boîte et ses chansons.
Mais tout cela pourtant sera peine inutile,
 Si ce jour-là, dans ses habits fringans,
  Après avoir couru les gants,
La noce ne fait pas un joyeux Tour-de-Ville ! (1)

  Enfans de la vieille cité,
  Nobles cœurs qui rêvez la gloire,
  A chaque page de l'histoire
Je trouve un de vos noms digne d'être cité !
Dans nos temples sacrés, ou dans les Cours suprêmes
Les peuples en suspens écoutent votre voix;
Ici vous protégez l'innocence aux abois,
Là de l'antiquité vous sondez les problèmes;
  A vous les lettres et les arts,
  A vous la scène dramatique,
  Et les camps de la politique
  Et les terribles jeux de Mars !

(1) Usage adopté par les habitants des faubourgs.

Ma tâche à moi doit être plus facile ;
J'admire vos succès et n'en suis pas jaloux ;
   Laissez-moi, pas trop loin de vous,
Sans autre ambition faire mon Tour-de-Ville.

M'y voici bien déterminé :
En fils reconnaissant je veux payer ma dette ;
Ce que je fis à pied je le fais en poète ;
Mais qui protégera le pauvre nouveau-né ?
Si frêle, qui voudra lui servir de marraines ?
  Ce sera vous, généreuses Chartraines,
   Vous dont la douce intimité
  M'a fait si bien comprendre quel empire
Exercent la Raison, la Grâce et la Bonté.
   Le moyen de vous en dédire ?
Chacune encourageant mes essais d'un sourire,
Vous avez de mon plan dessiné le contour
  Et croqué plus d'un personnage ;
Vous avez commencé, finissez votre ouvrage.
Allons, ma plume est prête, ô mes Muses, dictez !
Corrigez, effacez, vous me verrez docile ;
Heureux de vous entendre, et fier à vos côtés
De faire en si bon lieu le plus beau Tour-de-Ville !

LE TOUR-DE-VILLE.

PREMIÈRE STATION.

LA BUTTE DES CHARBONNIERS.

I. La nouvelle rue du Rempart. — Le Grand-Pas. — Embellissemens nouveaux. — Faubourg Saint-Jean. — Embarcadère et Carmélites.

II. Habitués de la Promenade. — Invasion de la Butte pendant les foires.

I

Voici l'heure où penché vers d'autres hémisphères,
Le soleil rafraîchit le feu de ses rayons ;
J'ai dîné, donnez-moi ma cape et mes crayons ;
Mon chien s'impatiente ; à demain les affaires !

Je suis parti : Saint-Jean a mon premier coup d'œil,
Par lui presque toujours commence mon voyage ;
    Vieux routinier, je tiens de l'écureuil ;
    J'aime à tourner comme lui dans ma cage.

Ce bon voisin, comme il a dû souffrir,
  Du haut de sa poterne antique (1),
Quand il vit un beau jour sa tourelle gothique
Sous le fer menaçant s'écrouler et périr !
A moitié cependant je plains son aventure ;
On prit soin de verser l'huile sur sa blessure ;
  On lui donna pour prix de son rempart,
    Entre ces deux rangs de verdure,
Cette charmante rue, où le rapide char,
Planant comme l'oiseau par-dessus le feuillage,
    S'en va de son premier étage
    Descendre sur le boulevard.
    Tout contribue au joli paysage :
Sur ces gazons nouveaux la rose et le jasmin
Accourent à l'envi jusqu'au bord du chemin
    Pour parfumer le voisinage ;
Les pentes ont appris à se civiliser,
Et la tête penchée au travers de leurs grilles,
    Le long de ces jeunes charmilles,
Les fleurs en souriant nous regardent passer.

Mais descendons, les tilleuls nous demandent,
    J'entends leurs feuilles soupirer ;
Sous leurs berceaux les Charbonniers attendent,
N'allons pas trop longtemps nous faire désirer.

    Voici le banc par excellence,
    Chez nos aïeux autrefois si vanté,
    Et de nos jours encor plus fréquenté,
Par où chacun finit, par où chacun commence ;
    Le centre et le trait d'union

(1) La porte Saint-Jean, simple poterne dans l'origine
resta bouchée pendant plusieurs siècles.

Qui joint élégamment la double section
   De notre longue et brillante avenue
Par mille petits soins si bien entretenue,
Le Grand-Pas, puisqu'il faut l'appeler par son nom.

     De combien de douces paroles
   Ne fut-il pas le confident discret ?
     L'ami lui conte son secret,
   Et le bavard ses histoires frivoles.

    Dès que renaissent les beaux jours,
    Près de lui la mère attentive,
    Loin des dangers et du qui-vive,
Guide les premiers pas de ses jeunes amours.
Son soleil est si doux ! son sable si facile !
Elle veut que son fils, à peine ouvrant les yeux,
   Respire avec l'air de ces lieux
L'amour de la patrie et de son Tour-de-Ville.

Rendez-vous général de tous nos vieux bourgeois,
    Après leur course favorite,
Ces bienheureux, assis et fiers comme des rois,
Y toussent leur catarrhe, y crachent leur pituite (1),
    C'est là qu'ils prennent leur café,
    Et sur cette ouate un peu dure
Le fluide embaumé d'une atmosphère pure
Y restaure sans frais leur larynx échauffé.

Aussi, que le soleil, près ou loin du tropique,
    Visite ses douze maisons,
    A toute heure, en toutes saisons
   Mon Grand-Pas a toujours pratique.

  (1) Les vieux habitués l'appellent le *café de la Pituite*.

Un matin j'eus bien peur : avec leurs pics tout prêts
Tombe ici de maçons une bande empressée.
  Devant leurs sinistres apprêts
  Pour sa vieillesse menacée
Je craignis un moment quelques sombres arrêts.
Faudra-t-il préparer son hymne funéraire ?
  L'âme navrée et des pleurs dans les yeux.
  Sur cette race téméraire
J'allais donc appeler la vengeance des dieux.

  Je me trompais : tout au contraire
  Nos artistes réparateurs,
  Eminemment conservateurs,
Venaient consolider de leurs mains généreuses
  Ce trône souvent disputé
  Par tant de royautés heureuses.
On pensait même à notre sûreté :
  Vieillards tremblans, mères peureuses,
  Du haut du talus redouté
  Ne craignez plus les chutes dangereuses !
Que dis-je ? on écarta tout ce qui nous choquait :
Les bancs, les escaliers, les rampes aplanies,
La berge où trop souvent le frais gazon manquait,
  Les balustrades rajeunies,
Tout pour nous enchanter a pris un air coquet.

Ma butte au long rempart avec son entourage
  En tous les temps fut mes amours.
  Je la visite tous les jours
  Et tous les jours je m'y plais davantage.
Comme ses beaux tilleuls (1) dans tout le feu de l'âge
  Auprès de nous semblent heureux !

(1) La butte des Charbonniers fut refaite et plantée en 1790

Couronnés de fleurs et d'ombrage,
Ont-ils jamais poussé des jets plus vigoureux ?

Le soir surtout par un ciel sans nuage,
　　Sur le penchant de ce ravin,
J'aime là, sous mes yeux, ce modeste village,
　　D'où s'élancent chaque matin,
Le jupon retroussé, cent alertes laitières,
　　Nous apportant leur lait chrétien,
Et comptant sur leurs doigts tout ce qui leur revient
　　Tant pour elles, tant pour leurs mères ;
J'aime, au milieu des vignes, des moissons,
　　Ce pêle-mêle de maisons,
　　Auprès de ces vieux toits rustiques
　　De chaume et de mousse couverts,
Ces jolis pavillons tout chamarrés de briques
Avec leur teinte rose et leurs contrevents verts.
J'aime, au bas de ce pont fait jadis d'une pierre,
Sous les saules touffus ce limpide abreuvoir,
　　Où la vache se désaltère,
　　Où le cheval de retour chaque soir
De ses pieds fatigués va laver la poussière.
J'aime tout à côté cette œuvre de Romains,
　　Ces arches courant sur nos têtes,
　　Que nos savans, affamés de conquêtes,
Viennent de jeter là de leurs prodigues mains.
Enfin pour encadrer cette magnificence,
J'aime ces marronniers aussi vieux que la France,
Ces coteaux en gradins s'élevant tout autour
Avec leur pampre vert où la grappe se dore,
Et puis sur tout cela ce beau ciel rouge encore
　　Des derniers feux du jour !

Vous voulez qu'un tableau vive par les contraires :

Regardez ces deux monumens
Opposés par leurs caractères,
Et vous aurez amples contentemens.

Ici, la paix et le silence,
La prière à genoux au pied du saint autel,
Et la veille, et le jeûne, et la longue abstinence,
Et le cilice du Carmel.

Là, le mouvement et la vie.
La foule tour à tour de la foule suivie,
Les voyageurs, les commerçans,
Les chariots pliant sous le poids des bagages,
Les troupes d'animaux bêlans et mugissans ;
Les leviers sur les trucks hissant les équipages,
Le convoi qu'on décharge et le tender qui part ;
Mille bruits confondus ensemble,
La cloche du retour, le sifflet du départ,
La vapeur qui rugit et la foule qui tremble.

Ainsi dans son palais, l'homme, ce fier géant,
En maître souverain s'empare de la terre ;
Tandis que sous le toit de l'humble monastère,
La femme, ce timide et gracieux néant,
Les yeux fixés sur la palme future,
Dans la lutte d'un long duel,
En brisant sa faible nature
Marche à la conquête du ciel.

Près de nos modernes ouvrages,
Je voudrais que Saint-Jean dans son clos spacieux
Pût encore offrir à nos yeux,
Au lieu de ces vains jardinages,
Son vieux cloître mystérieux.

Nous aurions avec fruit comparé les deux âges.
Chaque siècle a sa gloire et sa perfection.
Vous vous en souvenez, ici notre grand Yves (1)
Avait dressé les murs d'une sainte Sion
  Pour les âmes contemplatives.
Mais que sont devenus ces funèbres caveaux,
  Où les prélats et les héros,
Près des hommes de Dieu, pour leurs froides reliques
  Allaient demander le repos ?
Où sont ces vieilles nefs et ces sombres portiques
  Tout noircis par l'antiquité ?
  La guerre, hélas ! l'impitoyable guerre,
Une torche à la main, a tout couché par terre
  Au nom de la divinité ;
  Insensés qui frappaient un frère
  Et s'écriaient : charité ! charité !

II

  Oui certes, c'est bien pour vous-même,
  O mon beau mail, que je vous aime ;
  C'est aussi pour vos amateurs,
  Tout à la fois spectacle et spectateurs.

Chacun d'eux a son jour et son heure choisie.
Pendant que l'ouvrier, courbé sur son travail,
Fait mugir ses marteaux ou frissonner sa scie,
  Les hauts barons de notre bourgeoisie

---

(1) L'abbaye de Saint Jean fut fondée par saint Yves en 1099 et brûlée en 1568 pendant le siége de Chartres par les Calvinistes. Saint Yves et le maréchal Trivulse l'avaient choisie pour le lieu de leur sépulture.

Viennent, avant dîner, sous ce vert éventail,
Savourer de nos champs la vapeur printanière,
Et cet air bienfaisant, et ces flots de lumière.

 Là vit encor sur ces fronts sérieux
 L'esprit sévère et la grave tenue
 De la province et de nos bons aïeux.
Au bras de son mari l'épouse suspendue,
  Ainsi qu'aux siècles précédens,
 Cause raison, ménage, économie ;
Parfois médit un peu, car que serait la vie
  Si quelque léger coup de dents
  N'en rompait la monotonie ?
  Puis devant eux un jeune essaim
De beaux anges, que Dieu tous les ans leur envoie,
 Court et bondit avec des cris de joie ;
 Leur front ruisselle et palpite leur sein ;
  Plus agiles que leur levrette
  Ils font la chasse aux papillons,
  D'un saut devancent leurs ballons,
  Avec une grâce coquette
  Rejetant sur leur collerette
  Les boucles de leurs cheveux blonds ;
Pendant que, l'œil baissé, les graves demoiselles,
Que seize ans commencés font penser mûrement,
Droites, à pas comptés, s'avancent dignement,
Et près des grands parens, sous leurs chastes dentelles
  Méditent quelque doux roman.

Mais outre ces pur-sang et ces types fidèles
  De si loin sentant leur terroir,
  Êtes-vous curieux de voir
  Ma butte dans toute sa gloire
Et son monde complet d'élégans promeneurs ?

Choisissez au mois de la foire
Un beau dimanche tout en fleurs,
Quand chacune a tiré des parfums de l'armoire
Sa parure nouvelle aux brillantes couleurs.
Venez, tout Chartre est là. Les fêtes de village,
N'ont pas encor dans les hameaux voisins,
Autour des joyeux tambourins
Appelé la foule volage.
C'est à qui portera dans toute leur primeur
Les toilettes les plus fleuries ;
Tout éblouit par sa fraîcheur ;
On n'est pas mieux aux Tuileries.
Ici la mode efface et confond tous les rangs.
Quand on voit la beauté, la grâce et la jeunesse,
Qu'importe tout le reste aux yeux indifférens ?
L'artiste, dont l'esprit fait toute la noblesse,
Le marchand enrichi du fruit de ses labeurs,
L'artisan, fier de son adresse,
Vont là de pair avec nos grands seigneurs.
Pour tous l'art est égal, et la simple mercière
Aux yeux noirs, à la main de lis,
Sous son écharpe aux longs replis
Fait souvent honte à la marquise altière.
Tout ce que le caprice a de plus gracieux,
Gazes, satins, rubans et cachemires,
Nos yeux charmés l'admirent en ces lieux,
Sans compter les plus doux sourires.

Mais il est là, comme partout,
Parmi ces charmantes figures,
D'excellentes caricatures
Dont en passant s'amuse le bon goût.
Ici, relevant sa moustache,
Quelque jeune Marceau futur,

Mangeur de cœurs, tout frais émoulu de Saumur,
    Fait sonner haut sa riche saberdache.
        Là nos apprentis lions,
Les gants jaunes, l'œil sombre et la barbe pointue,
Roulent sous leur poitrail de vastes passions
        Et disent à la foule émue :
« Je suis de mon métier un Beau ! Regardez-moi !
      Voyez ce front pâli par les orages,
      Ce gilet couleur de nuages,
Cet habit renversant qu'à Staub (1) encor je doi ! »

      Rangez-vous devant ces panaches
      Et ces grands airs ébouriffans !
      Dieux ! que de chevaliers servans !
      Madame hier gardait ses vaches,
      Et croit aujourd'hui que les sots,
      Sous le charme de sa prunelle,
      Ont bien vîte oublié comme elle
      Sa jupe rouge et ses sabots !

    Mais plus loin quelle voix éclate ?
Je reconnais à son verbe hautain
      Ce vieux noble de fraîche date,
      Dont le grand père, humble vilain,
      Conduisait son âne au moulin !

Mais halte-là, beau faiseur de satire !
N'a pas qui veut le don d'être malin.

    Sans me perdre sur ce terrain,
  Tant bien que mal j'aime mieux vous décrire
    Comment quelquefois en été,

(1) Tailleur de Paris.

A la pâle lueur de la lune naissante,
 Pour sa douce hospitalité,
 La garnison reconnaissante
Vient de tous ses clairons saluer la cité.
 Au rendez-vous accourt chaque famille ;
On se place où l'on peut ; les Charbonniers bruyans
  N'auront pas assez de plians
  Pour ce beau monde qui fourmille.
  Autour du cercle harmonieux
  La foule se penche attentive
  Et se laisse entraîner captive
  A tous les sons mélodieux ;
  Tour à tour émue, attendrie,
  Si la note qui pleure et crie
  Se plaint en longs gémissemens ;
  Impétueuse et frémissante,
  Quand la trompette menaçante
  Lui jette ses rugissemens.

  Bercés doucement par ces fées,
  Que manque-t-il à nos désirs,
Lorsque tout à la fois sur l'aile des zéphyrs
  Les champs voisins nous versent par bouffées
  La bonne odeur des blés nouveaux
Ou l'arôme des foins que moissonne la faux ?
Mais hélas ! chaque jour l'espace se resserre ;
Les lointains sont fermés par des murs importuns ;
La culture aux cent fleurs disparaît sous l'équerre,
Et la campagne fuit avec tous ses parfums.

  Si vous désirez sans encombre
Jouir de ces beaux lieux, pleins de fraîcheur et d'ombre,
Mesdames, croyez-moi, choisissez vos moments ;
Gardez-vous de ces jours où la campagne en masse

Vient vendre ses chevaux, sa laine et sa filasse,
Le moyen de franchir ces longs encombrements?
Bon Châtelet, si fier de tes maisons de plâtre (1),
    De fronts cornus vois-tu quel bataillon
    Ferme ta porte et ton amphithéâtre
        Ebranlés par leur carillon?
    Pour vous glisser par ces espaces rares,
Bravez, si vous l'osez, tous ces mugissemens,
Ces fouets, ces chiens hargneux, ces maquignons avares;
Mais avant de sortir faites vos testamens.
Chartre n'est plus à Chartre, il est tout aux barbares!
    Ces jours-là, rien de respecté;
Les écus narguent tout; le bonnet et la blouse
    Ont sans merci pris d'assaut la pelouse;
        Leur devise est la liberté!

    De ce côté, regardez ce beau masque
        Et son classique parasol;
C'est Morainville, armé de son tambour de basque,
    S'accompagnant en bécarre et bémol!
Plume et rubans voltigent sur son casque;
N'approchez pas trop près du joyeux rossignol;
    Ses vers boiteux et ses rimes baroques,
        Et ses grivoises équivoques
    Pourraient blesser vos tympans délicats.
Bien au contraire ici, sa mine dégourdie,
Sa casaque empruntée à son vieux matelas,
    Sa pantomime un tant soit peu hardie,
    Ses bons mots comme on n'en fait pas,
De ces rires bien gros soulèvent les éclats.
Voyez, pour acheter ses chansons défendues,
Loin des yeux du censeur, que de mains sont tendues!

(1) Bâties en 1792 et années suivantes.

Ce n'est pas tout, leurs archets sous le bras
　　Les Paganini de village
　　Se sont mis aussi du voyage ;
Perchés là vis-à-vis sur leurs tonneaux crians
Et mettant sans pitié notre oreille au pillage,
Ils font à tour de bras danser leurs lourds cliens,
Et les oiseaux muets tremblent sous le feuillage.

　　Pendant qu'aux sons aigus du sourd ménétrier,
　　　Ce groupe saute et se démène
Comme des diablotins au fond d'un bénitier,
　　　Telle autre bande se promène
　　　Et s'en donne pour la semaine
　　Riant, causant, batifolant sans fin.
　　　Des paysannes par vingtaine
　　　En souliers neufs et linge fin,
Ma foi, beaux brins de fille et de bonne venue,
　　　Tout au travers de l'avenue,
　　　Avec leur mine résolue
Se tiennent par le bras et barrent le chemin.
　　　Mais à leur rencontre soudain
　　　Une autre troupe survenue
De jeunes campagnards à l'œil audacieux,
　　　Le feutre campé sur l'oreille,
　　　Étourdis que l'amour éveille,
　　　S'avance avec des chants joyeux,
　　　Force les rangs, brise la chaîne ;
　　Chaque vainqueur saisit un bras captif,
　　　Moitié voulant, moitié rétif ;
　　　Et vers la danse les entraîne.
Ainsi fait la jeunesse, âge heureux des plaisirs !

　　　Mais nos opulentes fermières,
　　　Leurs difficiles héritières,

Sous leur busc orgueilleux ont bien d'autres désirs !
Ce qui coûte leur plaît ; c'est le cher qui les touche ;
Les rabais tant vantés soulèvent leur mépris ;
  Il faut à leur beauté farouche
Joyaux resplendissans et tissus de hauts prix ;
   Et sur leur tête les dentelles
   Du simple bonnet beauceron,
   Régulatrices du bon ton,
Paieraient seules souvent vos robes les plus belles.
Elles en ont le droit, dans ces rares beaux jours
Laissez-les sans regret conquérir les hommages
   Avec leurs fastueux atours,
Elles l'ont acheté par tant de gras fermages !

DEUXIÈME STATION.

FÊTES ET RÉJOUISSANCES.

I. Réjouissances publiques. — Une course d'autrefois. — Illuminations. — Mat de Cocagne.

II. Étymologie.

I

Mais vous aimez peut-être le gros sel
    Et les scènes mirobolantes ?
Eh bien ! nos Charbonniers, répondant à l'appel,
    Vous en fourniront d'excellentes.
Choisissez, par exemple, un jour bien solennel,
    Où, pour encenser tel ou tel,
Le Conseil a voté quelques sommes ronflantes.

Il était une fois fête dans la cité ;
    On célébrait un grand anniversaire ;
      C'était la paix, c'était la guerre,
C'était sainte Charrue ou sainte Égalité ;

A mon récit cela n'importe guère.
Il s'agissait de bien courir :
Pour encourager la souplesse
De nos jarrets, chez nous on refaisait la Grèce.
Mes vieux Athéniens, pourquoi si tôt mourir?
Mais de ces jeux où sera le théâtre?
En doutez-vous? les Charbonniers
Sous leurs tilleuls hospitaliers
Verront dresser l'amphithéâtre,
Où nos clairvoyans magistrats
Pourront de haut juger de tous les cas.
Ils sont assis ; la foule admire ;
Là sont les amateurs que la couronne attire,
Chaque place est tirée au sort,
Et le signal donné sans rire ;
Et nos coureurs de prendre leur essor.
Mais pendant qu'ils en sont aux prises,
Et qu'un long applaudissement
Suit les palmes prises, reprises,
Un curieux événement
Vient nous donner d'autres surprises ;
Tout marchait au gré du désir :
La foule était obéissante,
Et l'autorité complaisante
Se frottait les mains de plaisir ;
Quand tout-à-coup sans prévenir
Un coin du théâtre défonce,
Un clou manque aux ais vermoulus,
La Justice à grand bruit s'enfonce, (1)
On la voit, on ne la voit plus !
Sous un poids de cette importance
Le plancher n'a pas résisté :

(1) **Historique.**

>   Plus d'une fois de son côté
>   Thémis fit pencher la balance.
> Mais le mal fut léger et le remède prompt ;
> Seulement sous le choc des planches affaissées
> On dit que plus d'un juge eût une bosse au front,
> Et plus d'un procureur les épaules froissées.

>   Ne croyez pas que sans retour
>   Ces bonnes fêtes soient passées ;
> Dieu merci, tous les ans il est plus d'un beau jour
>   Où nos Charbonniers font merveille.

> Et pour preuve aujourd'hui venez voir ! Dès la veille
> Nos vieux sergens de ville unissant leurs efforts
> Ont à coups de maillet planté ces pyramides,
> Ces ifs et ce bel arc aux charpentes solides
> Qui doit vers le Grand-Pas exciter nos transports.
>   Dieux ! quelle prodigue abondance !
> Plus de vingt lampions brûlant de tous côtés,
> Par le vent indiscret trop souvent insultés,
>   Et sur la foule et sur la danse
> Vont répandre à l'envi leurs suifs et leurs clartés !

> Si de ces transparens la vieille expérience
>   Pouvait parler, quels merveilleux discours
> Ils tiendraient ! Sur le doigt ils possèdent leur France,
> Et d'histoire au besoin ils nous feraient un cours.
> Croiriez-vous qu'ils sont nés avant le directoire ?
> Puis, sous Napoléon, batailleurs et guerriers,
> Ils se sont de beaux feux enflammés pour la gloire ;
> Mais avec l'âge mûr vint l'oubli des lauriers ;
>   Et sous Louis le Pacifique,
>   Et sous Charles le Catholique,
> Les voilà devenus dévots et casaniers ;

Ils se sont réveillés au bruit des glorieuses ;
Un nouveau badigeon, de sa triple couleur
Étendant par dessus deux couches précieuses,
Leur eût bientôt rendu leur première valeur ;.
 Et complément de ces métamorphoses
De l'aigle redoutable on fit avec bonheur
  Un beau coq pour l'ordre des choses.
Février à son tour vint rougir tout cela ;
Mais l'aiglon sent déjà son aile qui s'allonge :
  Préparez bien vite l'éponge.
L'arrêter dans son vol, dites ! qui l'osera (1) ?
Mais à quoi bon chercher ce que Dieu nous apprête ?
Nos vieux ifs rajeunis, déployant leur orgueil,
Seront, comme toujours, invités à la fête ;
Les curieux encor pourront risquer un œil.

  Que de grotesques aventures
  Me rapportaient à leur retour
  Avec d'admirables peintures
Mes chers collégiens toujours épris d'amour
  Pour les congés et les héros du jour !
Pendant un mois entier, sur le dos et les marges,
Leurs livres s'illustraient d'un million de charges.
Mais il fallait surtout les entendre conter.

Un jour je me cachais pour mieux les écouter.

L'orateur de la bande adressait la parole
  Au plus paresseux de l'école
Qu'un gros pensum alors tenait emprisonné.

« Quel bon sang nous faisions, mon pauvre condamné,

(1) Vers faits en 1850.

» Pendant que tes bourreaux à la mine apocryphe
  » Dans ta chair enfonçaient leur griffe !
» Un jeu par dessus tout excitait nos ébats.
» A voir sous le soleil s'allonger ces grands mâts,
  » On se croyait en pays de Cocagne.
  » Badauds de ville et badauds de campagne
  » Groupés autour d'aise s'extasiaient,
» Et la bouche béante admiraient et bâillaient !
» Châtelet regardait par toutes ses fenêtres ;
  » Et le front déridé, nos maîtres
» Comme d'humbles mortels s'oubliaient et riaient.
  » Au haut du mât qui sort du savonnage,
  » Frais dépouillé d'écorce et de feuillage,
  » Près du drapeau d'un teint un peu changeant,
  » Brille au soleil une belle timbale
» En vrai métal d'Alger ; une montre d'argent
  » Pend à sa chaîne en chrysocale ;
» Et puis un long foulard, par ses plis tentateurs,
» Afin que rien ne manque aux trésors qu'on étale,
  » Appelle au loin les amateurs.
» D'en bas certes la vue était bien séduisante.
  » Mais du bonheur que la voie est glissante !
» Du haut de leur fourrure auraient dit nos docteurs.

  » Avons-nous ri des mille comédies
    » Que vingt drôles audacieux
» Nous donnaient, tour à tour vers nous ou vers les cieux
    » Tournant leurs faces rebondies.
» Pendant une heure entière autant d'assauts perdus.

    » Mais voici de rusés compères
» Qui mieux que leurs rivaux comprennent leurs affaires.
» Comme larrons en foire ils se sont entendus :
» L'un prête à l'autre un dos de complaisance,

» D'un pied léger un troisième s'élance,
» Et son épaule au suivant sert d'appui;
» Une douzaine en fait autant que lui.

» C'est ainsi d'étage en étage
» Que notre vivant escalier
» Abrége les frais du voyage;
» Mais rira bien qui rira le dernier.
» Au signal convenu la brigade en cadence
» D'un seul effort tout à la fois s'avance
» Au milieu des bravos, des battemens de mains;
» Quand tout-à-coup sur les faces luisantes
» Le genou glisse à l'un de nos malins,
» Et tout retombe en cascades plaisantes.

» Mais le plus beau nous y voilà !
» Pends-toi, brave Crillon, car tu n'étais pas là !
» Habillé plus qu'à la légère,
» Un de nos lestes candidats,
» S'accrochant des pieds et des bras,
» Avait fourni moitié de la carrière.
» Courage, ami, va, tu l'auras !
» Il tressaillait ! Déjà plein d'allégresse
» Et l'œil fixé sur l'objet précieux,
» Il allongeait ses doigts victorieux;
» Mais, ô douleur ! la ficelle traîtresse (1)
» Qui retenait l'étui des pays bas
» Crie et se rompt ! l'étoffe abandonnée
» Sur ses talons retombe chiffonnée.
» Je vous laisse à juger de tous les brouhahas !
» Le plus piteux de l'aventure,
» C'est que le zéphire badin

(1) Historique.

» Faisait de son souffle mutin
» Flotter l'écharpe et son enluminure.
» Que devenir dans ce triste embarras ?
» Qu'aurais-tu fait, mon vieux, en pareil cas ?
» Mais sans lunette à la foule joyeuse
» Pendant ce temps rien n'échappait en bas :
» Aussi j'ai vu plus d'une curieuse.....
　　» Mais finissons : le pauvre sot..
　　» Afin de cacher la doublure,
　　» Au lieu d'attraper le gros lot,
» En se baissant veut happer la couture.
On pousse un cri : malheureux, que fais-tu ?
Il n'est plus temps, l'équilibre est perdu.
　　» Il glisse, il coule, il a beau faire,
　　» Ses efforts s'en vont en eau claire,
　　» Il descend, il est descendu !!! »

　　Voilà comme mes bons apôtres
　　S'égayaient de leurs souvenirs ;
　　Ils en auraient conté bien d'autres,
Si l'ombre d'un régent n'eût troublé leurs plaisirs.

Ainsi c'est convenu, quand un large programme
Ici convoquera nos braves citoyens,
　　Autour du mobile oriflamme,
　　Soyons encor de vrais collégiens :
Faisons comme à quinze ans l'école buissonnière ;
Venons y récolter de joyeux entretiens,
Et nous aurons pour sûr abondance plénière.
　　Contentons-nous ce soir de ce beau ciel ;
Car aujourd'hui, grâce à Dieu pas de danses
　　　　Ni d'éclairage officiel,
　　　Les Charbonniers sont en vacances.

II

    Mais de ces bords délicieux
    Avant que notre œil se sépare,
    Savez-vous quel parrain bizarre
Leur a donné ce nom capricieux?
Dans les bouquins ce que c'est que de lire!
Vous l'ignorez? moi, je vais vous le dire!

    Jadis auprès de ces fossés,
    A l'abri de maigres ombrages,
    Dans ces lieux alors bien sauvages,
    Couverts de buissons hérissés,
De pauvres charbonniers avaient là leurs cabanes.
C'est de là qu'ils allaient, par la froide saison,
    De rue en rue avec leurs ânes,
Offrir à tout venant leur noire cargaison.
Le temps a tout depuis balayé de son aile,
    Et la Promenade nouvelle
De ses vieux habitants n'a gardé que le nom.

    En voulez-vous savoir encor plus long?
    Non loin de là, sous un rustique chaume,
      Au temps des Proconsuls romains,
L'Évêque avait sa ferme et son humble royaume.
Des fruits de son verger cultivé de ses mains,
    A tous les yeux cachant sa vie,
Il y vivait en paix, loin du fiel de l'envie.
    Les serviteurs du modeste chalet
      Labouraient pour lui dans la plaine;
      Les brebis lui donnaient leur laine,
La basse-cour ses œufs et les vaches leur lait.

Mais le pillage vint et les longues batailles ;
La métairie alors changée en Châtelet
    S'entoura de fortes murailles.
    Ailleurs que dans sa pauvreté
    La simple et tremblante prière
Contre tant d'ennemis cherchait sa sûreté.

Mais sous les Francs enfin, rois de la Gaule entière,
Au sein de nos remparts le pasteur fut admis ;
    Il vint loger près de sa Dame ;
  Nos fiers Gaulois ne l'avaient pas permis ;
Et le château resta la maison du Vidame.

    Voyez comme je suis savant !

    Ainsi jetant ma plume au vent,
    Sans songer à qui me condamne,
    Je me plais à faire mon tour
Sans ordre, pêle-mêle, entassant tour à tour
Le présent, le passé, le sacré, le profane.
Vous savez, à chacun sa marotte et son goût.
Au risque d'abuser de la liberté grande,
    Mêler l'histoire à la légende,
    Dire tout à propos de tout ;
Et selon que le vent me souffle dans l'oreille,
    Vous raconter un vieux dicton
    Ou la chronique de la veille,
Gai comme un bienheureux, grave comme Caton ;
Voilà comme j'entends flâner tout à mon aise.
    Dieu de la sorte m'a bâti.
Se promener n'est pas soutenir une thèse.
  Ami lecteur, sois en bien averti,

On est bien fou quand on est toujours sage.
Le grand mal après tout que la raison voyage
Et déserte parfois avec arme et bagage !
    Moi, j'en prends vite mon parti.

TROISIÈME STATION.

LA BUTTE DU VIDAME.

I. Ancienne Butte. — Son origine. — Sa plantation. — Ses chevaliers de l'Oiseau-Royal. — Son nivellement. — Regrets du passé.

II. Cimetière. — Église Sainte-Foi.

III. Habitués de la nouvelle Promenade.

I

Mes chers concitoyens, vous que les destinées
    Ont dispersés sous d'autres cieux,
Et que l'amour du toit où vos mères sont nées,
    Ramène au foyer des aïeux,
    Après bien de longues années ;
Ne cherchez plus ici l'antique boulevard
    Qu'avait baptisé le Vidame,
Et qui vers le couchant protégeait le rempart ;
    Voici les lieux où fut Pergame !
De Chartres si tremblant, l'auriez-vous jamais cru ?
Tout, jusqu'à ses débris, du sol a disparu.

Il était né, quand Chartre effrayé des ravages
      S'environna de longs fossés ; (1)
D'abord simple talus, dans la suite des âges
    Il s'est accru des restes amassés,
      Que la guerre et les incendies
      Dans leurs fréquentes tragédies
      Avaient en ces lieux entassés.
      Longtemps aux siècles de batailles,
      Appelant à lui les vaillans,
Sous son aile puissante il couvrit nos murailles,
Avant-poste assuré contre les assaillans.
Mais des temps plus heureux suivirent, et la guerre
Alla bien loin de nous agiter son tonnerre ;
      Encouragé par ces beaux jours,
Chartres fit niveler pour les fêtes publiques
      La montagne et ses alentours,
      Et planta d'ormes magnifiques (2)
La surface aplanie et ses vastes contours.
      C'était une ile de verdure,
      Où, contre le bruit des cités,
Le sage allait chercher une retraite sûre,
      Au milieu des flots agités.
      Sur le sable de sa terrasse
Montaient avec orgueil de larges escaliers.
Le soir nos potentats y venaient prendre place ;
Le Vidame y régnait avec ses chevaliers.

      En mai surtout c'était leur fête.
Quel bonheur au printemps quand au bout du plateau
      Un beau mât, balançant sa tête,
Conviait la jeunesse autour de son oiseau !

  (1) Vers 1360.
  (2) Vers le XVIIe siècle.

Les fins tireurs chartrains, le mousquet sur l'épaule,
  Du plus adroit à tour de rôle
  Y venaient disputer le prix.
 Figurez-vous nos échevins en fraise,
Nos dames en paniers, se carrant sur leur chaise,
Et sur chaque rameau les gamins et leurs cris.
Oh! comme on se moquait du viseur mal appris,
  De qui la tremblante étincelle
  N'avait pas même effleuré l'aile !
A ses dépens s'élevaient de longs ris.
  Mais celui dont la balle sûre
  Frappe d'une adroite blessure
L'oiseau qui tombe aux pieds des magistrats surpris
Chaque dame l'accueille avec un beau sourire,
  Et son nom que chacun admire
Brillera le premier parmi les noms inscrits.

 Avec le temps, ces fêtes, cette foule,
  Ont disparu comme l'eau qui s'écoule !
Chaque âge a son caprice et ses amusemens.
Pauvre Butte ! depuis un siècle tourmentée,
Fouillée en tous les sens, plantée et replantée,
Combien n'a-t-elle pas subi de changemens !
  Ardent à signaler son zèle,
 Pour l'embellir tout magistrat nouveau
  Prenait la pioche et le rateau,
  Et lui donnait son coup de pelle.

Dans le cercle incertain de ces mutations,
Au milieu d'une scène incessamment mouvante,
Sujette comme nous aux transformations,
Elle était là du moins toujours, toujours vivante.
Mais soudain notre siècle aux entrailles de fer, (1)

(1) En 1846.

Accourt, et sans pitié pour sa verte vieillesse,
　　L'oreille sourde à son cri de détresse,
Il l'offre en holocauste à l'aveugle Tender.
Adieu, sur ton côteau, ma brillante avenue !
Tu n'es plus aujourd'hui qu'une esplanade nue,
Où par là, j'en conviens, la cité s'agrandit ;
La prose des marchés, des routes spacieuses,
　　Ont remplacé tes rampes gracieuses,
Et de toutes ses mains le commerce applaudit.
　　　Mais dans votre ardeur inquiète
　　Pour le calcul et la réalité,
　　Ayant sans doute aussi leur bon côté,
Messieurs, qu'avez-vous fait pour le pauvre poète ?
Sa maigre survivante avec ses arbres nains,
　　　Au milieu des flots de poussière,
　　Toute honteuse entre les deux chemins,
Pour nous dédommager se glisse terre à terre !
　　　Il faudra bien s'en contenter ;
　　　C'est pour nous qu'on l'a fait planter.
Son ombrage est bien court, sa feuille bien timide ;
　　　En attendant qu'elle ait grandi,
Ses rameaux nés d'hier, cherchant un ciel humide,
La défendent bien mal contre l'ardent midi.
Nouvelle dans le monde, épargnons sa faiblesse,
N'allons pas la traiter trop rigoureusement,
Et laissons-lui le temps de tenir sa promesse.
　　　Plus tard nous verrons : la jeunesse
　　　A besoin d'encouragement.
　　　J'aimais bien mieux sa devancière ;
　　　La fille ne vaut pas la mère.

　　　Vous qui lancez dans l'avenir
　　Vos longs projets et vos désirs immenses,
Quand se clôt devant nous le champ des espérances,
Permettez-nous du moins, à nous, le souvenir !

Assis sur un des bancs de la noble terrasse,
    C'était pour moi plaisir délicieux
De voir les cent tableaux qu'elle offrait à mes yeux
Et de planer de là sur tout ce vaste espace !

D'un côté la campagne entre ces pavillons,
      Tant qu'au loin s'étendait la vue,
Montrait sa robe verte aux mille échantillons,
    L'or de ses champs, l'écrin de ses sillons ;
      Riche fermière bien pourvue.
Voici que Mainvilliers coupe et rentre ses blés,
      Mais il n'a plus assez de granges,
Je les vois dans ses cours en meule amoncelés ;
      Plus loin, Lucé fait ses vendanges.

Puis Chartres m'attirait et ses toits soucieux.
      Vers notre vieille basilique
      Malgré moi se portaient mes yeux :
J'admirais du passé cette grande relique,
Avec ses fiers géans dont le front touche aux cieux !
Est-il sous le soleil tableau plus magnifique ?
Comptez, si vous pouvez, sous ces milliers d'arceaux
    Ces Saints, ces Rois, et ces Vierges si belles,
      Et ces rosaces immortelles,
      Ces colonnettes, ces rinceaux,
Ces aigrettes de pierre et ces fines dentelles !

II

      Puis je songeais à nos aïeux,
      Et comme une douce rosée,
      Des souvenirs religieux
      Venaient rafraîchir ma pensée.
Mon œil allait chercher dans ce champ de la mort

Ces croix veillant là-bas sur ce peuple qui dort.
Avec tous vos travaux, derrière vos tranchées,
Vous, bien vite aujourd'hui vous les avez cachées !
    Beaux niveleurs, vous avez eu grand tort !
    Le dégoût naît de la monotonie ;
        Qu'un peu de mélancolie
        Assaisonne nos bonheurs !
    Les âpres sentiers de la vie
    Sont-ils toujours semés de fleurs ?
    Voyez autour de vous, vos cœurs
N'ont-ils pas à pleurer quelque cruelle absence ?
Et vous nous défendez de venir en silence
    Au pied de nos ormes touffus,
    Le front pâle et la joue humide,
    Penser à ceux qui ne sont plus,
Et leur jeter de loin un souvenir timide !
O mes amis, là-bas que les rangs sont pressés !
Que de noms précieux par nos pleurs effacés !
Sous le pieux abri de la croix solitaire,
O toi, bonté chérie à qui je devais tant,
    Ton ombre plaintive m'attend ;
Le ciel réunira ceux qu'unissait la terre !
    Mais taisons-nous : la pudique douleur
Loin des regards mortels se cache au fond du cœur
    Et s'enveloppe de mystère !

Aujourd'hui ces pensers ne sont plus de saison.
C'était vers l'occident comme un triste nuage ;
    Tout aussitôt votre froide raison
    N'a pas permis que cette sombre image
Vint ainsi qu'un remord troubler votre horizon.
    Eh bien ! complétez votre ouvrage.
N'est-il plus rien ici qui blesse le regard ?
    Cherchez bien sur ce boulevard ;

Moi je vous le dirai dans ma libre franchise :
    Que pensez-vous de cette vieille église
Où vos mères priaient..... où le drame plus tard
Agita sa marotte et brandit son poignard ?
        Fidèles au conseil d'Horace,
Sur la scène agrandie à vos concitoyens
Ménagez, s'il le faut, par de nobles moyens,
Des loisirs parsemés de décence et de grâce ;
La sagesse battra des mains à vos essais.
Mais, pour Dieu ! cachez-nous du moins ces murs épais
Encor tout embaumés d'encens et de cantiques.
        Quoi ! toujours l'étranger surpris
            Devant ces sculptures antiques
Viendra nous demander pourquoi ces noirs débris !
        Quoi ! toujours des vieillards austères
Viendront nous répéter qu'à Chartres, sous nos yeux,
            Des saltimbanques téméraires
Ont dressé leurs tréteaux jusque dans les saints lieux
            Et sur les cendres de nos pères !
Au lieu de ces piliers et de ces contre-forts
    Qu'ont épargnés nos discordes civiles,
        Par de profanes péristyles
    De vos plaisirs protégez les abords.
        Que la muse qui vous en prie
Se croie enfin chez elle en son propre palais.
Il est temps d'effacer du sol de la patrie
        Ce souvenir des jours mauvais !

Ou faites mieux encore ; à la sainte martyre
Après un long exil laissez-lui son empire ;
        Et vous, plus loin en liberté,
        Dans un lieu décent et facile,
        Pour le théâtre transplanté
Elevez avec goût le plus charmant asile :
        Dans ce siècle rénovateur,

Tenez, je ne sais quoi m'en donne l'espérance ;
Quand l'instant a sonné, la divine clémence
Suscite tôt ou tard quelque réparateur.
 Chaque jour produit sa merveille.

  Un soir je méditais ces vers ;
  Ce n'était ni sommeil ni veille ;
Un poëte souvent rêve les yeux ouverts.
  J'étais donc rentré dans la ville
  Par le quartier que protége Harleville.
  Sans attendre la fin du jour.
 De tous côtés sur notre carrefour
Mon œil allait cherchant notre scène comique.
Mais son plâtre moderne et son pignon gothique,
Bizarre accouplement, que sont-ils devenus ?
  Jugez quelle était ma surprise !
  Sous la baguette de Lassus,
Toute jeune à leur place une élégante église
Étalait son ogive et ses clochers pointus !
  Là plus d'Esther aux pieds d'Assuerus,
Ce lieu lui déplaisait ; Athalie elle-même,
D'un ton mal assuré lançait son anathême
  Dans ce vieux temple profané ;
  Que dis-je ? Elmire et Célimène,
Ces modèles parfaits de la grâce mondaine,
S'y sentaient mal à l'aise et l'ont abandonné.
Mais pour les remplacer, sa reine et sa patronne,
Sainte Foi, qui tremblante avait fui ses autels,
 Pour ses enfans quittant les immortels,
Venait d'y retrouver sa palme et sa couronne.
  Sous ses portiques restaurés,
  De nos sacriléges injures
Elle a cicatrisé les dernières blessures ;
  Tous nos malheurs sont réparés.

Attiré par tant de miracles,
J'entre et veux contempler ces nouveaux tabernacles.

Ici comme au dehors, l'antique monument
    A recouvré sa vieille gloire.
    On célébrait en ce moment
    Un grand office expiatoire,
    Et dans un saint recueillement
    La foule immense des fidèles,
    Pleurant un long égarement,
Remplissait à genoux la nef et les deux ailes.
Le chœur, le grand autel, les tombes des martyrs,
Étaient tout inondés d'encens et de lumière,
Et l'orgue, reprenant sa jeunesse première,
Mêlait sa voix plaintive au chant des repentirs.
Je voyais les vieillards, recueillant leur mémoire,
    Comme aux jours de Néhémias,
Entre elles comparer ces deux pages d'histoire ;
    Celle-ci ne le cédait pas.
De tous côtés brillaient les splendides dorures,
Et le bronze et le marbre et les riches peintures ;
    Dons empressés d'une nouvelle ardeur.
        Ses pierres semblaient rajeunies
        Sous le ciseau du travailleur.
        Dans leurs saintes cérémonies
        Les prêtres déployaient aux yeux
        Une pompe et des harmonies
        Qu'ignoraient nos simples aïeux.
        C'était partout joie et prière,
        Et ceux-là mêmes sous leur pierre
    Qui dormaient là de l'éternel repos,
Ces parens, dont nos jeux troublaient la solitude,
Pour chanter avec nous l'hymne de gratitude,
Le front tout rayonnant, sortaient de leurs tombeaux !

Je me disais tout bas, en voyant ces spectacles :
Regrettez-vous encore, ô mes concitoyens,
Que la Muse en ces lieux qui n'étaient pas les siens,
    Ne rende plus ses vains oracles ?
    Cherchez-lui vite un logement.
    Dans une heure d'enivrement,
    Quand un père égaré s'oublie,
C'est à ses fils bien nés, sans perdre un seul moment,
De jeter leur manteau sur sa courte folie.

C'est ainsi qu'en mon gîte, éveillé, je songeais.
    L'enfant gâté de Lafontaine,
Jean Lapin, formait-il de plus graves projets ?
La folle du logis croit tout de son domaine.

Mais sur ce ton sévère il est temps de finir.
Déjà de tous côtés s'élèvent des nuages ;
    Vous préférez les joyeux badinages ;
Je n'aime pas à voir vos fronts se rembrunir !

III

    Fort à propos sous nos branches nouvelles
De l'ancien boulevard quelques bons habitans
    A celui-ci sont demeurés fidèles ;
Allons chercher près d'eux de plus doux passe-temps.

    Là vingt soubrettes agaçantes,
Avec leur bonnet rose et leur blanc tablier,
    Promènent le jeune héritier,
Coquettes tant soit peu, tant soit peu médisantes.
    Les voyez-vous à l'unisson

Singer leurs maîtresses absentes,
Assises sur le vert gazon ?
Gai papillon, joyeuse pie,
Chez elles le doigt parle et l'œil distrait épie,
Tout en soutenant de leur bras
Le bambin chancelant qui fait ses premiers pas,
Tout en dirigeant son ramage,
Et lui donnant avec autorité
Des modèles de beau langage
Et des leçons de propreté,
Tout autour dans le voisinage,
Pas un seul mouvement, pas un mot n'est perdu,
Elles ont tout suivi, tout vu, tout entendu ;
Elles ont deviné là-bas sous le feuillage
L'élégant voltigeur, bel oiseau de passage,
Qui, le poing sur la hanche et le jarret tendu,
Attiré par le caquetage,
Vient se dandiner à l'entour,
Guettant au vol l'instant si court
De s'offrir avec avantage,
Et de glisser un doigt de cour.

Plus loin nos chercheurs de chroniques,
Le rifflard sous le bras, faisant maint et maint tour,
Nos gobe-mouches politiques,
Accourus de la ville, accourus du faubourg,
Discutent et refont la nouvelle du jour ;
Vieux laboureurs tout courbés sous la herse,
Petits rentiers vivant de peu,
Pendant que leurs moitiés soignent le pot-au-feu,
Gras épiciers retirés du commerce ;
Ils sont partagés en deux camps
Ayant chacun leur nom de guerre ;
Ceux-ci, le dos rompu, l'œil baissé vers la terre,

Vieux coursiers qui n'ont plus de dents,
S'en vont traînant le pied et la tête branlante ;
Mais grâce à Dieu la langue est encor bien pendante ;
    Ils n'ont plus que ce plaisir-là.
    Grenadiers du dix-huit brumaire,
Aussi s'en donnent-ils, montés sur leur dada,
    Quand ils pourfendent l'Angleterre,
    Mènent Bulow tambour battant,
Ou mieux encor quand avec le sultan
Ils passent en Crimée, et prennent par derrière
    Le pauvre Nicolas
    Qui ne s'en doute pas
    Ou ne s'en doute guère !
Ils sont sûrs de leur fait, et leurs plans merveilleux
    Sont tracés là sur la poussière.

Ceux-là, vieillards plus chauds, posent plus orgueilleu
Fiers de leur demi-tasse et de leur petit verre ;
Leur bourse est mieux garnie et plus haute leur voix
    Un président est à leur tête,
    S'il marche, tout marche à la fois ;
    Et s'il s'arrête, tout s'arrête.
Rien n'échappe à sa verve : en orateur parfait
Il discute les lois, change le ministère,
Réforme la police et tance sans mystère
Le dernier arrêté de monsieur le Préfet ;
Pendant que tout autour, dans un docte silence,
    Son auditoire solennel,
Debout et s'appuyant sur le jonc paternel,
Se pâme de plaisir devant tant d'éloquence.

    Tout tribunal est de leur compétence ;
Aujourd'hui le civil, demain le criminel.
    On les attend pour commencer l'appel.

Tel dans un coin, tirant son écritoire,
Résume par écrit le dire des témoins,
    Des avocats et du prétoire ;
    Un bon défenseur en fait moins.
Le Code en main, du haut de sa prudence,
    Il a tout prévu, tout pesé ;
Il ne craint pas de prononcer d'avance.
    Si le juge mal avisé,
    Luttant de puissance à puissance,
Se permet quelquefois de casser la sentence ;
    La butte est là, cette suprême cour !
Tout aussitôt le ban, l'arrière-ban s'assemble,
Et sans désemparer juge et plaideurs ensemble
De par le Sanhédrin sont jugés sans retour !

    Ils ont leurs us et leurs coutumes :
    Il faut qu'un ciel bien rigoureux
Fasse de tous côtés pleuvoir grippes et rhumes,
    Pour les tenir claquemurés chez eux.
    Tous les matins dès que l'aube s'éveille,
    Debout et la puce à l'oreille,
    Ils partent, les bas mal tirés,
Ne faisant jamais rien et toujours affairés.
    Le nez au vent ils vont à chaque dalle
Chercher en furetant un os à rapporter ;
    Puis à la diète générale
    Chacun raconte son scandale,
Et qui n'en aurait pas devrait en inventer !

    Par delà ces bonnes figures,
Ma Promenade a bien encor d'autres cliens.
Je pourrais vous montrer, cachés dans leurs fourrures,
    Ces voyageurs impatiens
    Appelant de tous leurs murmures

Les postillons insoucians,
Qui près des pots émolliens
Avalent à plein bord l'oubli de leurs montures;
Ou ces autres courant au sifflet des voitures
Retardés par des mets friands,
Ou par des avocats aux longues procédures,
Ou par des amis souriants;
Comme si la vapeur et ces rudes natures
Se laissaient attendrir au cri des supplians;
Et mille autres caricatures.
Je veux vous donner mieux : j'ai hâte d'en venir
A ce mois éclatant de jeunesse et de gloire,
Par où ma station aujourd'hui doit finir.
Empressés de me prévenir,
Vous avez tous nommé les beaux jours de la Foire !

QUATRIÈME STATION.

LA FOIRE DES BARRICADES.

I. Marchands.

II. Divertissemens.

Comme ici-bas les penchans sont divers !
Moi, loin du bruit et de la multitude,
Ici de ces ombrages verts
J'aime la douce solitude,
Songeant fort peu s'il est un univers.
Vous, au rebours, vous adorez la foule ;
Le tumulte vous charme et le cri des marchands,
Et les hameaux accourus de leurs champs,
Et le clairon qui sonne, et le tambour qui roule.
Pour vous exprès le jour semble choisi,
Vous en voulez, en voilà Dieu merci !
Venez, je vous attends, je serai votre page ;
Je veux pour vous affronter ce tapage.

Depuis Valois, les faciles Epars
A notre foire, à son peuple nomade,
Ont bien longtemps prêté leur esplanade ;
Baladins et marchands tous avaient là leurs parts.
Mais un jour effrayée et du bruit des voitures,
Et du trot menaçant de nos lourds limoniers,
La pauvre Barricade a fui loin des injures
    Sous nos arbres hospitaliers.

I

Elle a bien fait : sur la butte soyeuse
Reine d'un jour, à l'ombre des ormeaux,
  Voyez comme elle court joyeuse
    Le front couronné de rameaux !
    Pour nos richesses déballées,
    Elle a le long des contre-allées,
      A droite, à gauche, trop souvent
Triste jouet de la pluie et du vent,
    Dressé les boutiques modestes
    Où par maints propos séduisans
    Nos marchandes vives et lestes
A leur comptoir attirent les passans.
    Des arbres aux toits, cent cordages
    S'allongent comme autant de mains
    Pour soutenir les étalages
    Et nous barrer tous les chemins.
Déjà je préparais ma trompette et l'éloge
    De ces élégans pavillons,
    Mais en voyant tous les haillons
    Où notre ami Lemarié les loge,
      Toutes ces pièces d'arlequin,
      Ces planches du temps du déluge

Où Noé trouva son refuge,
Je prendrai tout au plus un cornet à bouquin.
Qu'importe, si ces vieilleries
Sous un beau ciel ne voilent qu'à demi
Les excellentes chatteries,
Dont la foire après tout nous régale en ami ?
Et certes, le joli, le bon, le doux abonde ;
Elle veut plaire à tout le monde,
Elle a consulté tous les goûts.

Mais elle aime par-dessus tous
Les enfants ! C'est pour eux qu'elle fut inventée ;
Ils sont ses dieux et ses héros,
C'est pour eux que Giroux, véritable Prothée,
Envoie à Grin (1) ses plus jolis cadeaux.
Chaque mère fait son emplette ;
Nos yeux sont menacés par les sabres de bois ;
Et l'aigre cri de la trompette
Met nos oreilles aux abois.

D'hier aux langes échappée,
La jeune fille qui bondit,
Pendant que son père applaudit,
L'entraîne, et veut du doigt la plus belle poupée.
Laissez avec le temps s'allonger ses cheveux ;
Plus loin ces chaînes d'or, plus loin ces rubans roses
Attireront bientôt ses vœux ;
Il lui faudra plus tard encor bien d'autres choses !

Age heureux ! mes amis, pourquoi vieillissons-nous ?
Vivons du moins de douce souvenance.
Dans ce beau mois tant promis à l'enfance.

(1) Noms de différens marchands de la ville.

> Que les congés me semblaient doux !
>
> En venant, quelle joie ! à toutes ces merveilles
> Je m'arrêtais, la bouche humide de désir ;
> La main me démangeait, je voulais tout saisir !
> > J'étais tout yeux et tout oreilles !
> > Mais au retour, hélas ! quelles douleurs !
> > Après tant de regards avides ;
> Fils du pauvre artisan, s'en aller les mains vides !...
> Avec un pain d'épice on essuyait mes pleurs.

Le grand mot est lâché ! Chartres, quoiqu'on en dise,
> Ne voit pas d'un œil trop marri
> Le doux péché de friandise ;
> Le pain d'épice est son mets favori !
Partout rond ou carré le voilà qui foisonne ;
Nos bons faiseurs à Reims disputent la couronne.
Aux brillans magasins, à la table en plein vent,
> Partout où la marchande vend,
C'est à qui raflera les nonnettes de Tousche,
Et l'eau, rien qu'à les voir, nous en vient à la bouche

> Mais le Chartrain ne vit pas seulement
> > De sucre d'orge et de réglisse,
Sans compter le plaisir qu'on a d'être gourmand
Il est tant de besoins ! il est tant de caprices !
> > Et les caprices masculins
> > Déjà passablement en nombre,
> > > Et qui pourtant ne sont qu'une ombre
> > Près des caprices féminins.

> C'est dans cette source féconde,
Que nos marchands, qui connaissent leur monde,
> > Savent puiser à qui mieux mieux.
Car nous ne sommes plus à ces temps merveilleux

Que chacun vante et que n'a vus personne,
  Où la modeste Beauceronne,
De sa joue arrondie admirant le carmin
  Dans le miroir d'une onde pure,
Au milieu des épis s'en allait de sa main
  Cueillir sa plus belle parure.
On a bien d'autres soins au siècle où nous vivons!

.

Parlez, où voulez-vous diriger votre course?
Voyez que d'or partout! que de jolis chiffons!
Bons maris, tenez bien les cordons de la bourse!

  Voici les twins et les madapolam!
   Avec quelle grâce parfaite
   Protégé par son étiquette,
Ce qui vient de Rouen, du Thibet, de Siam,
   Est rangé sur chaque tablette!

  Ici, dans ce blanc magasin,
 Sont suspendus en guirlande nouvelle
 Les frais bonnets et la riche dentelle.
Mesdames, approchez! Voyez ce beau dessin!
  Venez aussi, gentille bergerette,
   Cette charmante collerette
Pour votre cou bruni semble faite à dessein!

Mais non, vous préférez les croix à la Jeannette;
  Vous, Messieurs les beaux du canton,
La montre au doux tic-tac ou le voyant bouton,
Ou le straz qui scintille en bague éblouissante;
Choisissez : ces Bonneaux sont du dernier bon ton;
  On broda pour votre menton
  Cette cravate étourdissante!

La science elle-même a ses représentans :
Gallas, armé de ses chauds thermomètres,
De ses humides baromètres,
Y fait la pluie et le beau temps.

Tout auprès, la littérature
Tient en réserve sa pâture
Pour tous les goûts, pour tous les prix.
Le colporteur, à la mine sournoise,
Y vend ses almanachs, sa cuisine bourgeoise,
Et ses romans en papier gris.

Que dis-je ? le long de nos rampes,
Des beaux-arts zélé serviteur,
Voyez donc le marchand d'estampes
A ses chefs-d'œuvre appelant l'amateur.
Ce ne sont plus, pendus à des ficelles,
Sur les bornes de nos ruelles,
Ces saints qui n'avaient rien d'humain,
Rouge martyr ou noir ermite,
Qu'on n'aurait pas voulu trouver en son chemin
Avec leur face hétéroclite.

Bonne vieille, ne cherche plus
Le Juif errant ou le bienheureux Labre,
Badigeonnés par le bon père Allabre,
Tes efforts seraient superflus.
Ce sont, ma foi, de fort belles peintures,
De vivantes enluminures,
Où l'art s'en donne à bouche que veux-tu.
C'est Charles dix et le roi populaire,
Nos financiers et nos Robert-Macaire,
Ou des modèles de vertu,
Des Saints sous leurs manteaux d'hermine

Se drapant comme à l'Ambigu,
Et des vierges en crinoline !

Ce sont encor des burins précieux
Où, dit-on, nos aïeux ont usé tant de veilles ;
Et nous, pauvres niais, nous croyons ces merveilles,
Nous nous pâmons devant, nous ouvrons de grands yeux
    Mais le prix fabuleux nous chasse.
Le désir cependant grandit, près de l'écueil
Le poisson alléché dix fois passe et repasse ;
L'astucieux marchand nous suit du coin de l'œil.
Mais on a beau tenir sa bourse bien fermée,
Satan l'emporte enfin, et l'on s'en va tout fier,
Payant de son dîner une épreuve enfumée,
    De graisse et d'encre parsemée,
Que les rusés fripons nous fabriquaient hier !

Mais attelés au char du mariage,
  Vous avez bien autre chose à penser
    Et d'autres rêves à bercer ;
Vous voulez pour cinq sous monter votre ménage :
    Dans ce cas venez par ici.

Près de la riche porcelaine,
  L'humble faïence a son domaine ;
Achetez, le marchand vous dira grand merci.
Dans ce beau plat doré trônera la poularde ;
Mais j'y vois à côté pour la pauvre mansarde
    La salière de l'amitié ;
    Va, ne crains pas, mon cher poëte,
    Ici tu n'es pas oublié ;
Tu trouveras près du divin trépié
Le gril où rôtira ta simple côtelette.

Mais ton unique habit commence à se peler,
    Et c'est ta vieille garde-robe
    Que tu voudrais renouveler ;
Passons par là, j'entends quelqu'un nous appeler !
C'est l'honnête fripier qui jamais ne dérobe ;
    Il a pour tous d'élégans paletots,
        De frais gilets, de chauds manteaux.
    « Ici, Messieurs, l'on sert en conscience ;
    » Chacun n'en croit que son expérience,
        » Chacun ne voit que par ses yeux. »
Que d'objets à choisir pendus dans sa boutique !
Essayons, et sur place à la face des cieux,
Lui-même de sa main met dedans sa pratique.

II

    Mais où va donc tout ce peuple béant ?
C'est que de ce côté, sur sa double rangée,
        Chaque monstre, chaque géant
    Fait retentir sa musique enragée.
        Le spectacle va commencer ;
        Qu'en dites-vous ? Oserons-nous oser ?

    Sur tous les tons, sans repos ni mesure,
        Du Duc de Chartre au bon café Robert,
Et le cuivre, et la corde, et la peau qui murmure
Hurlent tout à la fois Malbrouk et Dagobert.
        Le fifre aux notes déchirantes,
    Le tambourin au ventre rebondi,
    Le cor si redouté du tympan assourdi,
        Les timbales désespérantes,
    Font un vacarme à damner les démons.
L'un frappe à tour de bras ; l'autre, la joue enflée,

De tout l'effort de ses poumons,
Se gonfle et jette au vent sa fanfare essoufflée.

L'intéressant est de faire du bruit,
   On court où la poitrine est forte ;
   Si rien n'attire à votre porte,
  L'indifférent passe et vous fuit.

Celui-là le sait bien, musicien unique,
   Qui vaut seul quatre concertans ;
Voyez, dans un clairon qu'il tient entre ses dents
  Il souffle avec un courage héroïque ;
Sous ses doigts l'archet crie à désoler un sourd,
Pendant qu'à ses genoux la cymbale manœuvre,
Et que ses deux talons assenés tour à tour,
   Pour couronner dignement l'œuvre,
En longs bourdonnemens font mugir le tambour.

Mais que veut, dites-moi, cette cloche qui tinte ?
  Ici pourtant pas de chapelle sainte,
  Pas d'écoliers qui tracent leur sillon,
   Ou de dîner qui nous appelle
  A partager la table fraternelle !

Mais ce n'est pas assez de tout ce carillon.
De cet autre côté quelle horrible décharge !
La place en a tremblé tant qu'elle est longue et large.
Est-ce à coups de fusil qu'on nous reçoit ? Oh non !
   C'est toujours la même méthode,
  Dans l'art du bruit c'est un progrès commode ;
   Plus tard on aura du canon.

Il est encore un point dicté par la sagesse.
A votre porte ayez de superbes tableaux ;

Promettez, inventez, dorez avec adresse ;
On se laisse toujours prendre à ces oripeaux.
    Voyez ces mirifiques toiles,
Que le vent fait gonfler comme de larges voiles !
Le peintre à grands flots d'huile y versa ses trésors.
    Quels miracles ! quels tours de force !
    Et tout cela, trompeuse amorce !
    Le plus rare est toujours dehors.

Mais écoutons: « Messieurs, voulez-vous vous instruire?
    Pour un misérable billet,
Nos chiens savans vous montreront à lire ;
Conus enseignera maint tour de gobelet,
  A vous surtout, Messieurs de la finance !
    Et nos singes de préférence
    A ces dames feront un cours
    De sourire et de révérence.
    Sur nos bancs on apprend toujours ! »

    Chacun où son penchant l'attire
    A pris ses billets au bureau.
    Ceux-ci vont aux héros de cire ;
Du grand Napoléon on veut voir le tombeau.
Ceux-là sont curieux de moutons à deux têtes,
    De merles blancs, de cygnes noirs ;
    Leur plaisir est de voir des bêtes !
Les maladroits n'ont donc pas de miroirs ?

Ces malins de village aiment les cabrioles
    Et la danseuse au jupon court,
    Qui sur la corde saute et court,
Et du clown effronté les lestes gaudrioles.

    Mais nos docteurs qui lisent couramment

A qui l'on a parlé jadis de mappemonde
  Et d'histoire et de rudiment,
Avec un petit air grimé tout savamment,
  S'en vont visiter à la ronde
    Et le diorama,
    Et le panorama,
    Et le cosmorama,
    Et le néorama,
Enfin tous les rama qui courent par le monde.

Dans cette autre baraque un adroit nécromant
Sous ses longs gobolets escamote les dames;
  Mais chacun sait fort bien qu'il ment;
Sinon tous les maris y conduiraient leurs femmes.

Mais les jeux de hasard peut-être vous vont mieux.
Eh bien! soit; regardez ce modeste étalage;
Avec sa roue, ici la fortune volage
Distribue à tout coup ses dons capricieux.
    Approchez : son humeur propice,
    Pour peu que vous soyez adroits,
Tient pour vous en réserve un poudreux pain d'épice,
    Que vous aurez payé dix fois.

    Mais non, amateur de la chasse,
Pour vous former la main vous préférez le tir;
Entrez dans cette enceinte où la foule se place,
Et vous n'aurez pas lieu de vous en repentir.
    Tout frais débarqué d'Algérie,
    Voyez dans son large caban
    Ce Kabyle au riche turban,
    Dont la moustache vous défie!
Prenez-moi ce mousquet; et l'œil sur votre but,
    Sans pitié comme sans colère,

Frappez au cœur votre adversaire,
Pour qu'il vous fasse un beau salut.

Aimez-vous mieux les cavalcades
Et les bruyantes promenades,
Aussi rapides que le vent?
Ici deux cents coursiers, sans cris et sans ruades,
Galopent en arrière aussi bien qu'en avant.
A la lumière éblouissante,
Sous les plis agités de tous ces pavillons,
Ils vous gardent exprès leur croupe obéissante.
Laissez la cravache impuissante,
Ils dédaignent ses aiguillons.
Sobres toujours, toujours infatigables,
Ils vont dix fois recommencer
Leurs joûtes les plus redoutables,
Sans songer à se reposer.
Équipés nuit et jour, leur course est toujours prête,
Un rien les pousse, un rien arrête
Leurs plus grandes témérités.
Point de sombres rivalités :
Sans orgueil et sans jalousie,
Tour à tour chacun d'eux touche au but le premier.
Je suis surpris que Buffon et Cuvier
Négligent de citer cette race choisie.
Mais enfin ces phénix, dites, où sont-ils nés?
Viennent-ils d'Albion, d'Arabie ou d'Espagne?
Un charron les a façonnés
Dans un chêne noueux grandi sur la montagne!

N'importe, répondez à leur empressement!
Est-ce de mouvement que vous êtes avide ?
Sur ces reins bien cambrés enjambez lestement.
La vapeur n'est pas plus rapide.

Mais vous, bonne nourrice, avec vos gais moutards,
Vous trouvez à dos nu la course fatigante,
    Prenez alors un de ces chars,
    Ou cette nacelle élégante,
Mollement suspendue à ces souples brancards?

    A vous, belliqueuse jeunesse,
Dans les champs endurcie, il faut d'autres assauts :
    Vous voulez des combats d'adresse !
    Montez en selle, ardents rivaux,
    Je veux vous voir au jeu de bague,
    Avec la pointe de la dague,
L'œil sûr et la main ferme, enlacer vingt anneaux.
    Durant ces luttes pour la gloire,
Le clairon des combats soutiendra vos efforts ;
    Il doublera ses terribles accords.
    Pour proclamer votre victoire.

Mais voyez mon erreur ! ce que vous recherchez
C'est la danse avant tout : Eh bien ! sous le feuillage
    Nos ménétriers de village
Vous donneront là-bas des sons à bons marchés.
Avant, las de courir de merveille en merveille
    Pour réparer vos forces en passant,
    Prenez-moi, je vous le conseille,
    Quelque chose d'appétissant.
Planté sur son bâton qui lui sert de Pégase,
    Voici le marchand de coco
    Dont la voix fait gémir l'écho,
Et qui pour vous exprès rince déjà son vase.
N'oubliez pas surtout chez nos coupe-toujours
De dire un mot tout chaud au sortir de leurs fours
    A leurs galettes du gymnase.

Mais vous tranchez du grand seigneur
Et vous voulez plus cher acheter le bonheur !
　　　Après un sourire aux marchandes,
　　Et deux coups d'œil à toutes ces guirlandes.
　　　Il vous faut les splendeurs d'un bal,
　　　Les lumières étincelantes,
　　　Les parures éblouissantes,
　　　Un orchestre pyramidal,
　　　Et par une chaude soirée,
Au souffle du printemps, sous la voûte azurée,
　　　Tous les plaisirs du carnaval.
Un sorcier plein d'adresse a lu dans vos pensées,
　　　Il veut de ses mains empressées
　　　Vous offrir aussi ce régal.
　　　Défendu par ce vert treillage,
Voyez-vous par ici ce vaste pavillon ?
Entrez ! A la splendeur d'un pompeux éclairage,
(Sur l'affiche du moins je l'ai lu tout au long).
Dames et cavaliers sont reçus au salon.
On a tout prodigué, quadrilles à la mode,
Banquettes et décors, parquet souple et commode,
　　　On veut vous avoir à tout prix.
　　　En quittant sa locomotive,
　　Le voyageur s'arrête tout surpris
　　　Devant cette élégance active,
　　　Et se croit encore à Paris.
L'étiquette à l'air froid ici n'est pas admise,
La Dame de céans se nomme Égalité.
　　　A la voix de la liberté
　　　On se rapproche, on se divise ;
　　On est chez soi : sans mélange importun
Chaque famille à part se groupe et s'organise ;
Où si l'on aime mieux les plaisirs en commun.
On va se réunir où le cœur sympathise ;

Et bien servi souvent par le hasard,
    Avec bonheur dans la commune mise
Chacun en la doublant prend et fournit sa part.
Puis, pour vous délasser, exprès en embuscade,
Le café pétillant et le sucre qui fond,
    Les fins gâteaux, le léger carafon
        Avec sa fraîche limonade,
Attendent là tout près, attentifs au signal,
Les derniers tourbillons du galop général.

Allez donc, puisqu'ainsi votre cœur le désire,
Goûtez bien ce bonheur qui vous semble si doux,
Moi j'ai d'autres amours, et soit dit entre nous,
    Un autre amusement m'attire !
Devinez ! mais bons dieux ! qu'êtes-vous devenus
Avec vos beaux habits et vos riches toilettes,
Vous, mes héros de bois toujours si bien venus ?
Les ingrats ! qu'ont-ils fait de nos Marionnettes ?

    Quand reverrai-je, assis sur votre banc,
        Et Bethléem et le Calvaire,
        Et Joseph vendu par un frère,
        Et Geneviève de Brabant ?
Tout jeune, j'échappais à la voix paternelle,
Et faisais de longs tours pour voir Polichinelle !
C'était un vieil ami ; sur sa toile perché,
Il me guettait de loin, rieuse sentinelle ;
Et souvent comme moi, par l'odeur alléché,
J'ai vu plus d'un régent, au sortir du collége,
Des écoliers tardifs goûter le privilége.
Avec sa bosse, à tous il faisait la leçon ;
Et d'un bâton noueux armant son épigramme,
    Il finissait par mettre à la raison
Et le guet, et le juge, et le diable, et sa femme !

Et vous, qu'avez-vous fait de sa naïveté?
　　Rendez-moi sa langue railleuse,
　　Et mes quinze ans, et sa gaîté,
Et son humeur tant soit peu batailleuse!

Mais aujourd'hui sur les tréteaux monté,
On fait de la science, et l'esprit court les rues.
Chez vous, mes bons amis., nous cherchons le repos ;
　　Déridez-nous par de joyeux propos,
Et jetez-moi bien loin ces visions cornues.

　　Mais n'allons pas tout rouge nous fâcher;
Car enfin c'est pour nous que chacun s'ingénie ;
Et s'ils ne flattaient pas notre sotte manie,
Sans souper bien souvent ils iraient se coucher.
　　Ayons pitié de toute une famille ;
　　　　Leur envier un pauvre sou,
　　　　C'est pécher! Sous cet or qui brille,
Leurs bons mots affamés n'ont pas mangé leur soûl!

Je me souviens toujours d'une de ces misères.

Un jour, laissant dormir et livres et grammaires.
　　J'étais allé, comme un vrai paysan,
　　　　Contempler Roba dans sa gloire,
　　　　Et son cirque resplendissant,
Et ses héros brillans de clinquant et de moire.

Comme nous admirions ses hardis écuyers
En cercle impétueux dévorant la carrière,
Et vingt fois par-dessus la rapide barrière
Lançant à crins flottans leurs hennissans coursiers!
　　　C'était à donner le vertige ;
Et tous en frémissant de crier au prodige!

Mais comptez sur le lendemain.
La fortune aux cruels sourires,
Sur le manége et les empires
Etend sa dédaigneuse main.

Un autre mois de mai ramène nos spectacles.
    Un nom de souvenir joyeux,
Roba, vient de frapper mon oreille et mes yeux.

Bravo ! Je veux revoir encor nos vieux miracles !
    Je suis entré : cinq ou six pieux
Soutenaient à regret des toiles déchirées ;
    Plus de banquettes rembourrées,
    Plus de pavillon gracieux ;
    Le toit c'est la voûte des cieux.
    Quatre terrines délabrées,
Où dans le suif fondu brûlait un bas bien vieux,
    S'efforçaient d'éclairer ces lieux.
    Revenus des sombres royaumes,
Là, dans un coin honteux, erraient quelques fantômes,
Squelettes ambulans sans forme et sans beauté.
La misère a ridé leurs faces décharnées ;
    Et quelques paillettes fanées,
Vieux restes de grandeur, couvraient leur nudité.
Tout un siècle a passé durant ces trois années.
C'était bien lui pourtant, infortuné Roba,
    Resté seul avec ses fidèles !
    Une étincelle qui tomba
    Dans ces prospérités si belles
    A tout perdu ! ses coursiers triomphans,
    Qu'il aimait de toute son âme,
Comme ses compagnons, ses amis, ses enfans,
Où sont-ils ? Les plus fiers ont péri dans la flamme ;
    Ceux qu'on sauva, malades et boiteux,

Dans les horreurs d'une affreuse disette,
Furent vendus plus tard pour traîner la charrette ;
Et ce dernier malheur a blanchi ses cheveux !

J'en avais assez vu ; l'œil chargé de tristesse,
A travers ces lambeaux qui cachent leur détresse,
    Moi ! je pourrais compter les sauts,
    Les tortures et les assauts
De malheureux qui font pitié même à l'envie,
    Et vont pour un morceau de pain
    Sur quatre planches de sapin
    Exposer ces restes de vie !

Tenez, laissons la foire et tous ses alentours !
C'est fini, je n'ai plus le courage de rire ;
    Pauvres diables ! je vois toujours
Leur main sèche tendant l'horrible tire-lire !
    Fi des plaisirs de carrefours !
La faim au ventre creux y donne la parade ;
    Laissons passer ces tristes jours,
Puis nous verrons après ma belle promenade.

CINQUIÈME STATION.

LE MARCHÉ AUX CHEVAUX.

I. Revue des différentes Foires de Chartres. — La Saint-André : foire aux chevaux ; aux porcs ; aux moutons ; aux laines ; a la filasse ; aux balais. — La Saint-Barthélemi : foire aux cercles.

II. Brigands d'Orgères : leurs mariages ; leurs assassinats ; leur supplice sur le Marché-aux-Chevaux en 1800.

Mais il faut jusqu'au bout expier vos péchés ;
Résignez-vous, d'ici tout d'une haleine
Puisque vous y voilà, je vous tiens et vous mène
    Au travers de tous nos marchés.

    On a trop dit que le poète,
    Épris follement de bluette,
  Préfère l'ombre à la réalité,
Et n'est qu'un vieil enfant de ses jeux entêté.
Moi du moins aujourd'hui je serai de mon âge ;
  Je clos ma porte à tout vain badinage,
    Et mon vers, plein de gravité,

Glanant de tous côtés nos plus beaux jours de foire,
Du commerce chartrain consacrera la gloire
    Sur l'autel de l'utilité.

    N'imposez pas à ma paresse
    L'unité de temps et de lieux ;
    D'un seul coup d'œil vous verrez mieux
    Le bilan de votre richesse.
Souffrez qu'ici, pour n'y plus revenir,
  Dans ce lieu même où tant d'espoir se fonde,
Suivant tous les filons de la mine féconde,
Un seul encadrement puisse les réunir ;
    Que Boileau m'approuve ou me gronde,
Par là, vite et bien mieux nous saurons en finir.

    Soyons sages avec mesure :
En fils respectueux entourons de nos soins
    Nos chefs-d'œuvre d'architecture,
D'un passé qui n'est plus admirables témoins.
Mais aussi gardons-nous, ennemis des réformes,
    Mettant la pensée aux arrêts,
  De préférer aux utiles progrès
  Ces vieux cimens, ces ruines informes,
Que les besoins du temps, ou qu'un grossier maçon,
Entassaient trop souvent sans règles et sans formes ;
Vouloir tout conserver blesserait la raison.
Au lieu de ces marchés étroits et pleins de boue,
    Où la laitière du faubourg
    Achetait aux jours de la loue
Sa vache, et le fermier son cheval de labour ;
    Il nous faut dix places immenses
    Aussi grandes que des cités ;
Sans regret employez à propos vos finances,
Demain les intérêts vous en seront comptés.

Abattez, nivelez; que tout obstacle tombe;
De ces toits enfumés faites une hécatombe !
Que sur nos longs trottoirs, luisants de propreté,
Tout un peuple accouru circule en liberté !
Nous vivons dans le temps des vastes entreprises;
Comment se contenter des efforts paternels?
Je veux que le commerce en ses jours solennels
    Tienne ici ses grandes assises!

Après tant de travaux achevés ou pendans,
N'allez pas m'accuser de conseils imprudens.
Ce n'est plus le blé seul que la Beauce nous donne;
Cent produits autrefois inconnus en ces lieux,
    Nouveau fleuron de sa couronne,
Encombrent aujourd'hui nos squares spacieux.

I

    Parmi les noms d'heureux présage,
    Que le calendrier chartrain
Nous a transmis de son meilleur burin,
Il en est deux surtout dignes de notre hommage :
Sage Barthélemi, qui gardez la moisson,
Vous, André, précurseur de la froide saison,
Que ne devons-nous pas à votre patronage?

Mais tenez, ici même autour de nos chevaux,
    Fort à propos ce dernier nous appelle;
    C'est aujourd'hui sa fête solennelle;
Chartrains, venez jouir du fruit de vos travaux !

    Dès l'avant-veille, aux faubourgs de la ville,
De tout pays et par chaque chemin

Il en arrive et par cent et par mille ;
Les plus soigneux les mènent à la main ;
Symbole du vendeur, la paille les décore ;
La place est déjà pleine, il en survient encore.

Oui, je l'avoue, avant nos changemens,.
Du haut de la terrasse et de ses balustrades,
　　Sans peur du fouet et des ruades,
　　L'œil suivait mieux ces mouvemens.
Mais pris dans un étau derrière cette masse
　　Si favorable au spectateur,
Marchandise et cliens manquaient d'air et d'espace ;
Vous avez sagement préféré l'acheteur.
Par votre ordre au vallon la butte est descendue ;
　　Plus de pauvres estropiés ;
Et la foule aussitôt à deux et quatre pieds
　　A triplé comme l'étendue.

　　Au fond du cœur si peu qu'on ait d'amour
　　　Pour son pays et sa richesse,
　　On doit au moins un coup d'œil à ce jour ;
　　　Quel que soit le devoir qui presse,
　　Le magistrat quitte son tribunal,
　　Le bon curé son confessionnal,
　　　Tant ce tableau nous intéresse !

　　　Dans ce triangle en tous les sens
　　　Admirez la force et la taille
　　　De ces quadrupèdes puissans,
Escadrons au repos, pacifique bataille.
　　Le feu jaillit de tous ces yeux ardens ;
　　Bien délassés, gonflés de nourriture,
　　Les plus communs ont aussi leur parure ;
　　On leur mettrait plutôt de fausses dents.

La brosse de la poudre a dissipé la trace ;
Une main prévoyante a poli leurs contours ;
Leur poil étincelant éclipse le velours,
Et leurs crins bien peignés retombent avec grâce.

Il en est de tous les cantons :
Ceux-ci, forts et trapus, à l'humeur pétulante,
Ont brouté l'herbe succulente
Dans les pâturages bretons.
Ceux-là dressent plus haut leur croupe rebondie,
C'est la féconde Normandie
Qui s'est donné le soin de nous les élever.
Cet œil impétueux vient de la Picardie ;
Mais il en est surtout à la taille hardie
Que nos marchands s'empressent d'enlever,
Et que la ferme beauceronne
Achète à leurs premières dents,
Pour plus tard les revendre à beaux deniers comptans,
C'est vous, nobles coursiers de race percheronne !

En voulez-vous un bel échantillon ?
Voyez ici tout près ce superbe étalon !
Le front haut et la jambe fine
Il se redresse avec orgueil,
Et l'amateur dans la foule voisine
L'a reconnu d'un seul coup d'œil.
Laissez-le parfaire sa crue,
Et bientôt l'utile charrue
Ou bien le cavalier fringant,
Qui sait de la main et du gant
Faire si bien valoir une noble encolure,
Ou bien encor la gloire avec sa riche armure,
Promettant tout sans rien tenir,
Hormis quelque bonne blessure,

Ou sur le grand chemin la rapide voiture
Viendront se disputer l'honneur de l'obtenir.

   De rang en rang une nombreuse armée
      De chalans et de maquignons,
      Fins matois, rusés compagnons,
Rôde et tâte par où la place est désarmée.
      De bons écus bien trébuchans
      Leur longue sacoche est pourvue ;
      De tous côtés ils vont cherchans ;
   Par sa beauté l'un plaît mieux à la vue,
   L'autre vaut mieux pour le travail des champs ;
Ils l'auront. Mais bien fin qui lit ce qu'ils méditent !
      Ils voudraient déjà le tenir,
Et sans le regarder ils tournent, ils hésitent...
Le paysan madré les voit de loin venir :
Contre la ruse il a sa ruse toute prête ;
Il laisse avec simplesse approcher l'ennemi,
Mais c'est par le bon bout qu'il lâchera sa bête,
      A Normand, Normand et demi !

   Chaque appétit trouve ainsi sa miette,
      Et plus ou moins jusqu'aux larrons
   Tout est content : un seul point m'inquiète,
      Où vend-on pour nos vignerons ?

Il était autrefois une humble créature,
Estimée au Bourgneuf et chère à Mainvilliers,
Que recherchait fort peu la fleur des chevaliers,
Mais que Sancho préfère à sa progéniture.
C'était pour les petits un véritable don,
Sobre et content de peu, l'utile quadrupède
      Au malheureux venait en aide
      Et se régalait d'un chardon.

Il servait empressé nos brunes jardinières ;
Sans luxe et sans orgueil nos modestes fermières
Venaient vendre au marché leurs œufs et leurs poulets,
  Et n'avaient pas d'autre monture..
Il n'est plus ce bon temps de la simple nature !
Il leur faudra bientôt des étalons anglais
Et de nos grands seigneurs l'élégante voiture.
L'autre est là, cependant, sous les coups du frelon,
Enfant déshérité d'un siècle de prodige ;
  Chacun le passe et le néglige,
C'est à peine s'il plaît au marchand de sablon.

Plus loin ces animaux, tant prisés à Bayonne,
  Qu'avec goût Mayence assaisonne,
  Et qu'on entend aussi fort bien
 A cultiver dans ce pays chrétien,
Sans ordre, mollement étendus sur la paille,
  Insoucians de leurs destins,
  Par la richesse de leur taille
Tentent des amateurs les regards incertains.
Ce qu'il faut à ceux-ci, sans trop hausser l'enchère,
  C'est un jeune pensionnaire,
  Dont leur savoir puisse plus tard,
  Avec les petits soins de l'art,
  Développer le caractère.
  Mais à ceux-là ce qui leur plaît,
  C'est une ample et riche nature,
  Les grâces d'une énorme hure,
  Un personnage bien complet.

Voyez ces villageois à la forte carrure,
Calvaniers, laboureurs, bergers, valets de cour,
Eux qui digéreraient les pierres elles-mêmes,
Si vous les nourrissiez d'échaudés et de crèmes.

Soutiendraient-ils le poids du travail et du jour ?
Servez-leur un bouillon avec sa grasse écume,
Des saucissons poivrés, de solides jambons,
    Des grillades sur les charbons,
Des choux bien savoureux qu'un lard friand parfume,
Le tout assaisonné du cidre de Nogent
Ou des vins que fournit le Loiret diligent,
Et vous verrez alors si ces larges visages,
    Ces bras vaillans et ces muscles tendus
    Hésiteront, effrayés et rendus,
        Devant les plus rudes ouvrages.

C'est encor saint André, ce zélé travailleur,
Qui se charge aujourd'hui d'être leur pourvoyeur.

Enfin leur choix est fait ; par devant les futailles,
Quand la main tour à tour a frappé dans la main,
    Ils vont dans le bouchon voisin
Du patient qui dort signer les funérailles.
    Dirai-je les chauds gloria
    Que verse à flots la cafetière ardente,
    Et le cognac, et le ratafiat,
        Dont on arrose chaque vente !
        Le soir par le chemin tortu
        Chacun retourne à sa chevance ;
        Et poussant l'animal têtu
        Calcule sur ses doigts d'avance,
        Quand demain il le flambera,
        Tous les profits qu'il en fera,
        Et les boudins, et l'échinée,
        Et les cadeaux de l'amitié,
        Et son pot au feu pour l'année.
Le plus pauvre du moins en tue une moitié.
    Quelle fête quand on le grille !

Les enfans accourent joyeux
Autour de la flamme qui brille ;
Honneur au plus audacieux,
S'il peut, sans que son œil sourcille,
Souffler... vous savez où, muni d'un chalumeau...
On lui garde certain cadeau,
Dont le soir bien longtemps causera la famille.

Entendez-vous là-bas ces nombreux bêlemens ?
Quel est ce peuple qui s'insurge ?
Est-ce que les moutons de Panurge
Font aussi des rassemblemens ?
Ne craignez pas, ce sont d'autres spectacles
Que le Saint veut nous ménager.
La paix ici ne court aucun danger ;
Ce sont plutôt de ses miracles.

Dans la Beauce autrefois, quelques rares moutons
De loin en loin tondaient à peine
Des guérets dépouillés les maigres avortons ;
Bien loin la tricoteuse allait chercher sa laine.
Il n'en est plus ainsi : dans nos champs transformés
Le trèfle, le sainfoin, l'abondante luzerne,
Balancent leur tige moderne,
Et les airs en sont parfumés.
On a vu fleurir des prairies
Aux lieux qui ne savaient produire que le blé ;
Chaque ferme a bâti de vastes bergeries
Et ses troupeaux ont centuplé.
Profitant de cette abondance,
Par une heureuse conséquence,
De Chartres enrichi le commerce a doublé.

Aussi voyez-vous ces voitures
Avec leur laine et leurs factures ?
C'est Juillet, fier de ses jeudis,
Qui les amène en foule à nos riches landis ?
Au fond de vos manufactures,
Braves Picards, laborieux Flamands,
Vous nos voisins, astucieux Normands,
Rassurez bien vos industries ;
Le Dieu qui bénit nos moissons,
De nos fécondes métairies
Vous garde aussi les épaisses toisons.
Ce spectacle vaut bien d'autres magnificences ;
Et toute la nuit aux flambeaux
Nos fermiers vont peser dans les hautes balances
Les dépouilles de leurs troupeaux.
Laissez venir plus tard d'autres heureux quantièmes,
Il en est tant ! et les moutons eux-mêmes
Viendront s'offrir à vous, innombrables trésors.

Les voici : chaque groupe aura ses barricades,
Ils rempliront bientôt de leurs mille brigades
Le Tour-de-Ville et ses abords.
Regardez : pour chaque demande
Tous les ans élargie aux dépens du flaneur,
Des fossés et du promeneur,
La place n'est plus assez grande ;
C'est une ville entière avec tous ses quartiers.

A leur tête sont les béliers ;
L'amateur en passant s'arrête et les admire ;
Leur laine à gros flocons vaut le fin cachemire ;
Rambouillet n'a jamais enfanté rien de mieux.
Portent-ils fièrement leurs superbes spirales !
Le soleil espagnol pétille dans leurs yeux,

Et leurs flancs vigoureux, leurs croupes colossales
Promettent pour longtemps à nos heureux cantons
Le sang renouvelé de nobles rejetons.

    Puis à côté, chacun dans son enceinte,
       Sont entassés dos contre dos,
       Les agneaux à la tendre plainte,
       Jeune espérance des troupeaux ;
Les brebis présentant leur mamelle féconde ;
       Les moutons à la tête blonde
Que le fer a rendus fantasques et peureux.
       Alexandre a conquis le monde
       Avec des soldats moins nombreux ;
       Et dans l'hiver la mer qui gronde
Roule moins de galets sur ses bords orageux.

    Le fermier songe à son emplette ;
Je songe à mon dîner ; à chacun son chagrin.
Moi qui tous les matins ronge ma côtelette,
J'ai craint plus d'une fois d'arriver à la fin ;
Mais je le vois ici, l'erreur était complète,
Ce n'est pas aujourd'hui que je mourrai de faim,
Mon gril a pour longtemps sa provision faite.
Oh ! soyez-en béni, généreux saint André !

       Envers l'apôtre vénéré
       Est-ce là toute notre dette ?
    N'en croyez rien : voulez-vous un moment
       Rentrer avec moi dans la ville,
(Un zig-zag est permis quand il peut être utile),
       Et vous aurez contentement.
       Sans compter tous ses gros fermages
    Et de ses animaux le riche assortiment,
Il est le fournisseur des plus humbles ménages.

Entre le séminaire et le vieil évêché,
  Une paisible solitude,
Se change pour un jour en un bruyant marché
  Envahi par la multitude.

  C'est là qu'un certain végétal
  Qu'autrefois Domfront et Falaise
  Ne goûtaient pas en général,
  Et qui mit souvent mal à l'aise
  Plus d'un véridique normand,
  Le chanvre au soyeux filament,
  Sur les tables de la marchande
Ou dans les charriots amenés dès le soir,
  Tout le long du nouveau trottoir
  Vient provoquer chaque demande.
Ecoliers d'autrefois, quel plaisir en ce jour,
  Quand, échappés de notre souricière,
(Le collége en ce temps logeait au séminaire),
Nous nous précipitions sur l'étroit carrefour,
  A grands cris forçant le passage,
Des vendeurs ébahis culbutant l'étalage,
  Pendant que nos griffes de chats
  Volaient aux vieilles filandières
  Qui pliaient sous leurs lourds achats,
  Des balles pour nos canonnières!
Bourgeois et paysans juraient par tous leurs dieux
  De nous donner les étrivières,
Et les chiens après nous aboyaient furieux.

  Ainsi de ces heures utiles
  Chacun usait à qui mieux mieux :
  Nous, étourdis, de projectiles
  Nous garnissions nos arsenaux ;
  Les marchandes émerveillées

A gros profit vendaient leurs écheveaux,
Et la ferme emportait pour ses longues veillées
De quoi faire gronder son rouet et ses fuseaux.

Mais gardons-nous de tomber en quenouille !
Allons, mes bons amis, encor quelques efforts !
André pour en finir nous attend sur ces bords
    Qu'en grondant la Courtille mouille.

    Au fond de lointaines forêts
Le Perche va chercher ses moissons de bruyère,
    Pour en fabriquer ses balais
Et nettoyer plus tard la Beauce tout entière.
    Puis au grand jour de la solennité,
    Le fouet en main hâtant son attelage,
      Il nous apporte son ouvrage
      Et nous prêche la propreté.
Ces produits, nés souvent aux champs de la Bretagne,
    Et par douze et par cent disposés avec art,
Auprès des marroniers qui protégent Morard,
Sur vingt rangs séparés s'élèvent en montagne.
    Par Pollux, si le héros grec
      Eût tâté de nos industries,
Comme il eût d'Augias aisément mis à sec
    Les fumiers et les écuries !
Voici le bon moment, sans attendre plus tard,
      Venez, active ménagère,
      N'achetez pas à la légère,
Choisissez. Sous nos cieux de pluie et de brouillard,
    Dans votre écrin ce meuble est nécessaire.
Qu'il soit de vos foyers l'ornement favori ;
    Usez-en bien ! quand on veut plaire,
    C'est l'arme au bras qu'on reçoit un mari.

Comme une étoile tutélaire
Qui se montre sous un ciel noir,
Ainsi de Saint-André brille l'anniversaire !
O Providence du comptoir !
O rêve bien aimé du bon propriétaire !
Pour l'oreille chartraine est-il un nom plus doux ?

Que de rois ici-bas, à la mine hautaine,
N'ont pas, bon an mal an, en rente bien certaine,
Autant de bons écus qu'il en compte chez nous !

Mais n'avons-nous qu'un bon jour dans l'année ?
Notre ville à ce point n'est pas abandonnée.
Il est encor pour nous un autre nom ami :
Et déjà vous avez nommé Barthélemi !
Irai-je encore vous conduire
Au milieu de ces bruits confus,
Et répéter cent fois ce que je viens de dire,
Au risque d'un vilain refus ?
Assez de bergerie, assez de cavalcades ;
Je craindrais à la fin et balais et ruades.
Rendons grâce à l'apôtre et puis n'en parlons plus.
Il est pourtant un point qu'en bonne conscience
Je ne puis passer sous silence ;
Voici le moment ou jamais :
Il intéresse nos gourmets.
Ce sera le dernier. Quand la grappe vermeille
Sous les feux du Lion mûrit sur nos côteaux,
C'est saint Barthélemi qui sur nos celliers veille,
Et nous fournit de quoi restaurer nos tonneaux.
Du Perche encore et de ses verts bocages,
Du Thimerais et de ses vieux ombrages
Il nous dépêche leurs cerceaux.

Dans l'art de garnir nos futailles
Il est un lieu surtout digne du premier prix :
Montfort, fier de ses Amauris,
Met aujourd'hui Bacchus au-dessus des batailles.

Près de Morard et de ses alentours,
Tous ces faisceaux de leurs masses solides
Forment autant de pyramides ;
Pergame dans Homère avait bien moins de tours.
Là de nos tonneliers les bandes accourues
Circulent à grand bruit dans ces nouvelles rues
Avec leur tablier de cuir,
Et viennent faire concurrence
Avec nos vignerons qu'une douce apparence
Séduit souvent pour mieux les fuir.

Allons, Messieurs, faites emplettes ;
La vigne sourit dans vos clos ;
Voici du châtaignier, du chêne ou des bouleaux,
Emplissez bien votre charrette.
Mais quant à moi, pauvre poète,
Qui n'ai ni cave ni cellier,
Et qui loge dans un grenier,
Laissez-moi me sauver sans tambour ni trompette.
Mon Tour-de-Ville attend et j'y veux revenir.
Il est bien d'autres jours de commerce et de vente ;
Mais avec nos marchands j'ai hâte d'en finir,
On me ferait payer patente.

—

II

C'est surtout dans ces lieux où trottent nos chevaux,
Qu'on peut, sans rien payer, voir ces mille tableaux.

    Mais au milieu de ces peintures,
    Pourquoi faut-il que les bourreaux
Viennent là justement clouer leurs échafauds
Et nous épouvanter d'atroces aventures ?
    Oui, certe, on fut mal inspiré ;
On a, comme à dessein, gâté mon Tour-de-Ville,
    Quand par un ordre mal habile
Ce triste voisinage au glaive fut livré.

Je n'oublierai jamais cette époque fatale ;
    Jusques-là le vengeur des lois
    Régnait en maître au carreau de la halle.
Mais un procès fameux occupait les cent voix.

    D'affreux brigands, qui, des cantons d'Orgère,
    Avaient au loin répandu leur fureur,
    Autre terreur dans la grande Terreur,
De leur sang à leur tour devaient souiller la terre.
On voulut à la ville épargner cette horreur,
    Et ce marché par la justice
    Fut destiné, pour son malheur,
    Au redoutable sacrifice.

    Bien jeune encor, ne sachant rien de rien,
    Caché sous l'aile maternelle,
Jusques-là, par les soins de mon ange gardien,
Jamais pareil tableau n'a frappé ma prunelle.
Mais on a tant parlé de tous ces scélérats,

Qu'en étourdi, comme on l'est au jeune âge,
Dans un coin bien caché, mes livres sous le bras,
Je veux voir une fois le sanglant coutelas.
    Je comptais trop sur mon courage.

    Tenant ma vaillance à deux mains,
    Déjà par l'horrible fenêtre
    J'ai vu les premiers assassins
A l'appel de la mort répondre et disparaître.
Les femmes ont ouvert la marche en sanglotant.
Mais au troisième cou, lorsque sous la poulie
    Le fer grinçant remonte et plie
    De sang tout rouge et dégouttant,
Ma joue à cet aspect pâlit, mon corps frissonne,
De mille tintemens mon oreille résonne,
    Mes genoux vont s'entre-heurtant ;
    Devant ces images sanglantes,
    A pas brisés, éperdu je m'enfuis,
    Emportant hélas ! pour mes nuits
    Une ample moisson d'épouvantes.

A peine le sommeil closait mes yeux pesans,
    C'étaient soudain d'horribles rêves.
Leurs têtes à la main, cent spectres menaçans
    Me poursuivaient sans paix ni trêves.
Tous les sombres récits que j'avais entendus,
S'agitaient devant moi, mêlés et confondus.
O mon Dieu ! Les voici dans leurs sombres cavernes !
Bons fermiers, qui tremblez pour vous et pour vos toits,
Calmez-vous ! un des leurs, plein du vin des tavernes
Pour sa femme ce soir a fait un digne choix !
Ils laisseront dormir le meurtre et l'incendie ;
    Et dans les bois les plus obscurs ;
Ils iront célébrer leur triste parodie

Et leurs accouplemens impurs ;
Leur curé les attend et sa chapelle est prête.
Un saut par devant lui complètera la fête.

Mais qu'ai-je dit ? le jeu leur plairait moins ,
Si Dieu lui seul voyait leur infamie ;
A leur sale débauche il faut d'autres témoins !
Ils sont partis. Malheur à la ferme endormie.
Où , bien loin de tous les secours ,
La noce va rugir ses cyniques amours !
A leur dégoûtante luxure ,
Si vous voulez sauver vos jours ,
Hâtez-vous , livrez sans murmure
Vos celliers et vos basses-cours.
Puis, quand ils sont gorgés de vins et de pillages ,
Du dernier vêtement rejetant la pudeur,
Les voilà , l'œil en feu, dans leur lubrique ardeur,
Formant sur le fumier leurs danses de sauvages.
Hommes et femmes , nus , se tiennent par la main ,
Et dans un cercle redoutable ,
Hurlans et bondissans, tournent , tournent sans fin ;
L'enfer n'a rien conçu de plus épouvantable.
Les pauvres prisonniers , pâles , sous le poignard ,
Verront là sans broncher l'effrayant cauchemar.
Chastes époux , vierges tremblantes,
Gardez-vous de rougir ou de baisser les yeux ;
Dans vos meules pour leurs adieux
Ces maudits laisseraient les flammes dévorantes !

C'étaient là leurs jours de gaîté ,
Leurs beaux esprits étaient en verve !
Mes amis , que Dieu vous préserve
De leurs jours de férocité !
Mais écoutez ! là-bas , dans cette métairie ,

N'ai-je pas entendu des cris désespérans ?
De fenêtre en fenêtre on voit des feux errans ;
Surprise par le mal, quelque tête chérie
     Sent la mort qui vient la saisir !
Entrons : mais, ô mon Dieu ! partout le sang déborde !
     C'est elle, c'est l'horrible horde
Qui verse tous ces flots et s'y baigne à plaisir !
     Quiconque résiste on le tue :
L'un tombe sous le fer, l'autre sous la massue ;
Ceux-là les yeux couverts et les bras garrottés,
     Pour n'avoir pas à s'en défendre,
Dans la cave profonde en masse sont jetés,
Et l'on roule en travers de lourds tonneaux de cendre.

Au maître de la ferme on garde un autre sort :
     De ces démons la rage industrieuse
Invente des tourmens plus cruels que la mort.
     A sa bouche silencieuse
Ils sauront arracher l'aveu de son trésor.
Dans l'âtre à plein foyer, pour l'affreuse trouvaille,
Ils ont amoncelé le bois sec et la paille ;
Pendant que dans un coin, sur la table couchés,
     Dans cette mare qui dégorge,
     Avec leurs couteaux ébréchés
A de vieux serviteurs d'autres sciaient la gorge,
Et que ceux-là, plus loin sous d'épais matelas,
Étouffaient et la mère et le fils dans ses bras,
Puis sur leurs corps tout chauds déshonoraient la fille ;
     Lui, devant le feu qui pétille
     Ils l'ont assis ; sur les brasiers ardens
Ils tiennent étendus ses pieds nus et pendans,
     Comptant sur sa lente agonie ;
Et quand l'os entamé frissonne, dans la chair

Avec des ris affreux leur atroce ironie
Enfonce bien avant des fourchettes de fer!

Tels durant mon sommeil, tels dans mon insomnie
Se dressaient devant moi ces monstres de l'enfer!

  Le ciel eut pitié de mon âge;
Ma mère par ses soins apaisa ces terreurs;
Depuis j'ai bien juré par tous mes dieux sauveurs
Qu'on ne m'y prendrait plus à cet affreux carnage!

Et pourquoi donc aussi dans un lieu bien sauvage,
N'a-t-on pas loin d'ici rejeté le bourreau,
Sans faire étinceler son lugubre couteau
  Dans notre douce solitude?
Mais tenez, croyez-moi! que votre inquiétude
  Se calme un peu! Venez, venez toujours;
Ici ne craignez plus de sinistre aventure!
  Grâce à notre bonne nature,
Ne le savez-vous pas? Dieu merci, de nos jours
Chez nous le coupe-tête est une sinécure.
On sait s'y prendre mieux pour tuer son prochain.
Tout progresse aujourd'hui, théorie et pratique.
Que la scène avant tout soit grande et dramatique :
De vengeance et d'amour c'est un transport soudain!
Ou bien encor, des lois posez-vous en victime;
Opprimés, la défense est un droit légitime!
Par quel moyen n'importe! amusez-nous enfin.
Pauvres enfans gâtés de la philantropie,
Un bel assassinat devient une œuvre pie!
Oh certes! celui-là ne serait guère fin,
Qui n'aurait pas pour lui, dans sa cause pendante,
Le moindre petit bout d'excuse atténuante!

Qu'une tendre moitié qui voit d'un œil marri
    Le calme plat de son ménage,
D'un gâteau de sa main régale son mari ;
      Pour peu qu'elle ait un beau langage,
     Et qu'à sa voix réponde son plumage,
       Comptez bien sur le bon jury.
Le mari ne sera qu'un vilain personnage
      Sans délicatesse et sans cœur,
   A qui sa femme aura fait trop d'honneur
En lui donnant d'amour ce léger gage.

   Mais laissons là ces sujets sérieux :
J'entends de ce côté de longs éclats de rire !
La place des Épars aux amateurs joyeux
     A toujours quelque chose à dire.
   Allons la voir : là nous pourrons choisir
     L'escamoteur et ses muscades,
      Le chansonnier et ses roulades,
Le charlatan qui vante et vend son elixir.
    Le tambour bat et les paillasses
  Font le rappel autour de leur drapeau ;
 Pour quelques sous jetés dans un chapeau,
    Vite, allons retenir nos places.

SIXIÈME STATION.

LA PLACE DES ÉPARS.

I. Description de la Place. — Voitures avant et depuis le chemin de fer. — Souvenir de Touraine. — Population de la Place.

II. La Gargouille ; l'Octroi.

III. Embellissemens : fontaine, gaz, Marceau.

Amis, avec le temps Chartres s'embellira ;
Ne désespérons pas, avant la fin du monde,
Pour peu que le ciel nous seconde,
Nous essaierons si bien que rien n'y manquera.
Voilà ce qu'en faisant ma ronde
Je dis souvent, quand mon œil satisfait
Voit nos Épars et tout ce qu'on y fait.

I

Reine de nos places publiques,
Salut, toi le plus beau de tous nos diamans !
J'admire ta grandeur, tes abords magnifiques,
Et ton peuple et tes monumens !

Ici de nos Perrault l'accoutumée adresse
    A prodigué moins que partout ailleurs
        Des angles de toutes couleurs,
      Et des lignes de toute espèce.
Quand on connaît son monde on en est tout surpris.

      Loin de nous la frivole gloire
De vouloir follement lutter contre Paris !
Mais tout humble qu'elle est, sans nous en faire accroire,
Notre Concorde à nous n'a-t-elle pas son prix ?
N'y cherchez pas sans doute entre vingt avenues
Ces jardins enchantés, ces vivantes statues,
Ces bronzes, ces palais, ces candélabres d'or
      Et leurs flammes resplendissantes,
      Et ces fontaines jaillissantes
Lavant le sang des rois qu'y moissonna la mort.
    Oui, je le sais, Chartres de sa nature,
    Ennemi-né de l'uniformité,
    Ne fut jamais fort en architecture ;
Chez nous un Jean de Beauce est une rareté !
Mais au moins confessez, qu'hormis telle masure
Qui dans ce coin là-bas fait si triste figure,
Vous avez preuve ici de bonne volonté.

Ce que j'aime avant tout, c'est son activité.
A chaque instant du jour deux cents messageries
      De tous les points de l'horizon,
Sur le royal pavé de ses routes unies
      Apportent là leur cargaison.
    Que de rayons de ce centre jaillissent !
Que de fils d'araignée à ce centre aboutissent !

Ici, sur le chemin qui mène à Bonneval
La Dunoise à grand bruit arrive triomphante ;

Là du fouet Châteauneuf, activant son cheval,
Gravit des Charbonniers la côte haletante.
Orléans par ici vient nous offrir ses vins ;
Ces coursiers qui font feu roulent les Angevins.
De cet autre côté Saint-Calais nous apporte
De ses marchands de porcs la nombreuse cohorte,
Et rencontre en chemin les poulaillers de Brou ;
Pendant qu'un peu plus loin, fier de ses pâturages,
Nous recevions jadis de Nogent-le-Rotrou
  Son étamine et ses fromages.

Mais au midi peut-être, à l'ouest, au levant,
Un procès, une vente, un ami vous attire,
  Venez : vers tous les points du vent
Vous trouverez toujours quelqu'un pour vous conduire.
  Ne craignez pas qu'on vous réponde non ;
  La directrice inscrira votre nom,
  En y joignant son gracieux sourire.

  Avec leurs tours et leurs fossés,
Voulez-vous voir Auneau, Gallardon ou Janville,
Vos fermes de Prunay, vos troupeaux de Béville,
  A Toury vos foins entassés,
Ou gagner promptement la vapeur d'Angerville ?
Les dépêches sont là, hâtez-vous, choisissez !

  Prenez ce coupé qu'on attelle,
Illiers vous montrera ses courses de chevaux.
  Mais non, c'est Dreux qui vous appelle,
Vous allez visiter ses gothiques vitraux
  Et les tombeaux de sa chapelle ;
  Adressez-vous là-bas à ces bureaux.
  Ne cherchez plus dans cette hôtellerie,
Où d'un fin déjeuner l'huître en passant vous prie,

La patache de Maintenon
Avec les navets d'Épernon
Et les meuniers de la vallée ;
Ce serait temps perdu ; les rails l'ont avalée.

De tous nos voyageurs voilà donc l'arsenal ;
C'est le rendez-vous général
Où nos déplacemens commencent et finissent.
Paris, Rennes, Bordeaux, ici chaque matin,
En passant nous serrent la main,
Comme de bons voisins que les égards unissent.

Quel plaisir nous goûtions, lorsque sur nos Épars
Dix voitures retentissantes
Chaque jour autrefois préparaient leurs départs !
Combien de scènes ravissantes !
Dans la fièvre d'un zèle amer,
Je ne veux pas, juste envers tout le monde,
Faire ici le procès à nos chemins de fer,
Cette autre mine si féconde !
Au moins quelques regrets ne sont pas défendus ;
Dites, que de tableaux n'avons-nous pas perdus ?
En tout temps, que le ciel fût bienveillant ou rude,
Comme nous accourions par le timbre avertis,
Nous donner tour à tour ce spectacle gratis !
Chacun rendait justice à notre exactitude.
Vieil abonné de tous les soirs,
Tenez, de mes deux yeux, le long de nos trottoirs,
Je vois encor la foule rassemblée.
Quel brouhaha ! bons dieux ! quelle mêlée !
Les voyageurs et les paquets,
Les femmes, les enfans, les chiens, les perroquets ;
C'était du vieux Noé l'arche renouvelée !
Bourgeois, manans, soldats ou bateleurs,

La grisette et les saintes sœurs,
La grande dame avec l'humble servante,
Vont s'asseoir sur le même banc.
On pleure, on rit, on jure, on chante ;
L'un conduit son ami, l'autre embarque un parent ;
Malheureux qui s'en va bien loin de sa patrie,
Sans presser dans sa main une autre main chérie !

Ce jeune clerc ménage ses deniers,
Là-haut vers le ciel bleu le voilà qui s'élance,
Léger d'argent, mais riche d'espérance.
Ce vieux routier emporte la finance
Sans prévenir ses créanciers.
Ce mari, libre enfin, commence un gai voyage,
Il s'en promet à qui mieux mieux ;
Sa femme en pleurs lui fait de longs adieux ;
Puisse le juste ciel consoler son veuvage !

Mais déjà d'un ton solennel
Le directeur a fait l'appel.

« — Conducteur, montre-moi ma place !
» — Conducteur, il est tard, partirons-nous bientôt ?
» — Conducteur, mes pâtés sont-ils placés là-haut ? »
On vous les juche, on les entasse ;
On vous les enferme à deux tours.

« — Soyez sage, mon fils ! » — « L'ami, vos pieds sont lourds !
« — Madame, permettez de grâce,
» Ma tête doit beaucoup à cet humble coton ! »
« — Offrirai-je, la mère, au petit ces réglisses ? »
Les voilà dans leur cabanon ;
Que Dieu nous sauve des nourrices !
Soudain le conducteur lâchait son gros juron.

Et plus prompts que la foudre,
Dans un torrent de poudre,
Le diable et les chevaux emportaient la prison.

Mais par ici d'où nous vient ce tapage ?
Pourquoi ce postillon largement abreuvé
Brûle-t-il ainsi le pavé,
Au clic-clac de son fouet soulevant ce nuage ?
C'est un neveu désespéré
Qui court se consoler auprès de l'héritage
D'un vieil oncle enfin expiré.
Quel est plus loin cet équipage
Qui se traîne si lentement ?
C'est l'honnête défunt avec son testament,
Qui s'en va seul et sans bagage
Chercher son dernier logement.

Mais rangeons-nous et faisons bonnes gardes !
Voici le messager du Mans,
Qui vient apporter aux gourmands
Ses chapons délicats et ses grasses poulardes !
N'en aurons-nous, amis, que la vue et l'odeur ?

Toi, là-haut sur ton siége, agile conducteur,
Dis-nous où ta prudence mène
Tes coursiers hennissans et ta voiture pleine,
Dont tu gourmandes la lenteur ?
Trois fois heureux, tu vas vers la Touraine,
Où mes plus fidèles amis,
Les yeux tournés vers la cité chartraine,
M'adjurent de tenir, si ma foi n'est pas vaine,
Ce que mon cœur leur a promis.
Oui, oui, j'irai, ma parole est donnée :
Par une tiède matinée

J'irai, couple chéri, s'il plaît à la vapeur,
    Demander à votre ermitage
    Un rayon de votre bonheur,
Et la santé tardive à votre beau rivage !

    Au temps passé c'étaient là nos ébats,
Par là nous finissions souvent notre tournée ;
    Puis après nous allions bien las
    Rêver sur nos durs matelas
    Des délices de la journée.
De notre chapelet c'est donc un grain d'ôté.
Mais qu'importe après tout, si le débarcadère
    Nous donne aujourd'hui tant à faire,
Tout en nous retranchant un peu d'autre côté ?
    Ces départs et ces arrivages,
    Ces omnibus et ces bagages,
    Tout ce tumulte habituel,
    Sans faire usage du barême,
N'ont-ils pas en effet résolu le problème
    Du mouvement perpétuel ?

    Au défaut de toute autre scène
    A l'usage des spectateurs,
Cette place a son peuple et sa race indigène,
    Dont les mœurs suffiraient sans peine
    Pour défrayer les amateurs.
    A l'exemple du vieux cynique,
    Mais dans un plus simple appareil,
    Au tonneau près, ils ont pris au soleil
    Leur domicile politique.
Debout, le long des murs, comme autant d'espaliers
Riant, causant, fumant, ils guettent la pratique ;
    Les voyageurs sont leurs fermiers.
    Pour un sou voyez-les se battre,

A s'entre-dévorer vous les croyez tout prêts;
  Il faut les retenir à quatre,
 Vous accourez! puis un instant après
Chez le marchand de vin ils vont rire et s'ébattre.
  Diamans de ce riche écrin,
Ils aiment le mot propre et la vérité nue;
Leur soif insouciante ignore le chagrin,
Et la caisse d'épargne est chez eux inconnue.
  Amis de la fraternité,
Ces braves sans-façon, disposés à tout faire,
N'ont refusé jamais de toute éternité
  Leur épaule à l'humanité,
Ni leur gosier brûlant au plus modeste verre.

II

C'est ici que jadis un triste monument
Sous son masque de fer régnait impunément.
L'imprudent qui bravait son souffle méphitique,
Reconnaissait trop tard, par l'odeur suffoqué,
Notre égout merveilleux, ce chef-d'œuvre classique,
  Dix fois refait, dix fois manqué.
Du Tartare vraiment c'était la bouche impure
   Ouverte en toutes les saisons,
   Et nous rendant avec usure,
   En funestes exhalaisons,
Tout ce qu'il recevait de fange et de poisons.
  Oh! si jamais sur nos rivages
La peste eût tout à coup étendu ses fureurs,
Ne cherchez pas bien loin l'auteur de ces ravages,
L'odieux réceptacle où tombaient tant d'horreurs,
La gargouille, en un mot, en eût eu les honneurs!

Comme elle, au beau milieu de la place honteuse,
Une pauvre cabane à nos regards surpris.
    Digne pendant d'un égal prix.
    Etalait sa face piteuse.
    Lorsque pour la première fois
    Elle apparut sur mon passage,
    Enigme offerte aux plus adroits,
Je cherchai bien longtemps quel était son usage :
Etait-ce un colombier pour les pigeons voisins ?
Une loge que mai laissa là par mégarde ?
Ou bien l'humble guérite où va dormir la garde ?
— Pas du tout. — Ah ! j'y suis : nos dignes échevins,
En voyant tout autour fourmiller tant de monde,
Auront pris en pitié ces voyageurs nombreux
Si longtemps retenus au fond de leur rotonde,
Tombant sur nos trottoirs comme un flot orageux
Qui de tous les côtés s'épanche et les inonde ;
    Et dans leur zèle généreux,
(Moi souvent bien des fois j'avais pensé comme eux)!
Ils viennent d'élever cette modeste tente,
Où sans blesser les lois de la salubrité,
Comme au Palais-Royal, la foule impatiente,
    En toute moralité,
    Peut écouter la voix pressante
    D'une longue nécessité.
    Ce n'est pas si mal inventé !
Qui sait ? plus tard, grâce aux progrès chimiques,
On pourra même utiliser cela
    Et mettre aux enchères publiques
    Tous ces baquets économiques ;
C'est encore un profit que la ville en fera.....
    Mais que vois-je ? Dieu les bénisse !.....
    C'est l'octroi qu'ils ont placé là !
Les pauvres gens en faisant leur service

De la gargouille ont tout le bénéfice,
Et du gouffre béant sondant les profondeurs,
Pour eux rien n'est perdu de ces sombres vapeurs !

Voyez comme chez nous tout change de figure !
Hier c'était ainsi, maintenant ce n'est plus !
Ce soupirail d'enfer, cette affreuse masure,
Ont fait pour rester là des efforts superflus.
  Un Dieu propice, une main sage
  De cette plaie au milieu du visage
  Heureusement vient de nous délivrer.
La place, Dieu merci, commence à respirer !

  La loge, cette autre verrue,
  Du même coup est disparue,
Emportant avec soi mille applaudissemens.
Tout entière, un beau jour, toit et maçonnerie,
  On l'arrache à ses fondemens,
  Par gageure je le parie ;
Vingt chevaux, au travers de longs encombremens
  Tout en lambeaux, toute meurtrie,
  Sous le fouet et ses sifflemens,
  L'ont conduite vers la prairie,
  Pour y veiller dans ses vieux jours
  Sur les vaches de nos faubourgs,
  Et savourer l'herbe fleurie.

III

  Sous la pioche des travailleurs
La place voit enfin luire des jours meilleurs.
  Comme une coupe renversée,
Vers le centre aujourd'hui sa surface exhaussée,

PLACE DES ÉPARS.

N'est plus cet absurde entonnoir,
Où de tous les quartiers cent rivières impures
Vomissaient du matin au soir
Leur noir limon et leurs sales ordures.
Ménageant cette fois et le nez et les yeux,
De longs canaux avec intelligence
Vont emporter bien loin de la circonférence,
Ces débordemens odieux.
Le pied peut sans péril hasarder ces passages ;
Au milieu Mac-Adam, accueilli parmi nous,
A pétri son ciment de sable et de cailloux ;
Puis tout autour, au lieu des marécages,
Qui faisaient notre désespoir,
Règne d'un grès solide une large ceinture ;
Et les dalles d'un beau trottoir
N'ont plus à redouter l'arrogante voiture.

La fontaine elle-même, avec son filet d'eau,
Que dans un coin honteux, tremblante et fatiguée,
Jadis on avait reléguée,
Soudain par un essor nouveau
Vers le centre s'est élancée.
Là, dans un simple monument,
Joyeuse de remplir une sainte pensée,
Son urne distribue à tous également
Le don enfin gratuit de son onde empressée.

Mais au milieu de ces clameurs,
Dans l'immensité de ce vide,
Laissera-t-on sans défenseurs
La pauvre nymphe si timide ?
Bien longtemps, mes amis, comme vous je l'ai craint.
Le ciel eut pitié de sa peine :
Un autre enfant du sol, sous son manteau d'airain.

Couvrit la tremblante Chartraine :
Le voilà ce héros, si longtemps attendu,
Ce noble fils de Chartre, à Chartre enfin rendu !
    Auprès de la source limpide,
    Ce vieux général de vingt ans,
Se dresse le front haut et les cheveux flottans.
Protégeant de son fer la jeune Néréide,
Pendant que tout autour, dans un cercle de feu.
Au lieu du reverbère à l'humeur vacillante
    Qui brille quand il plaît à Dieu,
Le gaz épanche au loin sa gerbe étincelante !

Car ils sont, Dieu merci ! dignement terminés,
    Ces beaux projets qu'avec impatience
    De tous nos vœux appelait notre enfance.
Et que vieux à la fin nous voyons couronnés !

    Combien de fois l'humble poète,
Sans pouvoir deviner ce qui sera demain,
    Jeta là son œuvre incomplète,
Dont les cris demandaient une dernière main :
Édifice pendant dont la frêle muraille,
    Contre la pluie et le vent inhumain,
N'avait pour se garder que quelques brins de paille !
Pendant dix ans et plus, sans jamais me lasser.
Comme le Juif errant reprenant ma besace.
Ne m'a-t-il pas fallu corriger, effacer,
    Et refaire vingt fois ma place,
    Toujours prêt à recommencer ?
Que de beaux vers perdus ! vraiment, c'est grand dommage.
Je touche ici du moins au bout de mes travaux ;
Et ce soir, comme un Dieu content de son ouvrage.
    Je rentre enfin dans mon repos !

SEPTIÈME STATION.

NOUVEAUX PROJETS.

I. Les Vespasiennes placées et déplacées.

II. L'Hôtel-Dieu hors la ville.

III. Nouvelle rue : Théatre, Bibliothèque, Musée, Cercle, Salle de concert et de bal.

Mais voici bien une autre affaire :
Sous nos ardens municipaux,
Je défierais le bon Homère
De sommeiller un moment à propos.
Avec eux la vie est bien dure !
A chaque session quelque nouveau projet
S'en vient à l'improviste allonger mon sujet,
Et de mon Tour fini culbuter la structure.
J'en étais donc ici plein de sécurité,
Maladroit ! sans mon hôte, hélas ! j'avais compté.

I

Vous n'avez pas sans doute oublié ces rotondes
Que le vainqueur des Juifs, si le vieil Achéron
    Lui permettait de visiter ces mondes,
Serait charmé d'entendre appeler de son nom.
        M'ont-elles mis à la torture !
Quand nos maîtres passés en fait d'architecture
Ici des deux côtés dressèrent les deux sœurs ;
    L'émoi fut grand parmi les connaisseurs.
Les plus fins seulement en prévirent l'usage.
      Vieux flaneur et jeune marmot,
      Qui n'ont vu Paris qu'en image,
      Cherchaient à deviner le mot.
Les paysans surtout qui viennent dans nos villes
Se pourvoir au besoin d'étoffe et d'ustensiles,
Ou nous vendre leur blé, leurs navets et leurs veaux
Admiraient ébahis ces légères corniches,
      Et demandaient quels saints nouveaux
      On voulait placer dans ces niches.
J'ai vu plus d'une vieille au cœur simple et pieux,
      Frapper aux portes des auberges,
    Et s'informer où l'on vendait des cierges
      Pour les brûler devant ces lieux.
Mais un malin finit par écarter la toile,
      La vérité leva son voile,
      L'expérience ouvrit les yeux.

      On trouva la chose commode,
      Chacun voulut en essayer ;
      Mais comme on manquait de méthode,
    On s'y prit mal, et voisins de crier.
Puis, voyez le guignon ! De cent lieux à la ronde

Voilà qu'aux premiers jours de leur avénement,
      Saint-André malheureusement
Avait sur les Épars convoqué tout son monde.
Grande fut la mêlée ; et ces rudes jouteurs,
      Dans leur ignorance profonde,
      Commirent d'étranges erreurs.
    Que voulez-vous ? Au fond du sanctuaire,
D'où jaillit en rosée une onde salutaire,
Que leur timidité craignait de profaner,
      Ils n'osaient pas s'abandonner.
    Ces braves gens, dans leur simple nature,
Avec la liberté des champs, en plein marché,
Sans songer que plus loin le gendarme murmure,
Pour l'œil observateur n'avaient rien de caché.
      Sans attendre leur tour de rôle,
Et dans l'effusion d'un cœur trop échauffé,
Tous ensemble à l'entour, épaule contre épaule,
      Fraternisaient comme au café ;
Et souvent un achat qu'une chaude rasade
N'avait pu terminer à leurs contentemens,
      Facilité par ces épanchemens,
      Se concluait au bruit de la cascade.

      A la moderne invention
      Chacun d'eux donnait son suffrage ;
      Mais pour elle le voisinage
Ne sentit pas du tout la même affection.
La politesse veut parfois qu'on dissimule ;
Ce grand laisser-aller fut jugé ridicule ;
Partout ce fut un cri de réprobation ;
Tous les paliers étaient en révolution.
      De tous côtés les locataires,
      Jeunes et vieux, font leurs paquets :
      Les malheureux propriétaires,

Étourdis par tous ces caquets,
Ne savent où verser les flots de leurs colères.
C'était à qui ferait casser son bail.
Les dames avant tout se montraient intraitables,
Comme la gent poète, elles sont irritables ;
Chaque hirondelle a fui devant l'épouvantail ;
On n'a pas à la main toujours son éventail.

Chartres les premiers jours eut de rudes alarmes.
Le peuple des Épars, à l'abri de ses gonds,
Préparait, disait-on, ses armes ;
On tint dans leurs quartiers consignés nos dragons.

A minuit l'émeute avertie
Par toutes ses portes, sans bruit.
Devait descendre et faire une sortie ;
Puis à la faveur de la nuit
Attaquant ces grottes païennes,
Sur ces pauvres vespasiennes
Le pic en main décharger son courroux.
On avait fait, dit-on, le serment des Horaces,
Et même l'on citait contre ces Curiaces
Celles qui réclamaient l'honneur des premiers coups.

Mais les Chartrains sont bons, et le plus sombre orage
Ne trouble pas longtemps leurs cieux.
Tout s'apaisa, chacun redevint sage ;
De nos refuges précieux,
Sans forcer la pudeur à détourner les yeux.
On apprit le modeste usage.
Parmi les amateurs, les moins intelligens
Ont à la fin, grâce aux soins obligeans
Des sergens,
Complété leur apprentissage.

Les locataires, bonnes gens,
Firent un nouveau bail, replacèrent leurs meubles;
Le propriétaire effrayé
Se remit, et goûtant l'espoir d'être payé,
D'un œil plus amoureux contempla ses immeubles;
Et sous ces mêmes toits qu'on jurait de briser,
A l'envi mettant bas les armes,
Insurgés, échevins, gendarmes,
Tous ont fini par s'embrasser.

Je me trompais, ces paroles amies
Ne cachaient que bien mieux leurs fureurs endormies.
Le feu, le feu couvait! et l'ennemi tout bas,
Dans un accès de colère rentrée,
Méditait de nouveaux combats.
Ce n'était qu'une *paix fourrée!* (1)

Le sanhédrin municipal
A, lui seul, par son vote, enfanté tout le mal;
C'est lui qu'on doit gagner à force d'artifice;
Hier il a dit oui, demain qu'il dise non;
Il faudra bien alors que l'ennemi périsse
Sans qu'il soit besoin de canon.
Chacun de son côté se mit donc à l'ouvrage :
Pour arriver jusqu'à l'aréopage,
On attaqua d'abord servantes et voisins,
Puis l'oncle et les neveux, et les petits cousins;
Les dames prodiguaient sourire et doux langage.
Enfin l'on fit si bien que d'un commun accord
Le sénat à l'heure suprême

---

(1) C'est le nom que l'on donna à la réconciliation qui se fit dans la cathédrale de Chartres, en 1407, en présence de Charles VI, entre les ducs de Bourgogne et d'Orléans.

Contre Vespasien lança son anathème
    Et prononça l'arrêt de mort.
« On avait mal compris sa première ordonnance ;
    » Pour ménager notre finance
    » Et prévenir tous les procès,
  » Ce fer, ce zinc et ces pierres de taille ;
  » Qui tiendraient tête au choc de la mitraille,
  » Ce n'étaient là que de simples essais ! »

    Ainsi de la main paternelle
    Les filleules du vieux Romain
Reçurent en ces lieux leur blessure mortelle.
Je vis, les yeux mouillés, ce spectacle inhumain ;
    Mon cœur saignait de leurs souffrances :
    Je m'empressai de recueillir
  Leur dernier souffle et leur dernier soupir ;
J'avais encouragé leurs jeunes espérances !

    Pauvres victimes du destin !
  En attendant d'autres métamorphoses,
Elles ont donc vécu ce que vivent les roses,
    L'espace d'un matin !

    On entendit ma doléance.
Nos Élus ne sont pas des ogres dévorans :
    Avec des soins bien rassurans
    On traita leur timide enfance ;
Et pour leur épargner les rigueurs de l'exil,
    Une attentive vigilance
Dans leur berceau mouvant les porta sans péril (1)
Tout auprès de ces lieux témoins de leur naissance.

---

(1) Les deux vespasiennes furent transportées sur la butte du Vidame, où se trouvait déjà une autre vespasienne.

Là pour elles encor ce fut une douceur
D'y trouver leur plus jeune sœur.
Complément de nos promenades,
A l'ombre du feuillage vert,
Toutes trois désormais auront un œil ouvert
Et sur nos élégans et sur nos Barricades.

Amis, dormez en paix! dans vos soirs du printemps,
Quand vous viendrez près du Vidame
Oublier pour quelques instans
Les fatigues du corps et les troubles de l'âme,
Tout à la fois le zéphire coquet
Vous apportera sur son aile
La fraîcheur de la fleur nouvelle
Et les parfums de leur bouquet!

II

Mais c'est assez de badinages ;
Vous avez bien plus haut élevé vos courages ;
Plus de limite à vos vastes desseins.
Remplis d'une sainte espérance,
Demain vous transportez dans les faubourgs voisins
L'hôtel où Dieu guérit le pauvre et sa souffrance.

Aussi sages que nous, autrefois nos aïeux
Au centre de la ville, à l'ombre de l'Église,
Ont placé l'asile pieux,
Près du grand Médecin qui panse et cicatrise.
Leur prévoyante charité,
Au malheureux pour mieux venir en aide,
N'avait pas placé le remède
A l'autre bout de la cité.
Si du haut des échafaudages

Un ouvrier distrait tombait précipité,
Ou se trouvait surpris dans un de ses rouages,
Il était là tout près aussitôt emporté.
Sa femme, de la Brêche ou de la Foulerie,
    Venait dans un moment perdu
Consoler sur ce lit que protège Marie,
Son pauvre gagne-pain tristement étendu.
Son travail ne pouvait souffrir de sa visite.
    C'était assez bien entendu.
Vous voulez faire mieux, je vous en félicite.
Des dangers, croyez-vous, nous menacent par là;
    Tout occupés de la douleur physique,
Craignant un tel voisin pour la santé publique.
Vous avez résolu de mettre ordre à cela.
Je ne le défends pas : à nos pauvres malades,
    Après les soins les plus touchans,
Donnez, si vous pouvez, l'air salubre des champs,
Et dans vos grands jardins de saines promenades.
    Mais chaque siècle a ses travers.
Prenez garde, le nôtre avec impatience
Court après les honneurs, le bruit et les grands airs,
Aime des gros budgets la féconde dépense.
Vous, Messieurs, n'allez pas, épris d'un vain renom,
    Nous imposer maint sacrifice,
    Afin qu'un pompeux édifice
En lettres d'or porte inscrit votre nom.
    Laissez à d'autres ces fumées!
    Au lieu d'un modeste hôpital,
Que des fous, prodiguant et rente et capital,
    Pour fatiguer cent renommées,
Méditent d'un palais le luxe oriental;
Quitte à faire plus tard sur les épidémies,
    Sur le vin et les alimens
    Des malades en traitemens,

De sévères économies ;
Loin de vous ces enivremens !
Ne vous amusez pas aux hochets de la mode ;
Préférez sagement l'utile et le commode
Au brillant superflu des enjolivemens.
Tenant d'une main ferme une juste balance,
Vous saurez avec soin faire à chacun sa part.
Ménager à la fois les intérêts de l'art
  Et le trésor de l'indigence.
  Sur le Pavé de Bonneval
D'ici je vois déjà s'élever sans rival
  L'édifice aux lignes sévères,
Ouvrant sa large porte à toutes les misères.
Vous ferez plus encor : l'asile hospitalier
  Ne suffit plus à votre zèle ;
En habit de docteur, sous la guimpe fidèle,
Vous soignez l'indigent jusque dans son grenier ;
  Et de cette source féconde
  Vos dons s'épanchant à la ronde,
  (Car les malheureux sont bien loin),
S'en vont de tous côtés calmer chaque murmure,
  Cicatriser chaque blessure
  Et soulager chaque besoin. (1)

  Dieu soit béni ! Pauvres de la banlieue.
Condamnés à tirer le diable par la queue,
Nos vieux jours désormais vont couler doucement.
  Consolez-vous, écrivains et poètes,
Pour votre dernier sou qui faites follement,
Sans crainte du lecteur, imprimer vos sornettes,
  Pour que Noury fidèlement

---

(1) Depuis un an, les Sœurs Saint-Michel, dotées par M. Vintan, accomplissent cette œuvre charitable.

Garde le tout sur ses tablettes !
Consolez-vous dans vos bureaux,
Vous, modestes commis, humbles surnuméraires,
Qui pour l'amour de Dieu portez tous les fardeaux,
Aux chefs qui ne font rien laissant les honoraires !
Consolez-vous, pauvres régens,
Qui nuit et jour pâlissez sur vos thêmes,
Toujours grondés, toujours grondans,
Pour avoir, au bout de trente ans,
Quelques misérables vingtièmes,
Si nos bonnets fourrés en ont trop pour eux-mêmes !
Consolez-vous, bons desservans,
Qui sous le poids du ministère,
Bravez la boue, et la pluie, et les vents,
Et le dédain des petits et des grands,
N'ayant que le ciel pour salaire !
Consolez-vous, pauvres rentiers,
Vous qui jadis de vos deniers
Viviez tout juste, pauvres diables
Que savent si bien rançonner
Nos bonnes âmes charitables,
Tirant toujours sur vous sans jamais rien donner !
Vous tous enfin que tant de circulaires,
De quêtes et de dons, soi-disant volontaires,
Pour venir au secours de la mendicité,
Ont réduits à la pauvreté,
Consolez-vous ! au fond du sac est l'espérance.
Dans ce grand bureau d'assurance,
Lorsque nos gros décimateurs
Auront, pour acquitter leur dette,
Placé d'abord leurs serviteurs
(C'est bien le moins qu'on leur permette).
Nous aurons notre tour, plus de crainte inquiète !
Tranquilles, à l'abri de son toit généreux,

L'hôpital tôt ou tard nous garde une retraite !
Puissent ces grands débris se consoler entre eux !

III

Comme vous je bâtis des châteaux en Espagne,
    C'est là le plus clair de mon bien ;
N'allez pas m'envier les douceurs que j'y gagne,
    Ce plaisir là ne vous coûtera rien.
Puisque l'occasion semble ici me sourire,
    Et qu'il s'agit de vos futurs travaux,
      Permettez-moi de vous redire
      Un de ces cent projets pour rire,
    Qui fermentent dans nos cerveaux.

      Au lieu de ces tristes ruelles,
Dont les pavés aigus et les sombres détours,
    Couverts de fanges éternelles,
Poursuivent l'étranger jusqu'au pied de nos tours,
Donnez à ce tableau son cadre et sa dorure.
    Pour préparer le regard curieux
      A cette haute architecture,
Je voudrais qu'une rue au trottoir spacieux,
Offrant aux voyageurs tout ce qui peut séduire,
S'en vînt jusqu'aux Épars les prendre par la main,
    Pour les mener par le plus court chemin
      Au monument qui les attire.
Voyez, sans comparer aux grands les plus petits,
Paris en ce moment vous en donne l'exemple,
Comptez tous ses quartiers croûlans et rebâtis !

      Pour dégager votre vieux temple,
Sans oublier pourtant d'où vous êtes sortis,
Osez comme eux : le ciel aidera votre audace ;

Ici même sur notre place
Ouvrons, pleins de témérité,
Une royale entrée à travers la cité ;
Et que la ligne droite, à Chartres peu connue,
Au moins dans ce cas excepté,
Soit parmi nous la bienvenue.
Donnons de l'air au fier géant ;
Derrière ces pignons à peine s'il respire !
Ce cloître resserré c'est là tout son empire !
Que tous ces vieux crépis rentrent dans le néant.

Point de mesquine économie,
Ni d'architectes maladroits ;
En dépit de l'Académie,
Faisons bien, s'il se peut, dès la première fois.
Ne souffrons pas qu'au gré de son caprice,
Sans règle, sans boussole, et sans instructions,
Des intérêts privés l'ignorante avarice,
Dans ses folles constructions,
Décide en souveraine et seule ordonnatrice.

Par le plus heureux des hasards,
Dans ces quartiers, livrés à vos études,
Trois monumens complets doivent surtout des arts
Éveiller les sollicitudes.
Donnez-y tous vos soins : Ressuscitant les dieux
De la Grèce et de l'Italie,
Ici que la scène embellie
Redise les accens sévères ou joyeux
De Melpomène et de Thalie.
Là que dans ces salons, échos mélodieux,
L'artiste, heureux de son génie,
Répande des flots d'harmonie
Pour l'indigent qui meurt de faim ;

Que le bal en grande toilette,
Comptant sur ses doigts la recette,
S'en donne jusqu'au lendemain ;
Ou que la jeune épouse au front pur et timide,
Bien bas, dans un festin par Lemoine apprêté,
Y chante, la paupière humide,
Ses adieux à la liberté.
Plus loin dressez-moi la coupole
Du Cercle où nos bons citadins
S'en viennent échanger la nouvelle qui vole,
Chercher dans leur journal un sommeil bénévole,
Ou secouer enfin près de la carambole
Et le ménage et ses chagrins.

Est-ce tout ? jusqu'au bout connaissez mes caprices.

Sur les débris de ce vieil hôpital
Vous construirez encore un de vos édifices,
Pour d'autres délaissés hospice général.
Assez longtemps sur leurs tablettes,
Pauvres honteux sans feu ni lieu,
Logés à la grâce de Dieu,
Vos livres tous les ans vont changeant de retraites ;
Sont-ils à cet exil condamnés sans appel ?

Plus loin sous votre œil paternel,
Un nouveau-né, votre jeune Musée,
Que mit au monde une sage pensée,
Robuste enfant qui ne veut que grandir,
Dans ses langes étroits regrette de languir.
N'aurez-vous pas pitié de sa jeunesse ?
N'aurez-vous pas pitié de leur vieillesse ?

Dans ce bâtiment restauré

Faites place à chaque science ;
Et loin du bruit, sous l'aile du silence,
Donnez à tous les deux un refuge assuré.

Que notre Rivoli sur deux lignes fidèles,
Au milieu des étonnemens,
Voie ainsi s'élever ces jeunes monumens
Comme autant d'élégans modèles.
L'exemple, croyez-moi, sera contagieux.
Chacun sur ces vieilles ruines,
Abjurant ses folles routines,
Se bâtira le nid le plus délicieux.

Rien ne manquera plus à l'œuvre projetée.
Devant cette rue enchantée,
L'ami des arts, l'étranger curieux
Qui d'un seul bond court à la basilique,
Quand il verra, sans en croire ses yeux,
Près du vieux Roi cette cour magnifique,
Cet art moderne autour de l'art antique,
Portera jusqu'au ciel les fils et les aïeux.

Mais dans votre munificence
A ces lieux rajeunis n'allez pas à grands frais
Donner tant de gloire et d'attraits,
Pour en faire un désert où plane le silence !

Plein d'une sainte émotion
Au retour annuel de nos fêtes touchantes,
Voir passer devant soi les bannières flottantes
Les lévites sacrés, les vierges de Sion ;
Admirer les splendeurs de nos cérémonies,
Par la main des plus saints Prélats
Avoir ses familles bénies,

Sans doute pour le ciel c'est très-bien ; mais hélas !
Cela ne peut suffire aux enfans de la terre ;
Il faut d'autres profits au bon propriétaire.

  A Chartre autrefois tous les ans,
   Les Beaucerons reconnaissans,
Vers la Nativité, depuis longue mémoire,
En pélerins pieux, venaient de leurs moissons,
   De leurs foins et de leurs toisons,
   Rendre grâce à la Vierge Noire.
Au sortir de l'église, occupé d'autres soins,
Le cloître complaisant songeait à leurs besoins,
Et les guettait avec ses marchands et sa foire.
   C'était là son unique bien,
Le trésor précieux qu'il tenait de sa Dame ;
Vous, bien vite, imprudens ! vous livrez au Vidame
   L'héritage qui lui revient !
   Hâtez-vous ! dans votre sagesse
Par un bon arrêté rendez-lui sa richesse !
Faites mieux : c'est le bien de tous que vous cherchez ;
Pour que le sang partout également circule,
  Que jusqu'à lui votre équité recule
   La ceinture de vos marchés.

   Ordonnez à la jardinière
    D'y venir vendre à juste prix
Les haricots bruyans, l'oseille printanière,
    Du pauvre ces mets favoris ;
Et puis tout à la fois l'aubépine fleurie,
   L'œillet paré de ses bourgeons ;
   Pour l'amateur, des sauvageons,
Et des myrtes tout blancs pour l'autel de Marie.

  Je vais plus loin : auprès de la Maison

Qui nous prêche si bien quatre-temps et vigile,
            Que la marchande de poisson,
Dont chaque mot n'est pas toujours mot d'Évangile,
            Nous offre à côté du pot blanc
            Et la morue et le frais éperlan,
Et le brochet du Loir que prisaient tant les moines;
Ou du moins, si c'est trop d'orgueil de notre part,
Souffrez que le chapon, ce chef-d'œuvre de l'art,
Étale dans leur cloître, à l'œil fin des chanoines.
Sa grâce appétissante et son corset de lard.

Sur ce, la bouche humide, il est temps, je m'arrête.

            Tels sont les cent projets divers
Que sans frais chaque jour je bâtis dans ma tête.
Voyons, essayez-en ! Parmi ces plans sans nombre
(Car je sais qu'il n'est pas de lumière sans ombre),
Peut-être est-il un point qui vous arrêtera,
            Peu de chose... un rien... la finance?
Ce rien, je le conçois, n'est pas sans importance.
Eh bien! fi des peureux! et paiera qui pourra!
            Ayons pour drapeau l'espérance;
            Aide-toi, le ciel t'aidera!

        Mais trop est trop! à tire-d'aile
J'ai longtemps parcouru les champs de l'avenir;
            J'entends le passé qui m'appelle;
C'est là mon élément et je dois m'y tenir.
        A ma vocation fidèle,
J'aime mieux vous conter quelque vieux souvenir.

HUITIÈME STATION.

SOUVENIRS D'AUTREFOIS.

I. Croix de la Mission.

II. Agrandissement de la Place. — Arbre de la Liberté. — Fête de la Montagne.

III. Mort du conventionnel Tellier.

IV. Martyre de l'abbé Brière.

Mes bons amis les Jeune-France,
    Vous doutez-vous par quels longs changemens
        Nos Épars ont dans tous les sens
Étendu les rayons de leur circonférence ?
    Comme vous, je fus jeune aussi,
Et l'on croit volontiers, je le sais, à votre âge,
Que tout ce que l'on voit fût de tout temps ainsi.
        Mais un bon curé de village (1),
        Qui m'avait pris en amitié,
Dans les vieux souvenirs de son pélerinage
    A bien voulu me mettre de moitié.

(1) M. Rebray, ancien curé du Coudray.

Nous faisions tous les deux d'excellens Tours-de-Ville,
    Et sa complaisance facile
    Prévenait mon avidité.
Je crois le voir encore : un gracieux sourire
    Tempérait son austérité ;
   Grave à propos, sa douce piété
  Avait toujours le petit mot pour rire.
  Le bon vieillard ! comme il était heureux,
    Dans son rustique presbytère,
 En me brodant quelque dicton joyeux !
Puis son front tout à coup redevenait sévère,
Quand il me racontait, des larmes plein les yeux,
    Quelque lugubre anniversaire.

I

« Ici saint Saturnin (1), me disait-il un jour,
Avait dressé jadis son temple solitaire
En deçà du rempart, et sur le Grand-Faubourg
    Il étendait son ombre tutélaire.
Mais ces temps si vantés étaient souvent bien durs !
Un jour, tout effrayé de guerres éternelles,
Le bon Saint vint chercher un abri dans nos murs.
Il y trouva plus tard des misères nouvelles,
Si bien que las enfin du terrestre séjour,
    Il planta là ses ingrates ouailles,

---

(1) L'église Saint-Saturnin était anciennement hors de la porte des Épars, près du fossé. Elle fut démolie vers le milieu du XIVe siècle, pendant les guerres des Anglais. On conserva le cimetière et une chapelle dédiée à saint Thomas. La nouvelle église fut reconstruite au commencement du XVe siècle, dans l'endroit qui est devenu depuis la place Marceau.

Et remit à Marceau, ce nouveau saint du jour,
　　Le soin d'inspecter nos volailles.

　　» Il n'avait laissé par dehors
　　　Que son antique cimetière,
Voisin du pont-levis, des fossés et des forts ;
　　　Et saint Thomas, à sa prière,
　　S'était chargé de protéger ses morts.

　» Plus loin, devant cette forge bruyante,
　　　Où vous voyez ce cheval dételé
Lever de son pied nu la corne suppliante,
　　　Dans le dernier siècle écoulé,
Un rude sermonneur à la voix foudroyante,
　　　Planta la croix du Jubilé.
Je l'ai vu de mes yeux, j'étais là dans l'enceinte ;
Bridaine avec le fouet de la parole sainte,
Sur le dos des pécheurs frappait à tour de bras ;
La foule tout autour debout, sans le comprendre,
　　　De son tonnerre admirait les éclats ;
Mais les malins au bruit ne se laissaient pas prendre ;
Et vous savez qu'à Chartre ils sont toujours nombreux ;
Ils riaient dans leur barbe et s'entendaient entr'eux.

　» Tout près de moi, dans la foule pressée,
　　　En attendant la pieuse rosée,
　　Se démenait certain marchand falot
　　Au pied trop court, à l'épaule arrondie ;
　　　Son large nez, sa face rebondie
　　　De paravent en font un vrai magot,
Qui sentait, entre nous, tant soit peu le fagot.
　　　Il habitait la rue au Change ;
Malicieux démon, la langue lui démange,
　　　Toutes les fois qu'à son esprit

Un mot piquant papillonne et sourit ;
S'il l'eût mis dans sa tête, il eût fait rire un ange.

» Donc, à la fin, quand la terrible voix
Crie à chacun : « Frères, levez vos croix ! »
Lui dans ses bras s'emparant de sa femme,
Comme une mère eut fait son nourrisson,
 Il présente bien haut la dame
 Aux flots sacrés du goupillon.
« Chacun sa croix ! disait-il impassible,
Avec un sérieux que rien ne peut troubler,
 Voici la mienne ! » Et puis de circuler
 Dans tous les rangs un rire inextinguible !

II

» Riez bien, mes amis, il en est temps encor.
 On vous prépare d'autres fêtes.
Le malin dès longtemps avait pris son essor,
 Et l'on voyait s'échauffer bien des têtes.
 Les vieux respects allaient s'affaiblissant ;
 Des bruits sourds annonçaient l'orage ;
 Mais l'œil fermé sur ce terrain glissant,
On marchait, sans songer au terme du voyage.

» Du blanc au noir tout change un beau matin,
Et le peuple étonné s'éveille souverain.
 Du contre-coup les Épars retentissent,
Les gothiques fortins tombent sous le marteau,
Les fossés sont comblés, les berges s'aplanissent ;
Il faut que tout soit neuf sous un règne nouveau.
La croix des missions est brisée, et l'on fouille,
Sans pitié pour les morts, jusqu'au fond des tombeaux,

Pour emporter à tombereaux
Des parens oubliés la pieuse dépouille.
La place même a quitté son vieux nom :
C'est au son du tambour, c'est au bruit du canon
Que se fait le nouveau baptême,
Sa marraine est la liberté,
Et pour bouquet, un chêne transplanté,
Dans ses rameaux surpris de telle nouveauté,
Du bonnet phrygien dresse le rouge emblème.

» Les bons Épars sont changés en forum,
On y lit les journaux, on y fait des revues,
On y chante le *Te Deum*,
Et nos autorités, du haut de ce rostrum,
Encor de culottes pourvues,
Y viennent exposer leurs civiques bévues.

» Mais les farouches montagnards
Brandissant leurs décrets, leurs piques, leurs poignards,
Se sont enfin rendus les maîtres ;
Arrive de Paris un nouvel arrêté.
Si vous craignez la loi des suspects et des traîtres,
Vite, il faut que chaque cité
D'une montagne symbolique,
Bon gré mal gré, se procure l'honneur ;
Chartre aussi fut doté de la sainte relique,
Et notre place encore eut ce rare bonheur.

» Si, dans ce temps d'échafauds et d'alarmes,
Il eût été permis de rire, jusqu'aux larmes,
Oh ! comme on l'eût fait volontiers,
Quand, pour enfanter ce grand œuvre,
Chacun soumis à la manœuvre
Fut enrégimenté dans ces longs ateliers !

C'était vraiment un curieux mélange !
La cocarde au bonnet, sous les yeux du piqueur,
  La tricoteuse et la dame en fontange,
Une pelle à la main, rivalisaient d'ardeur ;
    Le ci-devant et le cardeur
    Fraternisaient à la buvette,
Ou marchaient attelés à la même charrette.
    Au son de leurs refrains nouveaux,
    Il fallait voir toutes ces files
  Allant, venant, les bras nus, et dociles,
    Portant la hotte sur le dos ;
    Débris d'octroi, débris d'église,
    Débris de manoirs féodaux,
    Sont là surtout de bonne prise ;
Puis quand le mont s'est gonflé jusqu'aux cieux,
    On le pare de vert feuillage,
    La foule y danse en chœurs joyeux,
Au sommet l'encens fume au nez des nouveaux dieux,
Et la décade sainte, au milieu d'un nuage,
    S'évapore en hymnes pieux.

    » Mais ces primitives colombes,
  Ces benins débitans de dévote oraison,
    Sur les autels de la raison,
Se sont permis plus tard bien d'autres hécatombes.

III

  » Regardez ce balcon et ces volets ouverts,
Du magnifique hôtel qu'un nom royal décore
C'est la chambre d'honneur. Eh bien ! j'y vois encore
    Ses barreaux de sang tout couverts !

C'était aux jours de la disette ;
   Auprès de ses greniers déserts,
Notre riche cité resta longtemps muette ;
Et le peuple, soumis aux rigueurs de la diète,
   Finissait par ne manger plus.
Chaque jour pour son bien on rognait sa pitance,
   Et nos magistrats bien repus
   L'exhortaient à la patience.

» Prenez garde, Messieurs, car tout s'use à la fin,
L'estomac entend peu raison, quand il a faim.
Ils en firent bientôt une épreuve cruelle.
Les esprits irrités s'agitaient sourdement.
   Pour propager l'embrâsement
   Il ne fallait qu'une étincelle.
   L'occasion ne tarda pas.
La foule aux longues dents qui n'avait plus à mordre,
Sur la halle sans blé, dans un affreux désordre,
Demandait à grands cris du pain ou le trépas.

» Un de nos députés, que pour nous prêcher l'ordre
Paris le tout-puissant nous avait dépêché,
   S'était rendu sur le marché
Et déployait au loin l'écharpe tricolore.
Mais au vide pathos de sa phrase sonore
L'émeute aux mille voix, s'étant mise à rugir,
Fit retomber sur lui tout le poids de sa haine.
   Quand le tigre a brisé sa chaîne,
   Essayez de le contenir !
   Ce n'est plus la simple menace ;
Ses amis sont tombés sous leurs coups redoublés.
On le tient : à vil prix il taxera les blés,
Ou près du réverbère il trouvera sa place.
Il le faut ; et lui-même, il ira tour-à-tour.

Le couteau dans les reins, suivi de cette lie,
    De carrefour en carrefour,
Proclamer cet arrêt et son ignominie.
En quelles mains, mon Dieu, l'avez-vous donc livré?

   » Au milieu du hideux cortége,
Heurtant à chaque pas sans que rien le protége,
Il s'avance au hasard pâle et désespéré.
Le poignet sur la hanche, une horrible sorcière
Le traîne en secouant son manteau déchiré,
Et d'autres forcenés le poussent par derrière.
    Tout autour armés de bâtons
Des hommes, l'œil hagard et la mine farouche,
    Des enfans en sales haillons,
    Dans cet âge que rien ne touche,
    Des femmes, l'écume à la bouche,
    Hurlent d'homicides chansons.

   » Devant ces hordes frénétiques
  De tous côtés on ferme les boutiques.

    Ainsi durant tout un long jour,
    Au son lugubre du tambour,
De quartiers en quartiers l'émeute le promène ;
Et jusqu'à son hôtel, lasse enfin, le ramène.
    Mais avant, leur méchanceté
    Lui ménage une autre infamie,
Ce mot : *Vive le roi!* par lui si détesté,
    Sous l'arbre de la liberté,
Lui, l'ennemi des rois, il faudra qu'il le crie!

» A ce nouvel affront il jure de mourir.
Il rentre, et saisissant une arme meurtrière,
Tandis qu'en frémissant d'un horrible plaisir

La foule danse en bas une ronde dernière,
Penché sur le balcon et les cheveux épars,
Il tourne vers son front la détente mortelle,
Le coup part, et souillé de sang et de cervelle
Le peuple épouvanté s'enfuit de toutes parts!

IV

» Il est une autre horreur que je voulais vous taire!

» Croiriez-vous qu'en ces mêmes lieux,
Au pied de leur folle chimère
(Sans pouvoir l'empêcher je l'ai vu de mes yeux!)
Un Chartrain comme nous, un condisciple, un frère,
Des flots de son sang précieux
Sous leur couteau barbare inonda cette terre!
Beaucoup l'ont oublié, mais au fond de mon cœur
Son image est toujours vivante;
De mes amis c'était bien le meilleur!
J'ai vu depuis chez moi bien des fois la douleur;
Mais cette ancienne plaie est encore saignante!
Eh bien! je veux ici vous conter ce malheur..
J'hésitais : à quoi bon troubler votre mémoire
Par de tristes récits trop pénibles à croire?
Mais votre jeune pitié
(Oh! je n'ai pas en vain conçu cette espérance!)
Pardonnant aux regrets de ma vieille amitié,
Voudra pour l'adoucir partager ma souffrance!

» Nos pères, courageux et probes ouvriers,
De travail et d'économie
Vivaient dans les mêmes quartiers; (1)

(1) Paroisse Saint-Michel.

De sa mère longtemps ma mère fut l'amie.
Et nous aussi, comme eux, dès nos plus jeunes ans,
Porte à porte élevés nous nous aimions enfans.
   J'étais son aîné dans la vie.
Nos désirs modérés, nos goûts religieux,
 La voix de Dieu, qui sait? peut-être d'une mère
La secrète influence et les conseils pieux,
Nous avaient entraînés tous deux au séminaire.
Notre amitié plus sainte y redoubla d'ardeur.
Si vous aviez pu voir avec quelle ferveur,
   Dans la solitude savante,
  Nobles rivaux nous avions tout appris,
Hormis le cœur de l'homme et ses mille replis !

  » Cependant une fièvre ardente
Partout, à notre insu, travaillait les esprits ;
Et voilà qu'étrangers au monde et tout surpris,
   Au beau milieu de la tourmente,
Chacun des deux amis à son tour fut jeté,
Et modeste vicaire en sa simplicité
   Par une route différente (1)
Chacun s'en fut à Dieu, chercha la vérité !!!

 » Encor tout enivré du vin pur de la grâce,
Brière repoussa tous les dogmes nouveaux ;
   Sa foi dédaignant le repos,
Osa des gouvernans affronter la menace.
La haine des tyrans ne lui pardonna pas.
A s'en aller bien loin de la cité chérie
Leur loi le condamna sous peine du trépas ;
Mais il en coûte tant de quitter la patrie !

---

(1) L'un prêta le serment exigé, l'autre le refusa.

» Hélas! du jour fatal marqué pour le départ
Dans les bras de sa mère il se souvint trop tard ;
Et l'on avait déjà prononcé sa sentence !
      Pour fuir la terrible vengeance,
   Il se cacha ; d'un pauvre métayer
Saint-Cheron lui prêta le chaume hospitalier.

» Là, protégé par l'indigence,
   Il attendit des jours meilleurs.
Le matin, dans le plomb de son humble calice,
Au milieu des moutons et des bœufs travailleurs,
   Il offrait le saint sacrifice
Pour les persécutés, pour les persécuteurs.
Le soir, il s'en allait à la faveur de l'ombre,
   Dans quelque rue étroite et sombre,
   Sous la malle des colporteurs,
  Ou d'un gendarme endossant les couleurs,
Régénérer l'enfant qui naissait à la vie,
Ou d'un pauvre mourant consoler l'agonie.

» Contre mille dangers Dieu l'avait défendu ;
   Une imprudence a tout perdu !

» La bonne et pieuse fermière,
Qui l'avait recueilli dans son chaste manoir,
   Était un jour descendue au lavoir.
De l'humble desservant la toile moins grossière
Se trouvait confondue avec le chanvre épais,
Du père et des enfans parure journalière.
Nul doute jusque là n'avait troublé sa paix.

» Seule donc à l'écart, au bord de la rivière,
   Sa confiante activité
Remplissait ce devoir de sainte charité.

Mais un œil ennemi l'observait en silence ;
Ce linge un peu plus fin éveille des soupçons ;
Et soudain l'on médite une atroce vengeance.
Quoi donc ! entre voisins ces lâches trahisons !
  Dans la paix de vos métairies,
   Tout occupés des épis de vos champs
  Et des bourgeons de vos vignes fleuries,
Devez-vous prendre part aux luttes des méchans ?

 » Avec une infernale joie
  Le club accueillit le Judas,
Compta le prix du sang ; pour mieux saisir sa proie
Il a dès le soir même envoyé ses soldats.
  Tout Saint-Cheron est en alarmes :
Il s'informe effrayé pourquoi toutes ces armes.
Les uns, le glaive nu, veillaient sur les abords.
Les autres ont brisé les portes chancelantes.
Qu'ont-ils enfin trouvé digne de tant d'efforts ?
  Un vieillard, des femmes tremblantes,
Et de blêmes enfans de peur à demi-morts !

 » Au premier bruit qui frappa son oreille,
L'infortuné proscrit, que la frayeur éveille,
Sous la paille en monceaux s'était réfugié.
C'est ainsi qu'il trompa leur sombre diligence.
Ils partaient seuls ! Que sais-je ? Exprès, d'intelligence
Peut-être ils n'ont rempli leur devoir qu'à moitié.
Mais le vil espion qui les voit sans victime,
 Accourt, et pour ne pas en vain perdre son crime,
Les ramène au combat, et rit de leur pitié.
On fouille alors partout : grange, cellier, mansarde,
  Pas un endroit n'est oublié.
On plonge dans les foins le fer jusqu'à la garde.

Le malheureux vit bien qu'il fallait obéir;
Tout prêt à le percer d'une affreuse blessure,
Il sentait jusqu'à lui le froid acier frémir.
    Dieu l'a voulu ! résigné, sans murmure,
        Il sort de sa cachette obscure,
      Et s'abandonne à leur merci.
    Calme et soumis comme son divin Maître :
« C'est assez, leur dit-il, ordonnez, me voici !
    » S'il a péché, frappez le pauvre prêtre !
      » Mais du moins épargnez ceux-ci ! »

    » A la lueur d'une torche sanglante
On part, sans écouter les pieuses raisons
Du timide vieillard qui tremblait d'épouvante ;
    Sa femme en pleurs, couverte de sa mante,
Suit la foule de loin jusqu'aux vieilles prisons. (1)

» Le cortége sinistre a longé Saint-Hilaire.
Il gravit à pas lents la colline Saint-Père,
Et par les Quatre-Coins va gagner le château.
      Aux coups redoublés du marteau
      L'antre bondit insatiable,
Et la porte sur lui se ferme impitoyable.

» C'en est fait, et demain l'odieux comité.
A sa barre traînant la muette victime,
      Aura bientôt prouvé son crime,
Puis sans désemparer, le couteau redouté...
O mon Dieu !... vous du moins mes chers compatriotes,
    Qui sur le banc du sanglant tribunal
Vous êtes résignés, utiles antidotes,

(1) La prison était alors rue des Changes, dans l'ancien palais des Comtes.

A siéger, dites-vous, pour modérer le mal;
Si vous ne tenez pas de ces discours frivoles
Démentis par le cœur et qu'emporte le vent,
Eh bien! voici l'instant de garder vos paroles!
   Que craignez-vous en le sauvant?
Est-ce un ambitieux qui va courir aux armes,
   Emporté par le fol espoir,
   Au milieu du sang et des larmes,
   De vous arracher le pouvoir?
Oh non! vous le savez; des pauvres créatures,
  Pauvre lui-même, en ce val de douleur,
  Sécher les yeux et panser les blessures,
   Voilà sa gloire et son bonheur!
Il est entre vos mains, attendez! qui vous presse?
   Avec vos autres prisonniers,
Que ne le gardez-vous dans votre forteresse?
Vous avez des cachots, des fers et des geôliers.
Que sait-on? dans ces temps de soudaine fortune,
Où là-bas dans Paris nos puissans de plein saut
   Descendent de la tribune,
   Pour monter à l'échafaud,
Gagner un jour ou deux, c'est lui sauver la vie!

» Mais leur porte fut sourde à mon émotion!
Chacun tremblait devant une bonne action
   Trop souvent de la mort suivie.

  » Il fut jugé le lendemain.
  On le condamna sans défense;
Pas une voix dans le barreau chartrain
  Ne lui prêta son éloquence;
Guillard n'était pas là, ni toi non plus, Collin,
Toi qui deux mois plus tard, noble enfant d'Harleville,
As sauvé de la mort, ardent et généreux.

Deux autres prêtres plus heureux (1),
Coupables comme lui d'avoir aimé leur ville.

» Aussi l'atroce accusateur,
Donnant carrière à sa libre insolence,
Osa du haut de sa fureur
Du nom de scélérat flétrir son innocence !
« Moi, scélérat ! où sont ceux que j'ai dépouillés ?
» Montrez-moi les châteaux que j'ai livrés aux flammes ?
» Les rois dont j'ai brisé les âmes,
» Et les torrens de sang dont mes bras sont souillés !
» Gardez pour vous vos noms infâmes !
» Prenez ma tête et ne m'insultez pas !
» Mais que dis-je ? ô mon Dieu ! Vous aussi, par un traître
» Vendu, vous fûtes mis au rang des scélérats !
» Le disciple n'est pas au-dessus de son maître ! »

» L'arrêt n'est pas encor porté,
Qu'ils ont déjà dressé l'effroyable machine,
Près du chêne qu'ils ont planté !
C'est du sang et des pleurs qu'il faut pour sa racine !
Les cruels nous feraient haïr la liberté !

» Mais aux deux bouts de la cité,
La nouvelle s'est répandue,
La ville entière s'est émue ;
L'homme de bien se cache épouvanté,
Pendant qu'innombrable cohue,
De tous les trous et de tous les greniers,
Le long de chaque rue on voit sourdre et paraître
Une foule sans nom, sans linge, sans souliers,

(1) MM. Berthinot et Jannet, l'un principal, l'autre régent du collége.

Qui veut voir comment meurt un Prêtre !
La place est encombrée, et de tous les endroits
D'où l'on peut découvrir l'épouvantable fête.
   Un cri s'élève et s'agite une tête ;
      Ils grimpent jusque sur les toits.
      Impatients de tout obstacle,
      Avec un long rugissement
      Ils attendent en blasphêmant,
   L'heure trop lente du spectacle ;
Quand un cri tout à coup retentit : « Le voilà ! »
Pour mieux voir, on se pousse, on se heurte, on se presse
On se penche en avant, sur ses pieds on se dresse ;
Un sourd frémissement domine tout cela.

   » A travers ces bandes serrées,
Faisant briller au loin leurs lames acérées,
S'avançaient lentement cavaliers et chevaux.
      Armé d'une force inconnue,
Le généreux martyr, entre les deux bourreaux,
      Suivait à pied, la tête nue,
Le front illuminé d'un rayon immortel,
Comme un prêtre qui va monter au saint autel.

» N'en soyez pas surpris, une céleste flamme,
Au moment du départ, avait rempli son âme.
Il franchissait le seuil de la dernière cour,
Quand son œil par hasard errant sur cette tour,
Découvrit aux barreaux d'une étroite fenêtre,
Enfermé comme lui sous les mêmes verroux,
Verguin, son vieil ami ! Verguin, son digne maître ! (1)
   Et que demain peut-être

---

(1) M. Verguin, supérieur du séminaire Saint-Charles, mort en 1834.

Viendront frapper les mêmes coups !
Celui-là, c'était bien le père de famille,
Prêt à donner son sang pour ses enfans chéris.
Là, debout, bien avant que le soleil ne brille,
Il guette, et veut du moins, au travers de sa grille,
De son dernier regard encourager son fils.
   Sublime et touchante entrevue !
   Le prisonnier de Jésus-Christ
   Pleura sur le pauvre proscrit.
   Mais aussitôt la main tendue,
 Par ses barreaux, il lui montre le ciel
   Où la récompense rayonne ;
   Il le bénit, il le pardonne
Au nom du Dieu mourant qui but aussi le fiel !

» Puis la grâce d'en-haut et descend et l'inonde ;
  Et quand la porte a crié sur ses gonds,
   Voyant hésiter tout ce monde,
Plein d'une sainte ardeur, c'est lui qui dit : « Partons ! »

  » Il a trouvé sur son passage
  Bien des yeux humides de pleurs :
« Adieu, mes bons amis ! merci de vos douleurs !
» Priez pour moi ! que Dieu bénisse mon courage ! »

» Il vient de dépasser la porte aux noirs donjons ;
Il regarde, et soudain par-dessus tous ces fronts
Se dressent le bois rouge et le tranchant qui brille !
   Un moment son cœur a frémi.
Mais il a vu le ciel, et son pied raffermi
Traverse lentement la place qui fourmille.
Il monte sans pâlir les degrés odieux ;
   Et sur ces bandes ennemies,

Du haut de cette chaire ouverte sur les cieux,
Il laissera tomber des paroles amies :

« O mes concitoyens, de vous j'attendais mieux !
» J'en atteste la mort, nul penser condamnable
» Ne s'est contre vos lois élevé dans mon cœur ;
» Mais soyez obéis ; vous m'avez cru coupable ;
» Puisse Dieu, comme moi, pardonner votre erreur !
» La grappe de raisin, aux jours de la vendange,
» Épanche tout son sang sous la dent du pressoir :
　　» Le grain de blé, votre plus doux espoir,
» Est broyé par la meule et renaît sans mélange ;
　　　» Je suis ce grain prêt à périr,
» Ce raisin dont le sang sous vos coups va tarir ;
» Au fruit, trop vert encor, mon Dieu, soyez propice !
» Mon Dieu, puisque si jeune ici je dois mourir,
» Comptez à mon pays le prix du sacrifice ! »

» Des cris avaient souvent interrompu ces mots ;
Pour la dernière fois, sa douceur ineffable
Abaisse un long regard sur ce peuple intraitable,
　　Et le voilà qui se livre aux bourreaux.

« Chez lui, ne cherchez pas, dans ces momens suprêmes
　　　La folle audace du païen,
Qui jette contre Dieu son sang et ses blasphêmes ;
　　　Ni l'orgueil du stoïcien,
　　　Dont la fastueuse arrogance,
Jusque sur le bûcher d'où la flamme s'élance,
Dans son manteau drapé pose en comédien.
　　　Couché sur la planche fatale,
　　　Le simple martyr, l'âme égale,
　　　Au spectacle ne donne rien :
　　　S'il pense à Dieu, c'est pour le craindre.

A la foule, c'est pour la plaindre,
Et l'œil au ciel il expire en chrétien !

« Dans le panier sanglant j'entends tomber sa tête !
    Et le bourreau par les cheveux
    Prenant son horrible conquête,
La secoue et la montre à tous ces furieux.

« Mais à peine ce sang, admirable rosée,
    A, de chaque veine brisée,
    Jailli sur ce peuple égaré,
    Tous ces flots soulevés s'apaisent,
    Tous ces cris de rage se taisent,
Dans tous les cœurs le remords est entré.
Chacun s'en va touché de la grâce divine,
Et comme au Golgotha se frappant la poitrine.
On enleva sans bruit le honteux instrument,
    Et sur la place désolée,
    Depuis, nulle hostie immolée
N'expia des partis le fol emportement.

» Retrouvant son heureuse étoile,
Chartre eut bientôt repris sa première douceur,
    Et sur cette coupable erreur
    Muet il jeta son grand voile.
    Quelquefois seulement le soir,
Le visage entouré de sa capote sombre,
    Auprès de l'arbre on vit errer une ombre, (1)
Dans la poudre sanglante humectant son mouchoir.
    Puis sous le poids de sa douleur amère,
    Elle allait dans son désespoir
Pleurer sur une fosse à côté de la mère !

(1) La femme de Saint-Cheron, qui lui avait donné asile

» Pendant la nuit encor souvent un homme noir (1)
Venait pâle et défait près la dépouille sainte,
Demander à genoux au Juge souverain
    Le pardon de sa lâche crainte,
Quand les tyrans devaient tomber le lendemain !
Mais quoi ? le repentir est une autre innocence !
Dans les enfantemens d'une longue souffrance,
    Amis, respectons le remords !
Ils sont allés chercher le repos dans la bière ;
    Sur leur dur oreiller de pierre
    Gardons de réveiller ces morts !

» O vous qui, Dieu merci, grâce à votre jeunesse,
N'avez pas vu ces jours de crime et de détresse,
    Instruisez-vous à nos dépens,
Mieux que nous, profitez de nos égaremens.
    Conservez bien sans tache et sans mélange
    La liberté, cette fille de Dieu ;
N'allez pas dans le sang traîner sa robe d'ange,
Ni vendre son honneur dans quelque mauvais lieu ! »

    Ainsi dans sa riche mémoire
    Mon vieux curé trouvait toujours
    Quelque bonne et touchante histoire ;
Tout en nous promenant j'avais souvent recours
    Aux casiers de son répertoire.
    Il aimait tant à raconter !
Et moi près d'un vieillard si volontiers j'écoute !
    On s'enrichit sans qu'il en coûte ;
C'est un champ où l'on a toujours à récolter !

---

(1) M. H., un de ses juges.

Que devient cependant ma course interrompue ?
En bavardant il se fait tard ;
La promenade est longue et la nuit tôt venue.
Amis, à l'amitié pardonnez ce retard.
Fatigués de mes vieux adages,
Mes chers compagnons de voyages,
N'allez pas me gronder trop fort.
Que voulez-vous ? c'est là mon moindre tort.
Confiant dans ma bonne étoile,
J'aime à laisser flotter ma voile
A tous les caprices du vent ;
Je vous le dirai trop souvent :
En voyant ces métamorphoses,
Si Dieu me donne ce loisir,
Parler de tout et de mille autres choses,
Voilà mon Tour-de-Ville et son meilleur plaisir !

NEUVIÈME STATION.

LA BUTTE SAINT-MICHEL.

I. Nouvelles batisses a la place du rempart et des fossés.
II. École Saint-Ferdinand.
III. Habitués de la promenade. — Tribunal de commerce.
IV. Souvenir de Regnier.
V. Journée des aloses.
VI. Entrée de Henri IV.

I

Sous nos grands ormes séculaires,
    Le long de ses larges fossés,
Saint-Michel autrefois ne nous arrêtait guères ;
   L'œil attristé de ces débris de guerres,
    On s'éloignait à pas pressés.
Seulement l'amateur de la belle culture
Souriait en passant à la riche verdure,
    A l'or mouvant des *Petits-Blés*.
Depuis tout a changé de face et de nature,
Les champs ont disparu devant l'architecture
    Et nos ravins furent comblés.

Ne payons pas d'ingratitude
Nos Élus, qui du vieux rempart
Ont su si bien peupler la solitude ;
Il faut rendre à César ce qu'on doit à César.

Mais nous, par-dessus tous, promeneurs d'habitude,
Combien d'heureux momens ne leur devons-nous pas ;
   Quand ouvriers et géomètre,
   Au bruit de la pelle et du mètre,
Ici de tous côtés promenaient leur compas ?
   Chaque jour bravant la fatigue,
   Avec quelle aisance prodigue
   Gratis donnions-nous nos avis,
   Qui n'étaient pas toujours suivis !
   Devant les hauts échafaudages
   Nous étions là plantés tout droits.
   Jugeant du progrès des ouvrages.
Et les encourageant du geste et de la voix.

Le ciel a couronné notre persévérance :
   Voyez avec quelle élégance
   Ces blancs et jolis pavillons
Ouvrent aux flots du jour leur cinquante fenêtres,
De l'art parisien rares échantillons,
Où l'artiste chartrain le dispute à ses maîtres.

Chaque jour le quartier s'embellit : tôt ou tard
   Séduit par la douce influence
Chartre, à ses derniers-nés donnant la préférence,
   Oubliera pour son boulevard
Ses tertres raboteux, taillés en précipices
   Pour mieux désespérer les gens,
Ses pignons enfumés, et les rudes caprices
   De ses pavés désobligeans.

Voyez, las de gravir les flancs de sa montagne,
Déjà le bon vieillard devant ce chaud midi
    Vient réjouir son corps tout engourdi,
Et goûter de plus près l'air pur de la campagne.

II

    « Mais à l'ombre de cette croix,
» Par-delà ce portail, comme une terre sainte,
» Quels sont ces bâtimens et cette vaste enceinte
» Que j'aperçois ici pour la première fois ?
» Un joli clocheton couronne l'édifice. »
Ainsi m'interrogeait un vieil ami chartrain,
Que longtemps infidèle au lait de sa nourrice,
    Nous ramenait le dernier train.
    « C'est un de nos titres de gloire;
    » Apprends-le donc avec fierté !
» Puissent nos descendans en garder la mémoire,
» Comme un exemple saint qui veut être imité! »

    » Né comme nous sur ces rivages,
Un homme (1) par le sort fut longtemps ballotté.
    Dans ses nombreux pèlerinages
Toujours il se souvint de sa chère cité.
    Quand la mort de sa main flétrie
Arrêta loin d'ici sa course et ses travaux,
    A la terre de sa patrie
    Il vint demander le repos.
    Bienheureux à qui Dieu l'accorde !
Mais sur le lit du redouté sommeil,
    Jusqu'à l'heure du grand réveil.
L'oreiller le plus doux est la miséricorde.

(1) Ferdinand de Reverdy, né à Chartres en 1796.

Que le pauvre soit donc son plus proche héritier !
  A sa chrétienne bienveillance
  Rien n'échappa ; point de souffrance
Que ne prévit son zèle hospitalier.

  » Là-bas, sous l'aile de Saint-Brice,
Auprès de son cercueil, pour que Dieu le bénisse,
  Il a rassemblé nos vieillards.
  Puis portant plus loin ses regards,
Il a vu nos enfants par brigades serrées,
  Avec leurs livres tant relus,
  Dans leurs prisons mal aérées
Entassés pêle-mêle et ne respirant plus ;
Dehors tant d'appelés, dedans si peu d'élus !
  Cette souffrance a touché ses entrailles,
  Il a pitié de leur triste abandon :
  « De tout cet or puisque Dieu m'a fait don,
    » Dans l'enceinte de vos murailles,
    » Chartrains, choisissez hardiment
  » Sous le ciel le plus pur un vaste emplacement ;
  » Aux humbles fils du peuple avides de sciences,
    » Pour leurs études, pour leurs jeux,
    » Élevez des salles immenses ;
  » Ma richesse est à vous, ordonnez, je le veux. »

  » Puis sur nos vertes promenades,
Pour honorer Celui qui le protége aux cieux,
Soudain s'est élevé ce gymnase pieux,
D'où nous voyons sortir ces longues escouades.

» Là, les enfans d'Yon (1), ces autres dévoués,
De sa noble pensée exécuteurs fidèles,

(1) J.-B. de Lasalle, fondateur des Écoles-Chrétiennes.

Feront vivre sans fin ses bontés éternelles,
Maîtres toujours bénis et jamais trop loués.
    C'est d'aujourd'hui que tout commence,
Et voilà mille enfans accourus à leur voix ;
Tous les rangs sont admis au pied de cette croix ;
Le plus pauvre lui seul obtient leur préférence.
    Leur savoir ami du progrès
Distribue à chacun l'aliment salutaire ;
Mais de la nouveauté malgré tous les attraits,
Leur sagesse n'admet que le seul nécessaire.
    Loin d'eux tous ces demi-savans,
L'effroi des ateliers, le désespoir des villes ;
Heureux s'ils ont formé des disciples fervens,
D'honnêtes citoyens, des travailleurs habiles ! »

    Autrefois, par sauts et par bonds,
Quand j'allais au collége, au temps de ma jeunesse,
    Prenant les détours les plus longs,
    Inspiré par dame Paresse,
Tous ces beaux pavillons m'auraient fort peu touché,
Et de leurs plans nouveaux j'aurais fait bon marché.
Pour voir un aubifoin avec sa barbe bleue,
Entendre la cigale ou le chant du grillon,
A travers les guérets poursuivre un papillon,
J'aurais fait volontiers le tour de la banlieue.
Autres temps, autres goûts. Dans notre genre humain
    Depuis j'ai vu tant de misères,
    Tant de vautours aux larges serres,
    Tant d'égoïsme au cœur d'airain,
    Que tout à coup par aventure
    Si je rencontre en mon chemin,

établit une maison professe de cet ordre à Saint-Yon, près d'Arpajon.

        Sur la plus faible créature
La Charité versant ses dons à pleine main,
Oh! j'oublie aussitôt la terre et sa parure;
        Vers le ciel s'élance mon cœur,
Ce spectacle vaut bien la moisson qui murmure,
        Ou le parfum des blés en fleur.

Je veux en lettres d'or inscrire sur ma liste
        Nos savans; nos historiens;
        Et Nicole (1) le moraliste,
Et Thiers (2), et Dom Liron (3), et les Félibiens (4);
        Tous ces noms dignes de mémoire,
Que Chartre avec orgueil compte parmi les siens.
Mais aussi gardons-nous des piéges de la gloire.
        Qu'ils soient placés au premier rang
Avec leurs beaux discours souvent hélas! stériles.
Mais pour Dieu! n'allons pas d'un œil indifférent
        Accueillir nos hommes utiles;
        Le nombre n'en est pas si grand!
Quand parfois comme ici, grâce à leur bienfaisance,
Un de leurs monumens à nos yeux vient s'offrir,
Jetons leur en passant un juste souvenir,
Nous leur devons au moins cette reconnaissance.

III

Ainsi depuis vingt ans notre bon Saint-Michel,
Sur nos murs et nos blés étendant ses conquêtes,

---

(1) Pierre Nicole, né à Chartres en 1626.
(2) J.-B. Thiers, né à Chartres même année.
(3) Dom Liron, né à Chartres en 1665.
(4) André Félibien, né à Chartres en 1619; Michel Félibien, en 1666, etc.

Voit à chaque saison en beaux habits de fêtes
    Surgir quelque brillant hôtel.
N'était de ce côté cet enclos solitaire,
    De tout point nous serions contens.
        Mais j'entends qu'on me dit : « espère !
    » Déjà notre quartier, en aussi peu de temps,
        » N'a pas fait si mal son affaire ! »

        C'est ici notre Luxembourg :
Du matin jusqu'au soir son soleil nous invite,
    Mais c'est surtout vers le déclin du jour,
Que notre bon vouloir lui doit une visite.

Profitons : voici l'heure où le jeune commis
        Laissant en paix dormir son aune,
        Y savoure un congé permis ;
Les reines du comptoir s'y délassent du trône.

Bras dessus, bras dessous, d'heureux collégiens,
        Loin des ennuis et des gardiens,
Y promènent bien fiers le vaporeux cigare
Que pour eux tout exprès la Havane prépare,
Leurs cheveux moyen-âge et le rare coton
Qui dessine leur lèvre et frise à leur menton.

        Plus loin nos modistes légères,
        Sous leur joli bonnet monté,
    Trottent menu sur le sable argenté,
Et babillent tout bas de leurs jeunes affaires.

        Mais de tous le plus enchanté,
C'est l'employé qui marche à la libre lumière,
De ses bureaux enfin secouant la poussière,
        Aspirant l'air à pleins poumons ;

Ce sont nos joyeux clercs, qui, hors de leurs prisons,
En longs éclats de rire y perdent la mémoire
   Et du pathos de leur grimoire
   Et du persil de leurs patrons;
  Ce sont enfin nos gros marchands des Halles,
Qui viennent en voisins et la pantoufle au pié,
S'épancher tendrement en douceurs conjugales,
   Donner le bras à l'amitié,
   Et là, sous cette ombre commode,
   Digérer leur bœuf à la mode,
   Comme aussi leur chaste moitié.
Vont-ils se redressant, quand leur fierté contemple
Du commerce leur-dieu, le portique et le temple,
Et retrouve au fronton, en symboles heureux,
    La corne d'abondance
    Et la juste balance,
    Comme chez eux !
Ils ne troqueraient pas avec un roi de France.

  J'aime surtout ces braves commerçans,
   Quand ils se mêlent de science;
   Ont-ils de ces mots ravissans !
Je suis là derrière eux avec mon portefeuille
   Tout barbouillé de méchans vers,
Et jouant l'air distrait, j'écoute et je recueille,
   Assis sur un de ces bancs verts.
   Comme l'abeille diligente,
   J'aime à glaner soir et matin
Tout ce que le hasard complaisant me présente,
   Pour en composer mon butin.

IV

C'était un de ces jours : l'un d'eux plein d'assurance
Se rengorgeait suivi de ses commis,
Et tout surpris de son intelligence,
Le verbe haut, leur disait : « Mes amis,
» Savez-vous pourquoi cette rue
» Qui s'en vient comme nous visiter l'avenue,
» A choisi pour parrain le poète Regnier (1) ?
» Donner à qui nous mène aux Halles
» Le nom d'un laboureur ou celui d'un meunier,
» Eût mieux cadré peut-être avec nos céréales.
» Eh bien ! sachez qu'ici Regnier a vu le jour !
» Avant d'envelopper mon poivre et mon fromage,
» Je lis tous mes cornets, je goûte chaque page ;
» (Imitez-moi !) puis en retour
» J'en obtiens un double avantage :
» J'emplis tout à la fois ma caisse et mon esprit.

» J'ai donc lu dans un manuscrit
» Que son père, sous Henri Quatre,
» Tenait en ces lieux un tripot,
» Où nos Chartrains, après la poule au pot,
» A la paume venaient s'ébattre.
» Parmi ces cris et ces débats
» De son fils a grandi l'enfance :
» Sa naturelle turbulence
» N'en a que mieux aimé le bruit et les combats.
» Vainement son oncle Desportes (2)
» Lui léguait par son testament

(1) Mathurin Regnier, né à Chartres en 1573.
(2) Philippe Desportes, né à Chartres en 1546.

» Sa douceur et son enjouement,
» Il fallait au neveu des luttes bien plus fortes.

» Malheur à ses jaloux rivaux
» Gonflés du vent de leur mérite ;
» Malheur aux charlatans, aux donneurs d'eau bénite,
» Au libertin sous son masque hypocrite,
» A tous les cœurs lâches et faux !
» Son vers comme un remords courait à leur poursuite.
» Il ne s'amusait pas à leur mâcher ses mots ;
» Point de tours emmiellés : ennemi de la glose,
» Par son nom le plus rude il nommait chaque chose ;
» Je l'ai lu tout au long sur mes sacs enfumés,
» Pour donner du montant à chaque œuvre nouvelle,
» Il y jetait le sel en masse, à poings fermés ! »

Ainsi parle essoufflé mon vendeur de cannelle ;
Un de ses apprentis, attentif à sa voix,
  Hocha la tête, et comptant sur ses doigts :
« Que de droits il a dû payer à la gabelle ! »

V

  Parmi ces clercs, ces boutiquiers,
Ces huîtres s'entr'ouvrant aux rayons de la vie,
  Et nous aussi, vrais épiciers,
  Puisque le temps nous y convie,
Faisons un tour ou deux, si c'est là votre envie,
Comme eux disons des riens. Je veux vous raconter
  Mon rêve de la nuit dernière,
  C'est un vrai songe d'antiquaire,
Mais Saint-Michel est là qui peut vous l'attester.

Pendant une journée entière
  J'avais pâli sur des bouquins,
Cherchant un nom chartrain dans leur noble poussière.
Quand le sommeil me prit sur ces noirs maroquins.
D'un saut j'avais franchi trois siècles en arrière.
   L'Anglais alors régnait de toutes parts ;
     Brisé par la guerre civile
Chartres sentait au cœur l'ongle des léopards.
Je faisais en tremblant un pauvre Tour-de-Ville.
Quels changemens ! C'étaient partout d'affreux fossés,
De sombres bastions, des chemins défoncés.
Je suivais, l'œil baissé, la route difficile.

    Mais vers la porte Saint-Michel
    Tout à coup survient une file
  De charriots remplis de tonneaux et de sel.
Des villageois grossiers à la mine sauvage
    En limousine et bonnet rabattu,
Avec force jurons, par le chemin tortu
    Conduisaient le lent attelage.
Sans malice je vis passer bêtes et gens.
Devant le *qui va là?* tout le convoi s'arrête ;
    Mais quand la perle des marchands,
Le joyeux Bouffineau se présente à la tête,
    La porte s'ouvre à deux battans ;
Chaque lèvre sourit et chaque main s'empresse,
Et sur ses gonds rouillés le pont crie et s'abaisse.
Il entre, et sur ses pas le long encombrement
Sous le fouet protecteur défile lentement.

« C'est vous, maître Guillaume ! eh bien, quelle nouvelle ?
» Que fait le roi de Bourge auprès de son Agnès ?
» A-t-il enfin quitté le deuil de la Pucelle ?
» Mais voici les Rameaux, aurons-nous poisson frais ? »

— » Je veux vous consoler de faire maigre chère.
» Mon cadeau vous attend, trompe-t-on ses amis?
» On a dans ses barils de quoi vous satisfaire.
» Bouffineau tient toujours tout ce qu'il a promis.
» Vous, là-bas, arrêtez ! J'ai là plus d'une alose
     » Véritable morceau de rois ;
   » Voyez, Messieurs, et faites votre choix ;
» Point de remercîmens, fi, pour si peu de chose ! »
     Et voilà mes gourmands mordant à l'hameçon
Pour un poisson d'avril, oh! l'excellent poisson!
     Mais voyez la métamorphose !

     Tandis que sans songer à mal
Les gardes affamés s'arrachent leurs captures,
Tous mes faux paysans, attentifs au signal,
Jetant bas à la fois leurs casaques obscures,
Soudain tombent sur eux taillant et culbutant,
Et pour chaque poisson leur donnent cent blessures.
     Leur nombre augmente à chaque instant,
     Chaque tonneau vomit un combattant,
     Il en bondit de toutes les voitures.
     Rien ne résiste à leurs efforts,
Et le sol est jonché de mourans et de morts.

     Mais voici bien d'autres alarmes :
Dunois qui suit de près ses hardis compagnons,
Dunois est déjà là ! partout l'on crie aux armes ;
Mais en vain s'agitaient Anglais et Bourguignons;
     Les Chartrains font la sourde-oreille,
     Aux Jacobins en ce moment,
     Des Pâques touchant à la veille,
     Ils écoutaient dévotement
De maître Sarrazin l'éloquente merveille.
     C'est pour Dunois qu'ils font des vœux tout bas.

Rien ne les tirera de la pieuse enceinte.
Vainement Frétigny (1) quittant la mitre sainte
      Pour la cuirasse et les combats,
Jusqu'au pied de ses tours prolonge la bataille,
Sur le pavé du cloître il s'est brisé le front.
Tout fuit devant Illiers ou tombe sous Saintraille;
Et Villeneuve (2), enfin, par-dessus la muraille,
Dans Paris effrayé va cacher son affront.

Que Rome maintenant vienne vanter son oie,
Orléans sa Pucelle et son noble drapeau,
Dites, les noix d'Amiens et le cheval de Troie,
Valent-ils les harengs de maître Bouffineau ?

    Je me disais tout cela dans mon rêve.
    Oh ! quel bonheur! on battait les Anglais,
    Puis mon pays redevenait Français!
    J'étais partout, j'allais sans paix ni trêve ;
J'écoutais au sermon le rusé Jacobin,
Ou bien, mouche du coche et flamberge à la main,
    Des Quatre-Coins je courais à la Halle.
    J'ai tout vu dans tous les quartiers ;
Là l'évêque tombait; là le sire d'Illiers
Plantait son étendart devant la cathédrale.
Là les soldats portaient vers le grenier à sel
Assis sur son tonneau mons Guillaume immortel;
Je suivais à grands cris la pompe triomphale ;
    Puis je ne sais quel coup de vent
Me réveille, et je suis Gros-Jean comme devant.

(1) Évêque de Chartres choisi par les Anglais.
(2) Gouverneur de Chartres pour les Anglais.

VI

Ce brave Saint-Michel, disons-le pour sa gloire,
A toujours bien tenu son coin dans notre histoire.
C'est la porte d'honneur, c'est le quartier royal ;
C'est lui qui le premier salue à leur passage
Nos Prélats arrivant de Saint-Martin-au-Val,
Et leur tourne si bien le compliment d'usage.

Par lui de préférence, Henri Quatre vainqueur,
Après soixante jours de guerre et de batailles,
  Prit à la barbe du Ligueur
  Possession de nos murailles.
Le quartier se souvient encor de l'orateur :
Il était là debout suivi de ses ouailles,
Répétant à part soi sa leçon en tremblant,
Quand tout à coup « C'est lui ! c'est son panache blanc ! »
Le pauvre homme aussitôt, ajustant ses lunettes,
Déploie un gros cahier de pompeuses sornettes ;
  Henri Quatre en eut le frisson.
  « Régnez sur nous, Prince héroïque,
  » Tout proclame ici votre nom !
  » Le droit divin, le droit salique... »
  » — Ajoutez-y le droit canon. — »
  Puis le Roi sans plus de façon
Pique des deux ; son fier coursier l'emporte.
Pendant que le Bailli suait de bonne sorte
Pour retrouver le fil de sa péroraison,
Déjà disparaissaient les derniers de l'escorte.
Mon vieux, vous lui direz le reste une autre fois ;
  N'a-t-il pas eu déjà pendant deux mois
  Les bagatelles de la Porte ?

DIXIÈME STATION.

LE CŒUR-PÉTION.

I. La Glacière.

II. Le Collége.

Et nous aussi, partons. Dans le clocher nouveau
    La vigilante sentinelle
A par neuf fois gémi sous le marteau;
Ici tout disparaît au couvre-feu fidèle.
Un seul coup de baguette emporte le troupeau.
    En vain la riante nature
    Prend sa plus coquette parure,
    Rien n'y fait rien; tous mes badauds
Bâillant après leurs lits, sans autre inquiétude,
S'en vont de tous côtés les yeux à demi-clos.

    Que j'aime alors ta solitude
    O ma butte! sous tes berceaux,

Bien loin des jaloux et des sots,
Que la fraîcheur du soir me semble douce et bonne !
Par delà les bois bleus dont Bailleau se couronne,
Des Pontifes chartrains vieilles possessions,
Le soleil est allé rafraîchir ses rayons.
　　Entr'ouvrant ses humides voiles
　　La nuit nous montre son front pur,
　　Et sème son manteau d'azur
　　De ses plus brillantes étoiles.

I

　　Je descends le Cœur-Pétion
　　Sans m'arrêter, la pauvre butte
　　Conserve un parfum de mouton
　Des jours passés, qui déplaît et rebute.
Dans cet enfoncement, que vous voyez ici,
　Notre glacière au soleil se hasarde,
L'imprudente ! pour moi j'en ai peu de souci :
　　Un poète dans sa mansarde
　　N'en use guères, Dieu merci.
　Au naturel je prends toutes mes glaces.
S'il se trouve jamais chez moi telle douceur,
A ma vitre fêlée on en verra les traces ;
　　L'hiver seul est mon fournisseur.

En route ! à peine ici sous les branches pendantes
Glissent de loin en loin quelques ombres errantes,
　　Quelque Solon réformateur,
Ou des fous comme moi courant après la rime,
　　Ou quelque Vénus anonyme,
Du doigt sur son fumier invitant l'amateur.
　Mais à la glu de ce sale désordre

Quel étourdi va là se faire mordre ?
Eh! quoi? des cheveux blancs! oh fi du vieux pécheur!

II

J'aime mieux voir d'ici les hautes cheminées
Du Collége (1), et son toit de mousse tout couvert,
    Et sa terrasse avec son pampre vert,
    Où j'ai passé tant de belles années!
    C'est là jadis, que nos bons Cordeliers,
Chassés du Grand-Faubourg par la guerre civile,
      Avaient transporté dans la ville
      Et leur besace et leurs foyers.
Ils ont péri dans la grande tempête!
      Depuis, leur maison toute prête,
      Sous ses longs cloîtres réguliers,
    Nous a reçus, folâtres écoliers;
Car nous aussi, partout nous cherchions un asile ;
    Congédiés du collége Pocquet,
      Nous avions pris d'un bras docile
    Tous nos savoirs ficelés en paquet.

      Muret d'abord tout débonnaire
      Ouvrit sa porte aux exilés,
      Et quand nous fûmes installés,
Voici qu'on nous renvoie au petit séminaire.
Là nous suivent nos jeux et notre vieux collier.

(1) Le Collége fut fondé en 1587 dans une maison près du tertre Evier, donnée à cette intention par Jean Pocquet, bourgeois de Chartres, et Michelle Haligre, sa femme. Il fut transféré en 1763 rue Muret, dans la maison des Filles de la Providence ; en 1796 dans le séminaire Saint-Charles ; et en 1803 dans l'ancien couvent des Cordeliers, rue Saint-Michel.

Quant au reste, que nous importe ?
Mais point de paix pour le pauvre écolier !
Un beau jour, toute une cohorte
De gendarmes, avec leurs grands sabres de bois,
Arrive et nous engage à repasser la porte.
On ne fut pas forcé de le dire deux fois.
Chacun renoua son bagage ;
Et nous voilà comme autrefois
Recommençant gaîment notre pèlerinage.

Saint-Michel, touché de notre âge,
Nous appela de sa plus douce voix,
Et là finit notre voyage.

Tout eut bientôt repris ses premiers erremens.
Mais au milieu de ces décampemens,
On avait oublié les joyeuses chroniques
Qu'on se passait de père en fils,
Ces bons tours, ces vieilles rubriques.
Dont les nouveaux-venus tiraient mille profits.
Ce n'était plus que de l'ancienne histoire,
Les fils, hélas ! étaient rompus ;
Les bancs neufs se taisaient, les murs ne parlaient plus.
Il nous fallut refaire notre gloire.
Chacun s'y prêta de son mieux,
Et les jeunes soldats ont égalé les vieux.

Honneur à vous, nos vénérés modèles,
Qui saviez si bien dans nos cœurs,
Par un éloge ou quelques traits moqueurs,
Ressusciter nos ardeurs infidèles !
Honneur à toi, digne Leblond (1),

(1) Professeur du collège au commencement de ce siècle.

Toi qui trente ans et plus, ponctuel baromètre,
    Enseignas la particule on,
Et m'appris à scander mon premier hexamètre !
Honneur à toi surtout, doux et sage Layé ! (1)
Quand la nouvelle école, avide de finance,
    Taxa l'esprit et vendit la science,
      En vrai traitant, tant tenu, tant payé ;
      Sur les bancs de la rhétorique
Voyant ma place vide et son camp déserté,
      C'est ta paternelle bonté
    Qui courut dans l'humble boutique
Chercher le défaillant pleurant sa pauvreté,
Et qui compta pour lui le tribut redouté !

Il faut encor qu'un nom de ma lèvre ici tombe !
    Oublierions-nous ce dernier des Romains,
    Chauveau (2), que naguères nos mains
Avec tant de douleur ont couché dans la tombe ?
C'en est fait, son esprit vaste et judicieux
    (Qu'il soit béni !) dans le sein de Dieu même
      Est allé mesurer les cieux
      Et résoudre le grand problème !

Bon Dieu ! plus ignorant que les plus ignorans,
    Par quel rayon d'intelligence
Ai-je donc mérité qu'un excès d'indulgence
    M'enrolât dans ces doctes rangs ?
On vit un pauvre enfant affamé de s'instruire,
    Aux enseignes des magasins
    Ayant sans frais appris à lire,
Et l'on encouragea ses honnêtes desseins.
A mon avidité tout servait de pâture,

(1-2) Professeurs du collége au commencement de ce siècle.

J'allais sur tous les murs hasardant mes essais;
    Vous ririez si je vous disais
    Mes premiers maîtres d'écriture.
    Dans ces temps de rude nature,
    Les Républicains tout-puissans,
    Au front de chaque architecture,
    Traçaient en brillante peinture
    Leurs symboles retentissans.
J'en voulais faire autant. Empressé patriote,
    Comme eux me barbouillant les doigts,
Avec de gros charbons échappés de la hotte,
    Du citoyen je proclamais les droits
    En majuscule bien visible;
Et chacun le matin secouant le sommeil,
A sa porte surpris trouvait à son réveil
    La République indivisible.

    C'était là mon plus beau savoir.
    Quand de l'école désolée
    La muse longtemps exilée,
    Nous revint avec le devoir,
    Ce fut tout fier de ces prémices,
    Qu'en souriant, dans ses nouveaux comices
    Elle daigna me recevoir.

Les temps sont bien changés : alors sa main austère
    Nous traitait un peu rudement;
On n'avait pas encor fait un riant parterre
    Des broussailles du rudiment.
Vous, mes jeunes amis, dans vos serres bien closes,
    A la lueur de vos tisons flambans,
Vous faites, mollement étendus sur vos bancs,
    De la science à l'eau de roses.
    En vrais sultans au milieu de leurs cours

A chaque instant on vous promène
De fleurs en fleurs, de cours en cours ;
De vos régents, sans fatigue et sans gêne,
Votre oreille flattée écoute les discours ;
Ils ont gardé pour eux la peine.

On vous apprend tout en quelques leçons,
Vous avez aujourd'hui tant d'abrégés commodes ;
Sur les wagons des nouvelles méthodes,
D'un trait vous arrivez à tous les horizons.
On y mettait pour nous moins de façons ;
Nos croûtes bien souvent étaient sèches et dures,
A nous les mâchonner on ne s'amusait pas ;
Les grappes sous nos dents n'étaient pas toujours mûres,
Mais l'appétit faisait la sauce du repas.

De toutes les vieilles routines
Il nous fallait, à travers les épines,
Escalader les sentiers rocailleux ;
On en apprenait moins, peut-être on savait mieux.
On ne nous épargnait ni sueurs ni fatigue ;
Les petits soins qu'on vous prodigue
Étaient pour nous fruits défendus ;
On nous traitait en vrais enfans perdus.
Nous n'en étions pas moins alertes.
A tous les caprices de l'air
Nos classes étaient entr'ouvertes ;
Nous y brûlions l'été, nous y gelions l'hiver.
Point d'autre feu que celui de Virgile,
Et par les mille trous d'une porte débile,
En sifflant, les vents inhumains
Faisaient souvent voltiger dans nos mains
Les feuilles de la Sibylle ;
Mais nous n'y pensions pas ; en riant de bon cœur

Chacun soufflait dans ses mains gourdes,
On secouait gaîment les charges un peu lourdes,
Puis on piochait à qui serait vainqueur.

Au son modeste de la cloche
Le travail et le jeu nous trouvaient toujours prêts;
Nous écrivions sans table et sans apprêts;
Sans tambours et sans double croche
Nous courions; étions-nous heureux à peu de frais!
Une corde, une balle, une espiègle malice!...
Vous êtes à quinze ans déjà des hommes faits;
Nous n'étions pas nous autres si parfaits!

Savourions-nous avec délice
Le bon sirop bien cuit à point,
Que la Garga, cette habile faiseuse,
Sur un carton taillé, chaque jour bien soigneuse,
Nous vendait pour un liard, mais quant au crédit, point
C'étaient là nos jours de bombance!

O jeunesse! jeunesse! admirable trésor!
Du cœur trop plein tu débordes immense!
Qui me rendra, bel âge d'or,
Tes courts chagrins et ta longue espérance?
De ton soleil le prisme radieux
Colore tout de sa chaude lumière.
Un geste, un mot, une feuille de lierre,
Qu'un certain jour on reçoit glorieux,
Pour la placer sur le front d'une mère,
Nous font marcher nobles rivaux des dieux!

Mais ces beaux jours d'heureuse insouciance
Se sont hélas! vite écoulés!
Je déposai trop tôt la robe de l'enfance;

Avec la vie et ses longs démêlés
 Il fallut faire connaissance.
 Bourré de grec et de latin,
 Des bancs de joyeuse misère,
 Sur les bancs d'une autre galère
 Je passai donc un beau matin ;
 Et d'élève devenu maître,
 Avec ma barbe encor à naître,
J'avais à contenir tout un peuple lutin.
 De la turbulente brigade
Oh ! si vous aviez vu le timide gardien
Jour et nuit aboyant après chaque incartade :
 Un berger plaint son pauvre chien.
 Que de jours passés en védette !
Que d'ennuis dévorés ! que de combats rendus !
 Que de flots d'encre répandus
 Pour conquérir mon épaulette !
 C'est en servant dans tous les rangs
 Et sur tous les champs de bataille,
 Que j'ai gagné les vétérans.

 Mais sous le feu de la mitraille,
 Pour peu qu'on ait cœur au métier,
 Un bon soldat trouve au quartier
 D'heureux momens vaille que vaille.
 Sous les cloîtres tumultueux,
 Je vois encore à bonds impétueux
 L'essaim joyeux qui court et se chamaille :
 Ici l'on fait des prisonniers,
 Là les ballons s'élancent et bondissent,
Plus loin le sabot roule et les fouets retentissent ;
On préfère en ce coin des plaisirs casaniers.
 Malgré mes cheveux qui blanchissent

Enfant redevenu comme eux,
Je partageais leur bonheur et leurs jeux.

Que vous dirai-je encore? Et la gloire! la gloire!
Et les champs clos et les combats!
Et les transports de la victoire!
Et les vieux souvenirs de plus lointains débats!

Connaissez-vous plus douces jouissances
Que de voir au milieu des grecs et des latins,
Grandir tous ces nobles instincts
Et poindre le matin de ces intelligences?
Moi, j'aimais l'élan de ces cœurs;
Cette sève à grands flots, ces pousses vigoureuses,
De l'injuste et du faux ces haines généreuses,
Vers le grand et le beau ces rapides ardeurs.
J'aimais jusqu'aux écarts de ces âmes brûlantes,
Oubliant trop souvent les bornes du permis;
J'apaisais doucement ces fougues pétulantes;
Point de reproche amer ou de fronts ennemis;
Ne fut-il pas pour nous d'autres mains indulgentes?
Un sage et bon conseil les a toujours soumis.
L'enfant sait si bien reconnaître
Qui le frappe en bourreau, qui l'avertit en maître!
Mes élèves plus tard devinrent mes amis!

Près d'eux encor voilà que je m'oublie!
Lorsque j'entends là-haut mes chers collégiens,
Je suis toujours tenté, comme ces vieux Troyens,
De crier plein de joie : Italie! Italie!

ONZIÈME STATION.

LA BUTTE DE LA COURTILLE.

I. Ancienne abbaye de Saint-Père. — Son église.

II. Légende.

III. Incendie de la Cathédrale.

I

Mes amis, quand je vois ce vaste bâtiment (1),
Dont les fenêtres éclairées
Nous appellent en ce moment,
Où jadis, sous des lois sacrées,
Autour de ce clocher rassemblant son troupeau,
Saint Benoît planta son drapeau,
Je songe malgré moi, devant ce vieux musée,
A ses destins présens, à sa gloire passée.
Eh bien! dussiez-vous me gronder,
Je vous dirai franchement ma pensée;
Je tâcherai plus tard de m'amender.

(1) Caserne Saint-Pierre, autrefois abbaye de Bénédictins.

A Chartres, soit dit sans reproche,
Au temps où l'on jeûnait le Carême et l'Avent,
De tous côtés, de proche en proche,
S'élevait une église ou priait un couvent;
Et nuit et jour l'aile du vent
Portait au loin les accens de la cloche.

Sans compter nos Bénédictins,
Sous trente robes inconnues,
Capucins, Cordeliers, Minimes, Jacobins,
Chaussés ou déchaussés, fourmillaient dans nos rues.
Notre bon Chartre en ces jours-là,
Digne héritier des Druides ses maîtres,
Était vraiment la ville aux Prêtres;
Nos grands réformateurs ont mis ordre à cela!
Ne blâmons pas trop haut ces vieux temps! de leur zèle
Nous avons du moins profité.
Ces monumens à durée éternelle
Nous ont plus ou moins rapporté.
Les uns d'abord, vastes carrières,
Nous ont fourni d'immenses blocs de pierres,
Du bois, du plomb et de l'argent comptant;
Ce fut toujours gagné d'autant.
Contre le pic et le salpêtre
Les autres, protégés par leur utilité,
Font encore aujourd'hui l'orgueil de la cité.
Je veux que nous sachions du moins le reconnaître.

Nous sommes bien heureux qu'on ait bâti pour nous.
Certes, nous avons mis souvent la main à l'œuvre,
Mais de nos modernes chefs-d'œuvre
Nos aïeux, dites-moi, seraient-ils bien jaloux?
Et les leurs sont encor nos monumens d'élite :
Au parloir de la Carmélite

La Justice a ses tribunaux ;
C'est à qui logera chez les Visitandines ;
Le Maire et ses municipaux
Sont fiers de remplacer nos vieilles Ursulines ;
Et sans aller chercher si loin,
Seul ici, saint Benoît peut en être témoin.

Quand il faisait bâtir ce pieux monastère,
Aurait-il jamais cru que sa milice austère,
Avec la pierre et le ciment,
Pour les milices de la terre
Élevait ce saint monument ?
Le siècle l'a voulu ! sous leurs toits pacifiques
Ce ne sont plus les célestes cantiques,
Mais c'est encore un noble dévouement.

Sous la plus rude discipline
C'est là que nos jeunes soldats,
Avec aussi maigre cuisine,
Apprennent pour cinq sous à braver le trépas.
Dans ce vaste champ de manœuvre
La loi commande à tous et chacun a son œuvre.
De leurs coursiers impétueux
Ceux-ci domptant l'humeur sauvage,
Décrivent en tous sens mille plis sinueux,
Puis s'en vont de là tout poudreux
Traverser le fleuve à la nage.
Ceux-là n'en sont encor qu'à leur apprentissage,
Voyez-les aujourd'hui, novices maladroits,
Frais débarqués de leurs endroits,
Bégayer du mousquet le redoutable usage.
Que la gloire demain leur adresse deux mots :
Malgré l'yatagan du Kabyle et du Maure,

Malgré le Moscovite et son ciel qui dévore,
   Demain ils seront des héros !

   La belliqueuse gymnastique
   Attire là souvent mainte pratique.
Debout sur le talus, plein d'un doux souvenir,
   Le vieux grognard relevant sa moustache
   Pense à l'Egypte et se sent rajeunir.
   La blanchisseuse avec un gros soupir
   Dans tous les rangs cherche bien et se cache.
   Mais là surtout le gamin des Bas-Bourgs,
   Héros en herbe, envoyé par son père,
   Pour ramasser de quoi fumer sa terre,
   Vient alléché par le bruit des tambours.
   Contre une borne, en amateur fidèle,
   Il a laissé sa brouette et sa pelle,
   De tous ses yeux contemplant ces assauts ;
Et puis dans son transport jetant loin ses sabots,
   Nouveau Cabart, voilà mon jeune drôle,
      Attentif aux commandemens,
Qui, la jambe en avant, le balai sur l'épaule,
Marche au pas, droite, gauche, et suit les mouvemens.
   Trois fois heureux, surtout quand il enrôle
Des braves échappés comme lui de leur geôle,
      Pour en former ses régimens !

   Non loin de là, l'apostolique Pierre,
      Du haut de son antique tour,
      Voit tout cela d'un œil d'amour,
      Et les couvre de sa bannière.

Si ce bon Saint voulait faire le glorieux,
C'est lui qui le pourrait dans son beau sanctuaire ;
Mais il vit chez le pauvre, il est simple comme eux.

Oh! oui, sachez-le bien, ô mortels oublieux,
Qui passez près de lui dans votre indifférence,
Sans que votre œil regarde ou que votre âme pense,
  Avec ses rudes contreforts,
Son vieux temple, malgré sa modeste apparence,
Pour l'ami vrai des arts recèle des trésors.
C'est le doyen de tous : la grande basilique
Avec sa mitre d'or et ses cent dignités,
Comme à son ancien lui cède sans réplique ;
Et tout humble qu'il est, près de tant de beautés,
Ses splendides émaux, sa voûte magnifique
  Ne craignent pas d'être cités.

Je faisais l'autre jour ma tournée ordinaire,
  Quand un honnête octogénaire,
  Me suivant à pas inégaux,
  Me racontait à ce propos
Un récit, que jadis lui faisait son grand-père.

II

« Par le feu, disait-il, comme aux jours des Normands,
» L'église avait péri; les fils du monastère
» Pleuraient, découragés, sur ses débris fumans.
» Qui pourra réparer cette grande misère ?
» Un moine l'entreprit, génie audacieux
  » Se nourrissant de sa pensée
  » Dans ces cloîtres mystérieux.
» Plus de bois dangereux; c'est la pierre élancée
» Qui soutiendra sans peur son œuvre sous les cieux.
» Il veut que dans le chœur, par deux rangs de fenêtres
» Et les mille reflets d'étincelans vitraux,
» Des torrens lumineux baignent le front des Prêtres.

» Fier il touche à la fin de ses hardis travaux ;
» On enlève demain l'immense échafaudage.
» Soudain son cœur se trouble, il doute, il perd courage,
» Il a trop présumé du gigantesque ouvrage ;
» Dans son rêve il l'entend qui s'écroule à grand bruit ;
» Ah ! mille fois plutôt périsse sa mémoire !
  » Enveloppé des ombres de la nuit,
» Pour ne pas voir sa honte il s'échappe et s'enfuit.

 » Le lendemain fut témoin de sa gloire ;
  » Pour applaudir à sa victoire
» On le cherche partout, dans ses lieux favoris,
  » Auprès de ses chers manuscrits,
  » Où l'amour de la solitude
  » Tout à l'ivresse de l'étude,
» L'avait en méditant si souvent égaré.
» Qu'il vienne, et son triomphe est enfin assuré !

» Mais il n'était plus là ! sa raison épuisée
  » Par le pénible enfantement,
 » Pâle flambeau, s'est hélas ! éclipsée !
  » Plein du long retentissement,
» Sans halte, sans repos, sans détourner la tête,
» Il marchait devant lui ; brisé par la tempête,
» Quelque lointain couvent le recueillait enfin,
» Et son mal un moment semblait y prendre fin.
  » Puis quand un voyageur de France
  » Venait visiter ces déserts,
» Vite il courait à lui brûlant d'impatience :
» A Chartres parlait-on de quelque grand revers ?...
» Des fils de saint Benoît la voûte trop hardie ?... »
» Puis sans rien écouter, devant le spectre noir
» Il reprenait sa course et tout son désespoir.

» La fatale pensée usa bientôt sa vie.
» Il expira sans revoir sa patrie,
» Ni l'œuvre de ses nuits, ni ses vieux compagnons !
» C'était là son épreuve ! ô mes amis, plaignons
» Ces pauvres hommes de génie ! »

III

Et nous aussi, comme eux, par un affreux malheur
Dieu voulut éprouver nos âmes ;
Nous avons, nous aussi, tremblé devant les flammes !
Qui jamais oubliera ce soir plein de souleur,
Où les longs tintemens de la cloche effrayante
Pour l'église d'en-haut nous glaçaient d'épouvante ?

Juin commençait à peine (1); ici simple amateur,
Dans la solitaire avenue,
Je goûtais la fraîcheur venue,
Et du soleil couchant j'admirais la splendeur.

Mais voici bien d'autres spectacles !
Tout à coup le feu dévorant,
Échappé des fourneaux d'un couvreur ignorant,
Éclate, et menaçant nos plus saints tabernacles,
Lance au ciel ses jets triomphans.
Atteinte au fond de ses entrailles,
Par tous ses cris, du haut de ses murailles,
La vieille basilique appelait ses enfans.
Devant cette immense détresse
Tous les travaux sont suspendus ;
Et tous, chrétiens ou non, accourent confondus ;
Une même pensée et les pousse et les presse.

(1) 1836.

On gravit les hauts escaliers ;
Les uns ont pris la hache et d'autres les échelles ;
Ceux-là hissent à bras et pompes et paniers.
  Sous cette grêle d'étincelles ·
  Pas un courage n'a frémi !
Au-dessus de l'abîme, à travers la fumée,
  Sur cette charpente entamée,
  Ils marchent droit à l'ennemi.
  Soudain l'eau siffle et tourbillonne ;
La scie en frissonnant tranche les madriers ;
  Rien ne résiste aux tout-puissans leviers ;
Sous mille coups pressés la voûte au loin résonne.

  Mais parmi ces flots d'ouvriers,
  Voyez-vous cet homme héroïque (1)
  Qui trouve en son cœur protestant
  Pour le vieux temple catholique
  Un si généreux dévouement ?
  Partout où le péril commence,
  C'est lui qui sera le premier ;
Et bien longtemps après tout rayon d'espérance,
  C'est encor lui qui sera le dernier !
  Saint Ilion, au milieu de ta cendre,
Si quelque bras mortel eût pu te protéger,
Certes, tant de courage aurait dû te défendre !

  Ignorant quel pressant danger
  Couve et grandit au-dessus de leurs têtes,
Les Prêtres cependant ouvrant de saintes fêtes (2),
Venaient de commencer les cantiques du soir,
Quand retentit l'appel de ce grand désespoir.

(1) M. Gabriel Delessert, préfet d'Eure-et-Loir.
(2) La Fête-Dieu.

Soudain sur chaque lèvre expire la prière.
  Tout tremble ; on n'ose pas prévoir
Jusqu'où doit éclater la divine colère.

    Déjà, mon Dieu! de toutes parts,
    Sur cette foule inanimée
    La voûte au loin par ses œillards
    Versait une pluie enflammée.
« Sauvons vite, il est temps, nos précieux trésors! »
Et puis comme un seul homme unissant leurs efforts,
    Chanoine, vicaire, lévite,
  Humbles servants de la Vierge bénite,
Tous se sont partagé les postes différens ;
    Le zèle confond tous les rangs ;
    Un seul désir les précipite.
    Les voilà donc dépouillant les autels ;
    Les vases d'or, les pieux reliquaires,
L'image sainte usée aux baisers de nos mères,
    Les chapes des jours solennels,
Sont leur proie; on eût dit un larcin sacrilége,
Ou le dernier soupir d'un fort que l'on assiége.

    Mais comment serions-nous surpris
    Qu'un prêtre à la flamme jalouse
Arrache ces dépôts pour lui d'un si haut prix ;
    C'est le serviteur de l'épouse!
  Mais quand on vit des soldats empressés (1)
Emporter dans leus bras accoutumés aux armes
    Ce monument des temps passés,
  La Vierge Noire, objet de leurs alarmes ;

  (1) Des militaires transportèrent la statue de la Vierge Noire au séminaire.

Tous les cœurs se sentaient émus jusques aux larmes.
Les pavés frémissaient sous le bruit de leurs pas.

Entre les noirs piliers la nuit ne tarda pas.
Dans ces momens cruels, sous nos arcades sombres
        Si Rembrandt s'était égaré,
Ami des grands émois, comme il eût admiré
Ces merveilleux effets de lumières et d'ombres!
      Là-haut d'effrayantes splendeurs,
   Par les vitraux, par le trou des cordages,
     Dans la nef et ses profondeurs
Épanchent à torrent leurs terribles mirages ;
     Mais plus les feux vont grandissans,
     Plus les rayons se multiplient,
Suivent tous les détours, se brisent, se replient,
     Et se croisent dans tous les sens.

     Pendant ces luttes des ténèbres,
   De tous côtés, sous leurs voiles funèbres,
Cent fantômes semblaient se dresser menaçans.

     Dans nos saintes cérémonies,
Quand nous fêtons des morts le lugubre sommeil,
Ou du Christ expirant les douleurs infinies,
Déploya-t-on jamais plus lugubre appareil?

Chacun, à cet aspect, du jugement suprême
      Croit entendre, la face blême,
      Sonner le dernier tintement :
      Sur les dalles retentissantes
      Voici les étoiles mourantes
      Qui s'échappent du firmament;
       C'en est fait, sous ces coups de foudre
      Vaincue enfin, réduite en poudre,

On va voir tout à coup la voûte s'entrouvrir;
Et par de là les cieux le redoutable Maître,
Pour juger l'univers qui n'a plus qu'à périr,
La balance à la main, sur son trône apparaître!

Mais dans la galerie entendez-vous ces cris?
« Il le faut, mes amis, hâtez-vous de descendre! (1)
» Père je le conseille et chef je le prescris;
» Ou le glaive tiré dois-je vous le défendre?
» Vous le voyez, ici plus rien à protéger! »

   A chaque instant croissait l'affreux danger.
   Au nord, au sud, au couchant, à l'aurore,
   Partout la flamme et bondit et dévore;
   Tout est perdu! cette belle forêt
     Que dix siècles ont respectée,
Par l'admiration tant de fois visitée,
Dans de noirs tourbillons s'écroule et disparait.

   De l'immense fournaise ardente
   Le plomb bouillonne et coule à flots,
   Et stalactite étincelante,
   Se pend à tous les chapiteaux.
  L'ange lui-même, active sentinelle,
Si chère à la cité qu'il couvre de son aile,
Surpris par ce malheur qu'il prévoyait si peu,
   Dans le cratère tout en feu
Tombe désespéré, de l'avoir mal gardée.

Le vent secoue au loin ses brandons menaçans,
  La ville basse en est tout inondée,
Et le fleuve étonné dans ses flots frémissans

  (1) Ordre de M. Delessert.

Reçoit du noir volcan la lave débordée.
Le feu dans vingt maisons éclatait à la fois ;
Si vous abandonnez le lieu de la prière,
Mon Dieu, sauvez du moins, sauvez nos humbles toits !
Chacun guette à sa porte ; et sur la ville entière
     Dans cette nuit, muette de terreur,
Planent de tous côtés l'épouvante et l'horreur !

Et vous, bons habitans des plus lointains villages,
     Avec vos pasteurs accourus,
   Que faisiez-vous, en voyant ces ravages
Par tant de bras unis vainement secourus ?
Devant moi sont encor tous ces pâles visages,
     Dont le regard silencieux
Interroge les vents qui courent dans les cieux.
La mère, dont la mort frappe le fils unique,
     Ne souffre pas auprès de son cercueil,
Autant que la cité, qui voit sa basilique
Dans sa chute emporter sa joie et son orgueil !

« Oh, non ! ne craignez pas ! » nous disait un vieux prêtre [1],
     A nous, pauvres désespérés,
Qui venions près de lui chercher tout éplorés
Un peu de cette foi qu'il avait en son maître.
« Mes enfans, croyez-moi, j'ai vécu bien longtemps,
  » Et sur mon front pendant près de cent ans
     » J'ai vu passer bien des orages !
 » Eh bien ! rassurez-vous ! après un court sommeil,
 » Toujours Dieu fait briller à travers les nuages
     » Un doux rayon de son soleil !
 » Enfans abandonnés, n'est-il plus notre père ?

---

[1] M. Jumentier, qui luttait alors contre la maladie et la vieillesse.

» S'il était vrai que son vieux sanctuaire
» Fût sans appel aujourd'hui condamné,
» Que ce siége impuissant où je suis enchaîné
» Près de nos saints débris soit ici mon calvaire !
  » Gardez-vous de me secourir !
» J'ai vécu dans son temple et je veux y mourir !

» Mais non, j'espère mieux de sa bonté suprême.
» Il n'a pas contre lui prononcé l'anathême,
  » Je le sens au fond de mon cœur.
  » Ses gigantesques pyramides,
» Son chœur, ses beaux vitraux, et ses voûtes solides
  » Résisteront au feu rongeur.
» La France tout entière avec ses découvertes,
» Comme aux jours des Fulbert, réparera ses pertes ;
» Dieu veut que chaque siècle ajoute à sa grandeur ! »

Le fléau cependant lassait tous les courages,
Et bravant des clochers l'orgueilleuse hauteur,
S'élançait à grand bruit d'étages en étages.
  C'était une admirable horreur !
S'il eût été permis d'un œil d'indifférence,
  En simple artiste ami du beau,
  De voir cette longue souffrance,
  Enveloppé de son manteau ;
  C'est ici sur la promenade
Que je serais venu, de la haute esplanade
  Contempler l'effrayant tableau.

  Je connais tout votre génie,
O peintres, mes amis ; mais je vous en défie,
Tout habile qu'il est, jamais votre pinceau
  Me rendra-t-il cette tempête,
Roulant, tonnant, grondant à cent pieds sur ma tête,

Ces charbons enflammés, ces sinistres lueurs,
Ces jets étincelans à travers la nuit sombre ;
Au-dessus ce nuage aux lugubres couleurs,
    De l'immensité de son ombre
Pressant la pauvre église et toutes ses douleurs ;
     Puis cette trombe bondissante,
    Touchant le ciel et rasant les sillons,
Qui va, toujours poussée et toujours renaissante,
Jusqu'aux plaines d'Ablis rouler ses tourbillons ?

Le vieux clocher surtout eut un moment sublime :
    Impatient de ses progrès trop lents,
L'élément redouté, que sa masse comprime,
Gagnait de proche en proche et lui rongeait les flancs.
L'escalier, sa charpente et sa belle sculpture
     Poussaient de sourds gémissemens,
Quand enfin, succombant à sa longue torture,
L'immense échafaudage aux mille embranchemens
Et se brise et s'affaisse avec un bruit horrible.
Tout Chartres tressaillit et l'instant fut terrible.

Une clarté soudaine illumine les cieux ;
S'il s'ouvre une fenêtre ou s'allonge une ogive,
    La flamme trop longtemps captive
Partout s'y précipite en torrens furieux.
Comme un dé que l'aiguille a criblé de blessures,
Le clocher faisait feu par ses mille ouvertures.
    Au-dedans, immense fourneau,
C'est la noire vapeur qui rugit prisonnière ;
C'est la flamme, au dehors, de son rouge manteau
Qui court enveloppant la pyramide entière.
Le bronze était liquide et la pierre brûlait ;
Et secouant sa tête au milieu du nuage,
Le colosse épuisé sous l'effort de l'orage,

Comme un homme ivre chancelait.
Vaincra-t-il, ô mon Dieu ! la fièvre qui le tue?
Et la foule bien loin s'enfuyait éperdue !

L'autre clocher lui-même eut aussi ses émois.
    Laissons ses poutres enflammées
  A chaque instant s'écrouler sur nos toits,
    Et ces trois sœurs aux saintes voix
Dans le creuset grondant s'éteindre consumées ;
Nos âmes à ces maux s'étaient accoutumées.
    Je veux citer d'autres frayeurs.

La nuit venue enfin contemplait ces ruines,
Et neuf heures sonnaient aux horloges voisines.
    Tout à coup, quand nos travailleurs,
      Infatigable fourmilière,
    Couverts de feux et de poussière,
S'agitaient, se pressaient, couraient tout haletans,
      Ici formant de longues chaînes,
    Puisant sans fin l'eau des fontaines,
Et la versant à flots sur les brasiers ardens ;
    Plus loin, la face ruisselante,
    Sur leur épaule vigilante
Sauvant l'humble trésor des pâles habitants,
    Calme au plus fort de la tourmente,
La cloche du beffroi, de sa voix grave et lente,
Vient aussi proclamer la mesure du temps !

    A cette voix inattendue
  Tout s'arrêta : La foule suspendue
  Lui répondit par un cri vers les cieux.
« Pour la dernière fois nous venons de l'entendre !
    « Ses trois compagnes sont en cendre,
    « Elle aussi nous fait ses adieux ! »

Mais on espère encor contre toute espérance ;
Bien lente une heure passe, on écoute en silence...
« C'est elle ! c'est sa voix ! tout n'est pas consommé ! »

Ainsi d'heure en heure, craintive,
Au retour inquiet de ce son bien-aimé
La ville entière prête une oreille attentive.

Chacun de tout son cœur plaignait le fier géant ;
Les ongles du vautour lui brisaient la poitrine ;
Et lui toujours debout sur sa haute colline,
  Tranquille aux portes du néant,
Au milieu des assauts que la douleur lui livre,
Il comptait les momens qui lui restaient à vivre !
Il sentait jusqu'au cœur arriver le trépas !
Mais Dieu sauva celui que protégeait sa Mère,
  Et son heure dernière
    Ne sonna pas !

Et moi, quand au sommet de la roche sacrée
  Mon œil contemple avec ravissement
    La grande Église restaurée,
    Le redoutable événement
    Revient toujours à ma mémoire ;
J'admire et son désastre et sa nouvelle gloire !

  Ici du moins on n'a pas confondu
  Comme à plaisir le grec et le gothique ;
  Et l'art moderne autant qu'il était dû,
Tolérant et commode, a pris la forme antique.
Chaque fois en passsant j'ai toujours applaudi.
A nos cœurs en tous temps notre Dame fut chère,
Mais avec ses dangers notre amour a grandi.
Heureux le fils tremblant à qui l'on rend sa mère !

Et vous tous qui criez si fort aux Philistins,
Devant la Basilique et si jeune et si belle,
Allons, modérez-vous, messieurs les Puritains;
Tout n'est donc pas perdu dans ce siècle rebelle!

DOUZIÈME STATION.

LE PONT DE LA COURTILLE.

I. Pont. — Bains publics. — Mort d'un malheureux enfant.

II. Plaisirs de la peinture, jolis dessins a faire : la rivière, la cascade, les trois églises.

III. Souvenirs du carnaval.

IV. Machine hydraulique. — Fontaine. — Lavoir.

Mais avec son beau pont la Courtille à mes yeux
S'offre déjà ; j'entends sa cascade écumante,
Qui bondit et retombe en nappe étincelante.

I

Jadis un pont de bois (1) perché sur quelques pieux
Unit longtemps les deux rivages ;
Vingt fois grossi par les orages

(1) En 1768 on construisit en pierre le pont de la Courtille à la place d'un pont de bois qui avait été fait en 1513.

Le fleuve dans ses flots l'emporta furieux,
Et dans la ville-basse étendit ses ravages.
Mais au siècle dernier nos pères firent mieux.
Un modeste ouvrier sans titres orgueilleux,
  Qui se contentait d'être habile,
Hardouin, aux libres eaux donnant un cours facile,
   Creusa ces fossés spacieux,
  Tailla la pierre, et d'un pont gracieux
Sans bruit et sans trompette il a doté sa ville.

   Mais d'où partent ces cris joyeux ?
    De jeunes têtes étourdies,
Dont le brûlant juillet allume les désirs,
  Dans le cristal de ces eaux attiédies
Des bains en plein courant se donnent les plaisirs.
C'est à qui sera roi dans ces joûtes hardies :
Du rivage élevé l'un plonge au fond des eaux ;
  L'autre glissant sur la face limpide,
Bien loin derrière lui laisse tous ses rivaux.
Mes amis, qu'à vos jeux la sagesse préside !
Prenez garde, ce flot, si calme et si timide,
Souvent cache la mort qui guette et vous attend !
   Si c'est le danger qui plaît tant
    A votre audace téméraire,
Enfans, pensez du moins, pensez à votre mère !

Ces lieux et vos ébats me rappellent toujours
   Le deuil affreux d'un pauvre père.
   Unique espoir de ses vieux jours,
   Un fils consolait son veuvage ;
Mais que peut-il apprendre au fond de son village ?
   Cédant à la nécessité,
   Il échangea son ermitage
   Pour les travaux de la cité.

Bien des vœux inquiets suivirent son voyage.
Se souvient-on toujours des bons avis du sage ?
      Séduit par un beau soir d'été,
L'imprudent partageait votre joyeux délire,
Plein de jours comme vous, comme vous indiscret ;
Et dans ces mêmes eaux où votre orgueil s'admire,
Le voilà tout à coup qui tombe et disparaît
      Au milieu d'un éclat de rire !
Rien ne put le sauver : balotté par les flots,
Son corps, trois jours entiers, resta sous les roseaux.
Son vieux père accourut à la triste nouvelle ;
Oh! c'était grand'pitié de le voir éperdu,
Redemandant partout à la rive infidèle
      Le trésor qu'il avait perdu !

Mourir, lorsque le mal, déchirant nos entrailles,
Nous jette sans espoir sur un lit de douleur ;
Mourir à son printemps, au milieu des batailles,
      Pour la patrie et pour l'honneur;
Mourir, quand les volcans, la foudre, les tempêtes,
Mugissent sous nos pieds ou tonnent sur nos têtes ;
Homme, c'est ta nature, obéis à ses lois !
      Mais dans ces heures fortunées,
Ces fêtes des beaux jours que Dieu nous a données,
Mourir par une faute, ah! c'est mourir deux fois!

II

    Mais à vos cœurs où tant de sang bouillonne,
      Il faut de joyeux passe-temps,
    Des jeux hardis et des cris haletans;
Écoutez les conseils que l'amitié vous donne.
Croyez-moi, laissez là ces vains amusemens;
Mettez mieux à profit vos rapides momens

Je veux offrir à vos courages
Un plaisir pur digne de vos amours ;
Il est de tous les lieux, il est de tous les âges ;
Votre lèvre altérée y reviendra toujours.

A l'école de la Peinture,
Avec votre riche nature,
Allez, demandez-lui ses inspirations.
Elle a le double don et de plaire et d'instruire ;
Empruntez-lui sa verve et ses crayons ;
Cherchez auprès de son sourire
Vos plus nobles distractions !
En attendant que la patrie
A votre prudence mûrie
Impose ses graves travaux,
Vous viendrez d'une main légère,
Sur cette plage solitaire,
Esquisser nos jolis tableaux.
Par cet heureux apprentissage,
Sachant promettre et sachant mieux tenir,
Dans les jeux mêmes du bel âge,
Vous apprendrez à déjà la servir.

Pour votre album ici que d'objets à choisir ?
Crayonnez à grands traits cette belle soirée,
Ce frais repos, ce ciel si pur,
Et ces torrens de lumière dorée,
Après un chaud soleil, dans la nuit égarée,
Pour adoucir de leur teinte pourprée
Les tons foncés du transparent azur.
Que votre vive et fidèle peinture,
Sous cette arcade de verdure,
Nous montre bien le fleuve paresseux,
Avec amour caressant son rivage ;

Étendez sur lui ce feuillage,
Et pour mieux l'abriter penchez ces bras mousseux.
A la lune donnez ce front calme et tranquille,
Pendant que sur les eaux son disque répété,
    Tremblant toujours et toujours agité,
Ne dort pas un moment sur sa couche mobile.

Qu'on remarque en un coin peu reculé des yeux,
    Ce toit bleu qui dans l'eau se mire,
    Et ce lavoir silencieux,
    Plus loin ce flot capricieux
    Qui heurte l'arche et qui soupire.

    Déjà du pont retentissant
    L'Eure a franchi la voûte resserrée,
    Et telle qu'un roi tout-puissant,
Dans la cité qu'elle aime elle a fait son entrée.
    La ville avec tous ses tanneurs,
    Ses meuniers et ses blanchisseurs,
    Au-devant d'elle est accourue,
    Et par de bruyantes clameurs
    A célébré sa bien-venue.
Ne nous peindrez-vous pas ce charmant point de vue ?
    Placez-vous bien : quand on veut réussir,
    L'important est de bien choisir.

    Dans ce croquis où votre main se joue,
    N'oubliez pas le moulin et sa roue,
Avec son blanc meunier et son pont gémissant ;
Qu'une vieille soit là, son linge blanchissant,
    Tout en noircissant sa voisine.
    Je regrette auprès du lançoir,
Sous un saule pleureur, une ancienne ruine
Qu'on a depuis changée en un joli manoir.

Puis par-dessus ces pignons et ces briques,
Que les trois églises gothiques
Encadrent le fond du tableau ;
Saint-Pierre tout auprès veille sur sa rivière,
Donnant de bons conseils à la jeune meunière ;
Saint-Aignan plus hardi, vers le haut du côteau,
Dans un terrain plus gras a conduit son troupeau.
Mais tout au haut la sublime Marie,
De la maternité symbole ingénieux,
De la virginité modèle gracieux,
Dans sa cathédrale chérie
Est vraiment la Reine des cieux.

Montrez-nous dans un moindre espace
Le fleuve avec rapidité,
Dans le fossé riant qui pare la cité,
Du trop plein de ses eaux rejetant la menace.
Exprimez bien ses gros bouillons,
Sa blanche écume et ses fiers tourbillons ;
Mais soudain son courroux s'apaise,
Et l'eau s'en va tout à son aise
Désaltérer ces peupliers,
Tandis que l'enfant sur la grève,
Pour se laver la jambe, a quitté ses souliers,
Près de son chien qui boit, et du pêcheur qui rêve.

III

Mais vos crayons, amis de la gaité,
Voudraient de temps en temps une scène burlesque
Et quelque grosse vérité ;
A souhait vous serez traité,
Ce lieu lui-même a son côté grotesque.

Venez aux jours du carnaval,
Quand, mourant au sortir du bal,
Avec sa nombreuse famille,
Mardi-gras vient en tombereau
Chercher un liquide tombeau
Dans le courant de la Courtille.

On a dû, mes amis, plus jeunes de vingt ans,
Vous conter bien des fois, au bruit de la cascade,
Une brillante cavalcade,
Dont Chartre émerveillé se souviendra longtemps.
Tout ce qui tient la plume ou mesure la soie,
Et le riche héritier et le hardi hussard,
Avaient mis en commun leur jeunesse et leur joie.
Ils n'ont donné rien au hasard.
Par maint toast et maintes volailles,
On avait choyé grassement
Le carnaval; on voulut dignement
Fêter aussi ses funérailles;
Et les chevaux du régiment
Exécutèrent lestement
Ce nouveau genre de batailles.

Des trompettes en deuil et des tambours voilés
Ouvraient la marche, et de tristes fanfares
Exhalaient en sons désolés
Et leurs bémols et leurs bécarres.
Puis après on voyait venir
A pied, à cheval, en voitures,
Sur deux rangs à n'en pas finir,
Cent bizarres caricatures:
Les dieux rajeunis des Païens;
Des sauvages, des faubouriens;

Des écoliers et des grisettes,
De la chaumière encor tout parfumés ;
Des débardeurs et des lorettes ;
Des turbans, des bérets, des chapeaux emplumés ;
Des poissardes et des princesses,
De vieux marquis et de jeunes duchesses,
Grotesquement amalgamés ;
Chacun disant sa patenôtre,
Pleurant d'un œil, riant de l'autre ;
Puis les sept péchés capitaux
Faisaient sonner tous leurs grelots ;
La gourmandise et son gros ventre
Logeaient sous le pourpoint d'un député du centre ;
La paresse, qui dort pour ménager son teint,
Avait pris le harnais d'un gras bénédictin.

Enfin quatre chevaux, la tête empanachée,
Traînaient un char pompeux et son noir pavillon,
Que le Temps, ce vieux postillon,
Guidait de sa main desséchée.

C'est là que sur d'épais coussins
Dans sa robe fourrée est assis un malade,
Entouré de ses médecins,
Qui lui donnaient une panade.
C'était ce pauvre Mardi-gras,
L'œil éteint, la mine échauffée,
Qui se mourait d'une dinde truffée
A la suite d'un grand repas.
Tout près un diablotin, dont la corne cachée
S'enveloppait d'un capuchon,
Sur un balai guette à califourchon
Le pauvret, et n'en veut faire qu'une bouchée.

On s'arrêtait à chaque carrefour.
C'était à qui suivrait la longue parodie.
    Nos places voyaient tour à tour
      Un acte de la tragédie.

    Ici, le nez parsemé de rubis,
      Des médecins la docte bande
  (La Faculté jadis était un peu gourmande),
    En perruque, en larges habits,
Dissertaient sur le mal et sa cause première,
Parlaient grec et latin et ne s'entendaient pas,
    Vieux docteurs du temps de Molière,
Les nôtres aujourd'hui ne sont plus dans ce cas.

Derrière lui cinquante apothicaires
(On leur donnait ce nom dans les siècles passés),
    Armés de longs soins empressés,
Essayaient de calmer ses cuisantes misères.
Sur le dos du voisin cherchant un point d'appui,
Chaque artilleur faisait fonctionner sa pièce,
    Et le liquide à son adresse
De proche en proche arrivait jusqu'à lui.

    Plus loin, au milieu de la Halle,
      Devant tant de loups ameutés,
  Le moribond sentant l'heure fatale,
Voulait auparavant dicter ses volontés.
    Contre Messieurs, contre Mesdames
    Il aiguisait force épigrammes,
  Thème fécond; entre chaque hoquet,
  Tous en passant recevaient leur bouquet.
On riait : savez-vous quel était son notaire ?
C'était un diable noir aux serres de vautours,
Sans rien rendre jamais, prenant, prenant toujours;

L'air contrit, chaque légataire
Pleurait... suivant sa part dans l'inventaire.

Mais c'en est fait : à ces bas lieux
Avec un gros soupir il a fait ses adieux.
　　Au même instant les complaintes redoublent ;
Que d'habits déchirés! que de masques meurtris!
　　　　Vénus a jeté les hauts cris,
Et les yeux de Bacchus de plus en plus se troublent.

　　　　Puis aussitôt vers le lançoir
　　　　Tout ce cortége qui fourmille
　　　　Reprend sa marche; à la Courtille
　　　　Il va noyer son désespoir.
　　Du haut du pont, l'éloge funéraire
　　　　Fut prononcé fort décemment
　　　　Par un vieux procureur gourmand,
　　　　Grand-maître dans l'art culinaire.
Il vantait le défunt et ses capacités,
　　Comptait ses soins à parsemer la vie
　　　　De fleurs, de vins et de pâtés,
　　　　Laissant le pain sec à l'envie;
　　　　Et pour finir avec bonheur
　　　　Par la plus riche métaphore,
　　Il le montrait, la bouche pleine encore,
　　　　Mourant en brave au champ d'honneur.

　　　　Et soudain mille voix bruyantes
　　Applaudissaient à ces phrases brillantes.
Puis dans l'eau, Mercredi, qui sort du bénitier
　　　　Le front tout barbouillé de cendre,
　　　　Comme un bon et digne héritier,
En se frottant les mains, le regardait descendre :

Et tous en chœur trois fois criaient : à l'an prochain !
C'était là la fin de la fin.

IV

Mais vous riez de ces enfantillages,
Messieurs les hommes sérieux ;
C'est par d'autres moyens qu'on obtient vos suffrages.
Vous aussi, visitez ces lieux :
On y trouve de quoi contenter les sept Sages.

Il est donc enfin résolu,
Après cent ans et plus, le désiré problème !
Jadis un grand prélat, Fleuri, l'avait voulu ;
Mais la main de la Parque blême
Arrêta tout à coup son élan généreux ;
Sans se décourager par tant d'expériences,
Fier de ses modernes sciences,
Notre siècle fut plus heureux.

Sur cette rive abandonnée,
Vis-à-vis l'élégant castel,
Dont un ami m'a fait le plus joli pastel,
Avec sa haute cheminée
Remarquez bien ce pavillon,
Lançant au ciel son épais tourbillon.

C'est là que sur son trône active souveraine,
La pompe aux longs siphons, de sa puissante haleine,
Saisit l'Eure docile, et par mille canaux,
Jusqu'aux extrémités de la cité lointaine,
Épanche comme Dieu le bienfait de ses eaux.
Pour tous également la source complaisante
Coule aujourd'hui gratis dans chaque carrefour,

Et du mieux qu'elle a pu, pour gagner notre amour,
Elle s'est faite belle, au filtre obéissante.
La coquette parfois a son heure et son jour;
Bonne fille au surplus, propre à tous les usages,
Elle est là toujours prête; et son modeste accueil,
  Sans flatterie et sans orgueil,
  Sourit aux plus humbles ménages,
  Sert le riche et ses parchemins,
 Et court en bondissant jusqu'aux derniers étages,
  Au-devant de toutes les mains.

Quand on exécuta cette vaste entreprise,
Beaux flâneurs, mes amis, dites quelle clameur
Exhalait tous les jours votre mauvaise humeur,
Alors que vous alliez de surprise en surprise,
Trouvant à chaque pas ces éternels fossés,
Achevés nulle part et partout commencés,
Pauvre ville aux abois qu'un long siége aurait prise!
Étiez-vous furieux, si l'ouvrier malin,
  En dépit de tous vos murmures,
Jetait comme au hasard ses pierres un peu dures
  Au travers de votre chemin!
  D'un pied s'allongeaient vos figures,
  Quand pour franchir tel haut talut
Vous preniez votre élan, plus pâles que des femmes,
  Recommandant à Dieu vos âmes,
  Sans autre planche de salut.

De quoi vous plaignez-vous? Si la lune est absente,
  Le soir contre les accidens,
Sur ces bords escarpés en abîmes pendans,
  Une lumière pâlissante
Brille de loin en loin comme des vers ardens;
Et quand on roule au fond tout sanglant et l'œil terne,

Au lumignon de la lanterne,
On voit du moins qu'on est dedans !

Mais qu'y faire ? chacun blâme et se croit habile.
On laissa librement s'épancher votre bile.
Bientôt avec le temps tombèrent ces propos ;
Et vous-mêmes aussi de nos municipaux
Vous avez à la fin reconnu la sagesse ;
Et sans trop chicaner sur notre juste espoir,
    Vous avez béni leur largesse
Et payé doublement les eaux... de l'abattoir !

    Mais nous surtout à leur prudence
Que ne devons-nous pas, honnêtes rimailleurs ?
Ils ont été pour nous une autre providence.
Condamnés à mourir de faim partout ailleurs,
Ici du moins par eux, au défaut de la gloire,
    Près de la borne où se vautre un marmot,
      En attendant la poule au pot,
    Nous aurons donc de l'eau pour boire !

    Aussi, Messieurs, voici mon dernier mot :
      Pour payer un juste salaire,
      Sans aller par quatre chemins,
Au coin de chaque rue où jaillit l'onde claire,
      Plaçons nous-mêmes de nos mains,
      Près du robinet salutaire,
Le buste rayonnant de nos trente échevins
      En fine pierre de Berchère !

    Ils l'ont depuis encor mieux mérité,
      Lorsque leur prévoyance amie
    A fait creuser ici tout à côté,
      Par une sage économie,

Le large et commode bassin,
  Où l'eau, qui s'échappe bouillante,
  De la chaudière pétillante,
Est avec bienveillance accueillie en son sein.

Dans ce lavoir nouveau la ménagère active
  Et de Morard et du faubourg,
Malgré l'âpre saison, à chaque instant du jour,
Chaudement à l'abri, sans frais, fait sa lessive.

Ingrats, songez-vous bien à son utilité ?
  Tout renaît par la propreté :
Les enfans mieux tenus ont leur jacquette blanche;
  Le mari, brillant de santé,
Dans son linge bien frais respire le dimanche;
La femme rajeunie a mieux que la beauté.

Que tous nos grands faiseurs, montés sur leurs échasses,
  Exaltent pour les humbles classes
Leur amour d'apparat, leurs vœux intéressés;
  Vous, Messieurs, ennemis des phrases,
Sans faire de nos lois autant de tables rases,
  Vous parlez moins, vous agissez !
Eh bien! cet acte heureux de haute intelligence,
  Béni cent fois par l'indigence,
A passé toutefois chez nous inaperçu.
Nos journaux à l'affût, qui pour mille sornettes
Avec tant de fracas agitent leurs sonnettes,
  Les maladroits! ne l'ont pas su!
Mais qu'importe après tout, si la mesure est bonne ?
La gloire, que poursuit la noble ambition,
  Descend d'une autre extraction;
Ce n'est pas un vain bruit, c'est le cœur qui la donne.

Moi, si j'osais vous dire ici mon sentiment,
Contre tout mal épidémique,
Ce modeste garant de la santé publique,
Cher au peuple en son dénûment,
Malgré son nom peu poétique,
Vaut à lui seul pour moi le plus beau monument!

Mais en si beau chemin croyez-vous qu'on s'arrête?
Ici je vois encore une autre utilité;
Pourquoi n'aurions-nous pas des bains à volonté?
Tant de gens ont besoin qu'on leur lave la tête?
Dans un angle perdu de ce vague terrain
Je voudrais un simple édifice,
Propre, tenu, décent, de commode service,
Où l'eau tiède, échappée au réservoir trop plein,
Viendrait s'offrir au pauvre à son heure propice.

Dans les temps rigoureux, après ses longs travaux,
L'ouvrier plongerait dans le bain salutaire
Ses membres qu'a souillés ou la forge ou la terre,
Et s'y procurerait un précieux repos.

Nous aussi, barbouilleurs à petite ressource,
Sans trop entamer notre bourse,
Nous en sortirions plus dispos.
La chose alors serait complète :
Sous la blancheur de notre lin,
Sains de corps et la face nette,
Nous n'aurions plus désir de faire emplette
De savonnettes à vilain !

TREIZIÈME STATION.

LE FAUBOURG LA GRAPPE.

I. Voiture d'Orléans. — Souvenir d'un ami.

II. Déroute de 1814.

III. Paix de Brétigny en 1360.

IV. Cimetière Saint-Cheron. — Gaz.

I

Rangez-vous, mes amis, voici l'heure fidèle ;
    Où haletant sous son harnais,
    Le messager orléanais
Par ce chemin montant va revoir sa Pucelle.
    J'entends retentir son grelot.
Quand nous luttions à qui ferait l'embarcadère,
    Il nous a fait longtemps la guerre,
Et sut à notre barbe emporter le gros lot.
S'est-il moqué de nous, quand au bout de la Grappe
    Il nous montrait ses rails de fer,
    Et nous disait : « Pauvres gens qu'on attrape,
    » Ce beau chemin qu'on vous a tant offert,

» Nous l'avons, nous ! pendant qu'il vous échappe !
» Mais soyez patiens ! Plus tard, s'il plaît à Dieu,
» Le Loiret bien servi, votre tour aura lieu.
» Pour ne pas vous bercer d'un rêve chimérique,
  » Déjà l'on plante des jalons ;
» On forge exprès pour vous le tube atmosphérique ;
  » On vous invente les ballons ! »

Et nous faisions semblant de ne pas le comprendre.
  Mais chacun a son lendemain :
Ainsi que bien des gens, Chartre a fait son chemin ;
On ne perd pas toujours, lorsque l'on sait attendre.
  Depuis, sur son trône muet,
Orléans ne fait plus claquer si haut son fouet.

Moi, c'est à pied que j'aime à suivre cette route ;
  Quand le meilleur de mes amis (1)
M'attend à Gellainville où mon couvert est mis.
  Livres et vers sont en déroute.
  Près de mon excellent curé,
  Quel plaisir de casser sa croûte,
  Et de goûter son vieux vin du Coudray !
Il est si bon et sa joie est si douce !
Jamais sa voix ne blesse et sa main ne repousse ;
Pas de jour, où battu par la pluie ou le vent,
  Avec le bâton du voyage,
  Quelque modeste desservant
Ne s'en vienne frapper à son humble ermitage !
Pendant les chauds étés, pendant les froids hivers,
Toujours sa porte à tous et son cœur sont ouverts.

(1) M. Champion, que ses amis ont eu le malheur de perdre en 1854.

Mais vous dirai-je son angoisse,
Quand un matin dans sa paroisse
Tombèrent tout à coup de rudes voyageurs,
De l'univers en feu terribles ravageurs ?

II

Devant l'Europe enfin coalisée,
L'aigle à son tour fuyait l'aile brisée ;
Son sang avait rougi la Vistule et le Rhin ;
Et la France, malgré ses barrières d'airain,
Et ses fleuves profonds, et ses fortes murailles,
N'est plus qu'un vaste champ où tonnent les batailles.
A ces terribles jeux si longtemps étrangers,
Nous aussi de trop près nous vîmes ces dangers.
Les voilà ces débris de notre grande armée,
Hier encor si fière, aujourd'hui décimée !
Chartres leur a donné tous ses meilleurs abris.
Mais avant de partir, une affreuse pensée
Égare ces nobles esprits.
Malheur à nous ! Leur colère insensée
Veut la vengeance et la veut à tout prix.
« Quoi donc ? à l'ennemi, dont le nombre les presse,
» Ils laisseraient ici toute cette richesse,
» Ces greniers pleins, ces magasins ouverts,
» Quand on fit devant eux tant de vastes déserts !
» Que Platof à son tour et ses bandes sauvages
» Trouvent de tous côtés sans mesure et sans fin,
» Au milieu d'immenses ravages,
» Le désespoir d'un peuple et la flamme et la faim. »

Ils l'ont bien résolu. La ville épouvantée
Va périr sous les coups de ses propres amis ;

Rien n'a pu contenir cette foule indomptée ;
Et par leurs chefs tremblans le pillage est promis.
Mon Dieu, vous qui veillez sur la cité chérie,
Verrez-vous sans pitié ce fol emportement ?
    Souffrirez-vous qu'on fasse impunément
        Ce sacrifice à la patrie ?

L'instant fatal sonnait pour ces tristes adieux !
    Sous le tranchant d'une double menace,
Les tristes habitans, que le péril enlace,
Ne savaient plus quels Saints invoquer dans les cieux.
Tout tremblait ; quand soudain, comme un coup de tonnerre,
Un bruit épouvantable (1), enflé par les échos,
Fait au loin bondir Chartre ; et le plus téméraire
A senti frissonner la moëlle de ses os.
« L'ennemi ! l'ennemi ! » Devant ce cri terrible,
    Toute autre idée a disparu ;
C'est dans tous les quartiers un pêle-mêle horrible.
    Le voltigeur à son sabre a couru,
    Sur son coursier le cavalier s'élance ;
    Tout est parti, car l'honneur ne veut pas
        Dans une ville sans défense,
Sans profit et sans gloire attendre un vain trépas.
Orléans est le mot qui court de bouche en bouche ;
    Et dans un silence farouche,
    Sans qu'un seul moment soit perdu,
Officiers et soldats, tout marche confondu.
    Plus de rangs, plus de discipline ;
Sur la route encombrée au milieu des fourgons,
Se pressent fantassins, artilleurs et dragons,
    Ressorts brisés d'une immense machine.

(1) Un caisson éclata à Lucé et emporta la toiture de l'Église.

L'ennemi qu'ils craignaient n'était pas arrivé.
    Du moins par cette ruse utile,
Aux dépens de Lucé trop voisin de la ville,
    Notre Chartres fut préservé.
    Soyez bénis, vous qui l'avez sauvé !
    Soyez bénis, vous surtout nobles frères (1),
        Dont la sainte rivalité,
        Tour à tour députés ou maires,
Se disputa l'honneur de servir la cité !
Chartres de vos vertus a gardé la mémoire ;
    Et parmi ses noms les plus beaux,
Il placera toujours votre modeste gloire.
    Sous la pierre de vos tombeaux,
Où trop vite pour nous Dieu vous a fait descendre,
Puisse ma faible voix réveiller votre cendre,
    Et faire tressaillir vos os !
Ainsi leur soin pieux a délivré la ville,
Et la foudre en grondant passa sur Gellainville !

III

Quatre siècles plus tôt, témoins de ces malheurs,
Ces champs qui jusqu'à Sours se déroulent immenses,
    Dans ces âges de défaillances,
Virent une autre encor de nos grandes douleurs !

    C'était durant ce long carnage,
Où les Plantagenets, ces trop puissans vassaux,
    Couvrant les mers de leurs vaisseaux,
Disputaient aux Valois leur sanglant héritage.
Pauvre France ! pliant sous le vent de l'orage,

---

(1) M. Billard aîné et M. Billard Saint-Laumer, son frère, à qui on attribua l'ordre de mettre le feu au caisson.

Elle pleurait la mort de ses enfans,
La captivité de ses princes;
Et le fer à la main, à travers ses provinces,
Édouard promenait ses Anglais triomphans.

Les voyez-vous, là-bas, en face,
Campés aux champs de Brétigny?
C'est Chartre aujourd'hui que menace
Cette soif que rien n'éteignit;
Et la vieille cité craint et se désespère.
Que voulez-vous? ses plus braves guerriers
Sont prisonniers de l'Angleterre,
Ou gisent étendus aux vignes de Poitiers.
Pour elle heureusement là-haut veille une Mère!

Méditant contre nous quelque nouvel affront,
Du roi victorieux la hautaine espérance
Se plaçait déjà sur le front
La belle couronne de France!
Et l'on veut qu'à la paix il daigne consentir!
Quand les vaincus sont là sous sa dent redoutable,
De vains mots le feraient partir!
Jamais! Mais l'Océan qui va tout engloutir
S'arrête, quand Dieu veut, devant un grain de sable

A sa voix, du sombre couchant
Montait en ce moment le plus terrible orage;
Ses flancs jaunes et noirs s'étendaient en marchant,
Et les vents accouraient pour fêter son passage.
Déchiré par les aquilons,
Sur le camp tout à coup s'ouvre l'affreux nuage.
Sous les pierres, sous les grêlons
Tout est brisé; les tentes renversées.

Les hommes, les chevaux, les armes fracassées,
Roulent impunément à travers les vallons.

  Le glaive sanglant des batailles
  Aurait-il semé sur ces bords,
  Dans ses cruelles représailles,
  Autant de débris et de morts ?
Au vent qui se déchaîne, à la foudre qui gronde,
  Un seul pourra-t-il échapper ?
Et calme, quand la mort ne cesse de frapper,
Édouard seul, debout, verrait crouler le monde.

  Ses plus vaillants, sourds à sa voix,
Hésitent aujourd'hui pour la première fois.
Le Prince Noir s'effraie et Lancastre supplie.
Mais sous le choc enfin le chêne orgueilleux plie.
  Des hauts clochers, au milieu des éclairs,
   Il a vu briller l'oriflamme ;
   Et suivi de remords amers,
Un souvenir du ciel a traversé son âme.
  Il tend les bras vers la cité :
 « Assez, mon Dieu, de morts et de tonnerres !
 » J'ai trop longtemps, dans mes folles colères,
» Écouté les conseils de l'orgueil irrité.
» C'en est fait, aujourd'hui comme vous je pardonne ;
 » Aux rois vaincus je laisse leur couronne ;
» Que les peuples enfin respirent, je le veux !
 » Dame de Chartre, écoutez ma prière !
 » A vos enfans je fais grâce plénière ;
  » Soyez garante de mes vœux ! »

  Dieu l'entendit ; il vit cette âme altière
   Courber son front humilié ;
Et son cœur paternel en eut enfin pitié.

D'un signe de ses yeux les aquilons se turent;
Fuyant de tous côtés les vapeurs disparurent;
Et le ciel retrouva sa première beauté.

De même aussi l'horizon politique
Reprit un peu de sa limpidité;
A Bretigny bientôt, sous le chaume rustique,
Par devant Notre-Dame on signa le traité.
Sans doute à nos aïeux ses lois semblèrent dures;
L'Anglais vend toujours cher sa générosité;
Mais la France du moins put guérir ses blessures.
Après tant de combats les deux peuples enfin
Amis pour quelque temps, se donnèrent la main.

Mais Édouard, avant de revoir sa patrie.
Dans le vieux temple de Marie,
Veut rendre à Dieu ce qu'il avait promis.
Contre un vainqueur plein d'arrogance
Chartres sans hésiter préparait sa défense;
Mais le roi pacifique avec grâce est admis.
Ses fidèles Anglais, encor noirs de la foudre,
Pour accomplir aussi leurs sermens solennels,
Viennent à ses côtés, au pied de nos autels,
Fléchir un genou dans la poudre.

L'armée entra par la porte Morard.
Sur un palefroi magnifique
Le héros entre tous attirait le regard;
Le clergé l'attendait sous le royal portique.
Mais savent-ils, ces farouches vainqueurs,
Même devant le ciel humilier leurs cœurs?
La simple piété n'est pas faite à leur taille.
Voyez Plantagenet entrer dans le saint lieu!

Du haut de son coursier, fier, il marchait à Dieu,
Comme s'il fut allé lui présenter bataille !

Sous la profonde nef il était parvenu.
    Quand tout à coup un pouvoir inconnu
      Retient l'animal qui s'élance ;
      En vain bouillant d'impatience
Édouard dans ses flancs enfonçait l'aiguillon ;
L'indocile coursier sous le rouge sillon
      Frappe du pied, dresse la tête ;
Une invisible main, immobile l'arrête.

    Puis aussitôt un vaste éclair,
A tous les yeux surpris montrant le ciel ouvert.
Dessine sur la voûte une croix de lumière,
A ce signe nouveau le roi vaincu se rend ;
      Et prosterné sur la poussière,
Confesse qu'il est homme et que Dieu seul est grand !

Les emblèmes sacrés, témoins de ces miracles,
Vivaient naguère encor près de nos tabernacles :
J'ai vu l'Étoile d'or briller aux hauts lambris,
      Puis au-dessous, la dalle sainte
Du pied qui l'a creusée avait gardé l'empreinte ;
L'incendie acheva d'effacer nos débris.

IV

Mais passons ; cette place a pour moi peu de charmes ;
      Elle est triste comme un couvent ;
      Elle voit passer si souvent
      Tant de cercueils et tant de larmes !
Car au pied de ces croix là-haut il est encor
      Une autre cité de la mort.

A tous ces malheureux, battus par la tempête,
Un champ ne suffit pas pour y poser leur tête.
Aux deux points opposés nous presse un double écueil
Qui fuit l'un, tôt ou tard, malgré tout son orgueil,
  Sur l'autre ira faire naufrage.
Les morts de plus en plus s'y trouvent à l'étroit;
  Tous les ans sur notre héritage,
Jamais rassasiés, ils prennent d'avantage,
Et la cité des pleurs à nos dépens s'accroît.

  En vain chacun tremble et recule
Devant le sombre arrêt de la nécessité.
Pourquoi donc nos savans n'ont-ils pas inventé
Contre son aiguillon quelque rare formule?
  Dans notre siècle merveilleux
  De Japet les fils téméraires,
  Sondant et la terre et les cieux,
  Ont pénétré tant de mystères!
Mais qui sait ce que Dieu nous garde en ses trésors?
  Tous les jours que de découvertes!
Et sans aller plus loin, par ces grilles ouvertes,
Voyez-vous cette usine et ses sombres abords?
  Dans la cour, en montagne noire
  Là s'élèvent tout au travers
Des charbons qu'on alla chercher jusqu'aux enfers!
Dites-moi, nos aïeux de modeste mémoire,
  S'ils revenaient, pourraient-ils jamais croire
  Que tous ces blocs opaques et pesans,
  De la lumière la plus pure
Recèlent dans leur sein les jets éblouissans?
Et pourtant du soleil la blonde chevelure
  Ne verse pas sur la nature
  Des rayons plus resplendissans.

C'est ici que le Gaz, impalpable fluide,
  Grâce à l'agent le plus actif,
Des vêtemens grossiers, qui le tiennent captif,
Dans ces fourneaux ardens se dégage rapide ;
    Puis dans le vaste réservoir
    Empressé de le recevoir,
Sans perdre un seul atôme il court clair et limpide.
Soudain, hôte soumis, mais parfois dangereux,
    Par cent canaux, dans son impatience,
    De tous côtés le voilà qui s'élance,
Prêt à porter partout la splendeur de ses feux.
      L'eau de la pompe sa voisine
Côte à côte avec lui grimpe sur la colline ;
A petite journée elle s'en va trottant ;
Mais lui s'échappe et court plus prompt que la pensée !

La ville se montra certes bien avisée,
Quand elle admit chez nous ce nouvel habitant.
Nous avions grandement besoin de sa présence.
      Aux réverbères chaque jour
      On rognait si bien leur pitance,
Nous comptions sur la lune avec tant d'assurance,
Qu'à Chartre on y voyait autant que dans un four.
Moi qui n'ai jamais eu que le feu des étoiles
    Pour me guider durant nos sombres nuits,
    Songez quels étaient mes ennuis,
Quand, humble nautonnier, sans boussole et sans voiles,
En quittant mes amis aussi riches que moi,
Après avoir causé d'art et de poésie,
Ou cherché trop longtemps un gracieux émoi
      Dans une page bien choisie,
Je revenais gagner mon ermitage obscur,
Heurtant à chaque borne, embrassant chaque mur.

Mais aujourd'hui, qu'il bruine ou qu'il neige,
    (Dût minuit sonner au beffroi!)
Pendant six mois entiers, tant le ciel nous protége!
On trouve son logis sans doute et sans effroi,
Au moins dans nos quartiers fiers de leur privilége.
Car il faut l'avouer, pour tous également
    L'astre nouveau ne brille pas encore;
    Mais on va loin, quand on va lentement:
    On n'a pas fait Paris dans une aurore.
    En attendant que chacun ait son bec,
Amis, les pieds au feu, penchés sur nos causeuses,
Laissons couler gaîment les heures paresseuses.
Sans prévoir au retour quelque vilain échec.
Disons-le hardiment: égarés dans les nues,
    Lorsque nous discutons au choix
Histoire, politique, antiquités ou lois.
    Et cent questions saugrenues,
Où l'on voit aussi clair qu'autrefois dans nos rues.
    Notre ciel est encor bien noir;
Mais s'il s'agit au gaz d'éviter les ornières,
Et de rentrer chez soi sans encombre le soir.
Notre siècle est vraiment le siècle des lumières!

QUATORZIÈME STATION.

LA PORTE MORARD.

Siége de Chartres par Rollon en 911.

I. Arrivée des Normands. — Incendie de l'abbaye de Saint-Père.

II. Préparatifs des assiégés. — Thibault, Ganteaume.

III. Attaque des Normands. — Sortie générale. — Voile de la Vierge.

IV. Arrivée pendant la bataille, au nord, du comte de Paris et du duc de Bourgogne ; au midi, des comtes d'Angers, du Mans et de Poitiers.

V. Les Normands vaincus se retirent par les prés des Reculés.

J'allais, sans m'arrêter, franchir notre Morard,
    Lorsqu'au détour de la Levrette (1),
Un de nos vieux savans, revenant par hasard
    D'explorer un camp de César,
Qu'il avait découvert au bout de sa lunette,
    M'accoste, et me serrant la main,
Quelque temps avec moi suit le même chemin.

(1) Auberge au faubourg de la Grappe.

Nous causons, et toujours plein de mes vieilleries.
 A chaque objet qui passe sous mes yeux,
  Spéculant sur nos flâneries,
  Je l'interroge curieux.

Je disais : « A quel point la fortune est bizarre !
 » Autour de Chartre, à flots capricieux,
  » Elle a jeté sans crier gare
  » Les événemens merveilleux ;
» Sa main dans ce lieu seul s'est refermée avare !
  » Chaque porte a son souvenir,
  » Son héros et son jour de gloire ;
» Et la pauvre Morard n'a rien à retenir ! »

« — Que dites-vous, Monsieur ? Lisez, lisez l'histoire !
  » Ce côté-ci de la vieille cité
 » Comme tout autre a droit d'être cité.
  » Moins amoureux des beautés grecques,
 » Si vous aviez, comme nous, vieux Romains,
 » Dans tous les coins de nos bibliothèques,
» Feuilleté nuit et jour nos poudreux parchemins,
» Vu les deux Aganons, fouillé les Cartulaires,
  » Lu les actes capitulaires,
  » Et les vers de Jehan le Marchand,
  » Que Dieu garda d'être méchant,
» Tout autre assurément serait votre langage.
» Du reste, asseyons-nous près de nos marronniers,
  » Je vous parlerai d'un autre âge ;
 » Point ne seront indiscrets nos cordiers. (1)

---

(1) Des cordiers avaient là autrefois leur fabrique en plein vent.

» Applaudissez à votre bonne étoile,
» Je puis pour vous lever un coin du voile.
» Fort à propos j'ai tout dernièrement
» Du Jehan susdit translaté le poème,
» Et du vieux Rou déchiffré le roman;
» Puis dépouillant et français et normand,
» J'ai fait de tout cela des vers de quatrième,
» Que tout à l'heure encor je m'en allais limant.
» C'est du poisson qui vous vient en carême.
» Ecoutez bien, le fond n'y fait pas trop défaut;
» Nos pères comme nous avaient leur éloquence;
» Mais la forme est à moi, n'en riez pas trop haut;
» Allons, c'est convenu, j'ai toussé, je commence. »

I

De Charlemagne et de Pépin
Depuis trente ans la race abâtardie,
Sur un trône ébranlé lâchement engourdie,
Laissait la France et sans gloire et sans pain.
Sous ces rois fainéans, dignes de la quenouille,
Les terribles enfans du Nord,
Ayant pour compagnons le fer, le feu, la mort,
Accouraient à l'envi s'arracher sa dépouille.
Sur leurs bateaux bravant les flots amers,
On les voyait, plus prompts que les orages,
S'élancer sur tous les rivages,
Faire autour d'eux d'affreux déserts,
Puis soudain à travers les mers
Disparaître gorgés de sang et de pillages.

Mais Rollon a conçu de plus hardis desseins.
Il ne veut plus des assassins

Promener en tous lieux la vulgaire menace,
C'est au sceptre des rois qu'aspire son audace !
  Dompté par le fier conquérant,
  Rouen devient sa place d'armes,
Et du haut de ses tours, sur la France en alarmes,
Il se précipitait, impétueux torrent.

  Son glaive a frappé la Bretagne ;
La Bourgogne, l'Anjou, la Flandre, la Champagne,
En vain tournent vers Charle et leurs yeux et leurs cris.
Défendu par les plis de sa large rivière,
  Combien de fois encor Paris,
Qui n'a plus son Odon ni sa mitre guerrière,
  Soutiendra-t-il tant de rudes assauts ?
  Trois fois Rollon, avec un cri de joie,
A battu ses remparts du haut de ses vaisseaux ;
Trois fois son bras tendu n'a pu saisir sa proie.
  Mais sa fureur s'en vengera ;
Et s'il manque Paris, c'est Chartres qui paiera !

Son passage est tracé, voyez-vous l'incendie
  Qui brûle Étampe et Châteaudun ?
Chartrains, attendez-vous à ce malheur commun ;
Il lance contre vous toute sa Normandie !
  Ils ont fait halte aux sommets de Beaulieu,
  Pour mieux compter de leurs regards avides
Vos maisons, vos couvents, vos tours, vos pyramides,
Vos trésors entassés dans la maison de Dieu.
  Des Trois-Ponts jusqu'à la Chronière,
Tant que l'œil aperçoit, la côte tout entière
  Se couvre de leurs bataillons,
  Et sur les bords de la double rivière
  Ils vont planter leurs pavillons.

La ville alors comme à cette heure
Ne s'aventurait pas sur les rives de l'Eure.
Morard n'existait pas ; sur la cime du mont
La muraille dressait sa crête belliqueuse ;
Une vaste prairie occupait le vallon,
Et l'on y descendait par la porte Cendreuse.

  Hors de l'enceinte et de ses ponts-levis,
   Près de la rive où le poisson abonde,
  Saint-Pierre seulement, protégé par Clovis,
    S'était retiré loin du monde.
Hommes saints, qui comptez sur vos sacrés parvis,
   Fuyez ! fuyez ! Sous vos toits sans défenses
Avec vos chants de paix et vos bras désarmés,
   N'attendez pas leurs brandons enflammés
    Et le fer aigu de leurs lances !
Toi, ma douce rivière, avec toutes tes eaux,
   Essaieras-tu d'arrêter ces courages,
   Accoutumés à braver d'autres flots,
    A se rire d'autres orages ?
   Elle a frémi sous le pied des chevaux !
  Mais à quoi bon ces impuissans murmures ?
Ces rois de l'océan, mouillés jusqu'aux genoux,
La passent en riant ; et tout ce vain courroux
N'a servi qu'à laver la poudre des armures.

  Sur les deux bords tout tombe sous leurs coups.
    Malgré son fort et ses vidames
    Le Grand-Bourg (1) est en proie aux flammes ;
Sans pouvoir les sauver saint Benoît voit les siens
De leurs corps mutilés jonchant au loin la terre,
Son église abattue, et les drapeaux païens

(1) La rue du Bourg était autrefois hors de la ville.

Plantés sur les débris de son vieux monastère.
Là, dix mille d'entr'eux préparent leurs quartiers.

    Mais c'est trop peu; vers la rase campagne,
    Par Saint-Maurice et les noirs Charbonniers,
        Tournant la rapide montagne,
Le Danois a lancé ses hardis cavaliers.
    Un long détour a caché leurs cohortes,
    Puis tout à coup paraissant à nos portes,
Ils poussent leurs chevaux jusqu'au pied des remparts.
Et jetant par-dessus l'insulte et la menace,
    Dans tous les sens leur insolente audace
Sillonne impunément la plaine des Épars.

Au centre, environné par l'Eure qui serpente,
    Rollon, lui, dans les *Petits-Prés* (1),
    Tout effrayés d'être ainsi préférés,
    Fait déployer sa bannière et sa tente.
    Il aura là son quartier général,
        Ses magasins, son arsenal,
Le fort d'où s'élançant sur la ville tremblante,
    De ses deux bras l'étreignant expirante,
        Il frappera le coup fatal.
Il comptait sans le ciel! il comptait sans la France!

II

    Vous alors pour votre défense,
  Que faisiez-vous, ô mes braves aïeux?
    Surpris dans un cercle de flammes,
Pendant qu'au temple saint vos enfans et vos femmes

(1) Prairie environnée d'eau, entre le Vieux-Trou et Saint-Maurice.

riaient à deux genoux leur Mère dans les cieux,
Tous, laissant au plus faible et la peur et les larmes,
Calmes et résolus vous prépariez vos armes.

  Chaque rue a son étendart,
 Ses dizainiers et sa place au rempart.
Sous le pied des soldats la ville est ébranlée ;
La banlieue, accourue à l'abri de vos tours,
  Campe au milieu des carrefours,
  Et dans vos rangs s'est enrôlée.
  C'était partout dans la cité,
  Sous le haubert et la cuirasse,
  Une noble rivalité ;
Dans les cœurs même feu, sur les fronts même audace.
  Tous les instrumens meurtriers,
Que la guerre inventa pour défendre une brèche,
  Balistes, mangonneaux, pierriers,
Tout ce qui lance un roc ou fait siffler la flèche,
  Aux endroits les moins protégés,
En ordre sur les murs avec art sont rangés.

Et ce sont deux grands cœurs, deux sublimes exemples,
  Qui les ont si bien inspirés !
L'un commande aux guerriers, l'autre prie en nos temples
  Par tant de siècles séparés,
Nous aussi nous paierons une dette chérie,
O Ganteaume ! ô Thibault (1) ! sauveurs de la patrie !
  Que vos deux noms soient ici consacrés
  Dans l'auréole de Marie !

---

(1) Chartres avait pour évêque Ganteaume, et pour comte Thibault, petit-fils de Robert-le-Fort et neveu du roi Eudes.

Digne sang de Robert-le-Fort,
Le voici ce Thibault plus puissant que la mort !
  Le voyez-vous la lèvre menaçante,
    Parcourant chaque bataillon,
Serrant aux uns la main dans sa main frémissante,
  Nommant les autres par leur nom ?

  Le feu jaillit de ses vives prunelles.
« — La France, mes amis, vous voit et vous appelle !
» Vous n'avez pas du moins, vous! méconnu sa voix.
» Malheur, malheur à nous, si comme font ses rois,
  » (Les ingrats ! que Dieu leur pardonne !)
» Le courage des forts aujourd'hui l'abandonne !
» Non, jamais ! Nous saurons dans cet affreux danger,
  » Malgré Satan qui gronde et tonne,
» Arrêter le torrent qui veut tout ravager !

» Que d'autres, dans la honte avouant leur faiblesse,
» Tendent leur tête au joug et leur poitrine au fer ;
» Chartrains, vous savez trop ce que vaut leur promesse !
» N'oubliez pas Hasting et ses ruses d'enfer ! (1)
» Le perfide à grands cris implorait le baptême,
» Devant vos saints autels il demande à mourir.
» Et vous, sans soupçonner l'horrible stratagème,
» Vous prenez en pitié ce suprême désir !
  » Vous recevez sa garde blême
» Qui sur son bouclier vous l'apporte étendu !
  » Puis en retour la flamme et le carnage,
  » Chartres noyé dans son sang répandu,
» Vos prêtres massacrés, votre église au pillage,
  » Vingt ans d'opprobre et d'esclavage,
  » Voilà ce qu'il vous a rendu !

(1) Prise de Chartres en 858.

» Et devant eux encor vous courberiez la tête !
» C'est assez une fois d'avoir été surpris.
» Que contre nous l'astuce ou la force s'apprête,
» Non, nous ne serons plus leur facile conquête ;
» Nous saurons imiter nos frères de Paris.
» Suivez-moi, j'ai fait là mon rude apprentissage,
» Eudes qui m'adopta, ce roi de votre choix,
   » Placé par vous sur le pavois,
» Eudes pendant dix ans y dressa mon courage.
» Amis, laissez-moi faire ou j'y perdrai mon nom ;
» Je veux qu'ici chez vous, invincibles barrières,
   » Sur votre roc et sa cité de pierres,
» Ils usent leur épée et se brisent le front.
» Mon père et mon aïeul sous le fer de leurs lances
» Sont en vous défendant tombés au champ d'honneur ;
» Ils me paieront leur sang ! Unissons nos vengeances !
» La race de Robert vous portera bonheur ! »

Et tous applaudissaient à ce cri de son cœur ;
Tous faisant comme lui bon marché de leur vie,
Juraient par tous les Saints de sauver la patrie.

Entre le vestibule et le deuil de l'autel,
   Pendant que les guerriers gardaient la vaste enceinte,
      Priaient les ministres du ciel.
Ganteaume, tout ému d'espérance et de crainte,
      Pour les combattans d'Israël,
      Du haut de la montagne sainte
      Levait ses bras vers l'éternel.

« Que Dieu, mes bien-aimés, soit votre sauvegarde !
» Derrière ses remparts et ses portes d'acier,
» La plus forte cité tôt ou tard se hasarde.

» Si le Très-Haut lui-même ne la garde
» A l'ombre de son bouclier.

» Nous avons près de lui quelqu'un qui nous protége.
» De cette race sacrilége
» Que nous feront à nous les coupables défis,
» Si nous avons pour nous et la mère et le fils?
» Oh! nous sommes toujours le peuple des miracles!
» Tirons de nos saints tabernacles
» Nos trésors les plus vénérés.
» De tous côtés sur nos places publiques,
» Pour fléchir Dieu saintement conjurés,
» Portons nos pieuses reliques;
» Rendons la force aux cœurs désespérés.
» A la splendeur de mille cierges,
» Arborons sur le haut rempart
» Le chaste vêtement de la reine des vierges!

» Et vous, aux plis flottants de ce saint étendard,
» Soldats du Dieu vivant, combattez l'infidèle!
» Jusqu'au fond de son camp allez porter vos coups;
» Le glaive du Seigneur marchera devant vous,
» Et sa soif s'éteindra dans le sang du rebelle! »

A la voix de l'ardent vieillard
Tout s'émeut : de leurs sanctuaires
On descend les saints reliquaires
Parfumés d'encens et de nard.
Les diacres en dalmatique
Sur de précieux coussins
Soutiennent deux à deux les ossemens des Saints,
Pendant qu'avec l'aumusse antique
Les prêtres, le front découvert,

Murmurent de David le douloureux cantique ;
Les cloches à leurs chants unissent leur concert.

  On franchit le royal portique ;
   Noire encor des brandons normands,
L'église a tressailli jusqu'en ses fondemens,
  En voyant la blanche tunique.
Près d'elle, couronné d'un rayon prophétique
  Et s'appuyant sur sa houlette d'or,
  Le vieux pasteur à la foule qui prie
Et répète en pleurant : « ô Marie ! ô Marie ! »
Ici montrait le ciel, là son pieux trésor.

  Tous les quartiers par la prière
  Sont tour à tour visités et bénis.
   Devant la pudique bannière,
Dans un même transport tous les cœurs sont unis ;
Tous les glaives levés sur les remparts frémissent,
Et sur les boucliers les lances retentissent.
  Chaque homme devient un héros.
  Ganteaume de sa main pieuse
Va placer sur la tour la châsse merveilleuse,
Et le lin précieux flotte sur les créneaux.

III

A ces bruits répétés par l'écho des murailles,
Les païens étonnés suspendent leurs travaux :
« Allons, Chartre en appelle au hasard des batailles.
» A la bonne heure ! au lieu d'un long siége ennuyeux
» Mieux vaut périr en brave à la face des cieux !
  » Mais, par Odin ! n'est-ce pas leur vieux prêtre,
  » Qui vient, armé d'eau bénite et de croix,
» Nous chasser ! Bonnes gens, haussez, haussez la voix !

» Vos Saints vous entendront peut-être.
» Attendez, vos efforts ne seront pas perdus;
» Pour vous faire gagner de belles indulgences,
» Nous allons vous chanter la grand'messe des lances! »

Au même instant tous les arcs sont tendus;
Puis au milieu d'un vaste éclat de rire,
Du saint Drapeau faisant leur point de mire,
Ils lancent à la fois, avec d'affreux bons mots,
Et la flèche, et la pierre, et les longs javelots.
Au sifflement de la grêle serrée,
Chartre un moment pour l'étoffe sacrée
Trembla! Mais de sa Dame admirez le pouvoir!
Ici Dieu d'un bon fils remplit bien le devoir;
Contre le roc les pierres rebondissent,
Les dards aigus tombent dans les fossés
Ou retournent frapper ceux qui les ont lancés;
Les Normands indignés rugissent;
Vengeance! Mais voilà que leurs yeux s'obscurcissent:
Et quand leur bras levé va porter d'autres coups,
Ils ne distinguent plus les cieux qui les punissent,
Ni ces créneaux qu'en vain menace leur courroux!

Thibault a reconnu l'étonnante merveille :
« Amis, vous le voyez, Dieu sur nous là-haut veille!
» Il n'aura pas affaire à des ingrats!
» Rassemblez toutes vos cohortes;
» Abaissez tous vos ponts, ouvrez toutes vos portes;
» Marchons à l'ennemi sous le Dieu des combats! »

Il dit, et les Chartrains tout pleins de son courage,
Par Saint-Éman et son vieil ermitage,
Par le clos de Saint-Père et les bois de Taille-Hards,
Épaule contre épaule et la pique baissée,

Sur le Danois surpris tombent de toutes parts.
Ganteaume, **tenant haut sa bannière dressée,**
Vient aussi se mêler au flot des assaillans.

Thibault accourt : « Que faites-vous, mon père ?
      » Avec ces vieillards chancelans
» Priez pour nous, priez, mais laissez-nous la guerre !
      » Conservez-nous vos cheveux blancs ! »
— « Ma place, répond-il, est avec mes enfans.
» Frotbolde (1), qui sur moi répandit le saint chrême,
» Ne voulut pas non plus abandonner les siens,
    » Et sous les coups de ces mêmes païens,
      » Il reçut le sanglant baptême ;
      » Son disciple fera de même,
      » Et vos dangers seront les miens ! »

    Oh ! comme alors fiers de leur sainte égide,
      Dans les plus épais bataillons,
Nos guerriers à la voix de Thibault l'intrépide,
      Entr'ouvraient de larges sillons !
      Déraciné par les orages,
Le rocher qui bondit de la cime des monts,
    Ne cause pas dans le creux des vallons
      De plus impétueux ravages.

Mais les cris des fuyards et les flots empourprés
    * A Rollon, dans ses Petits-Prés,
      Vont porter l'étrange nouvelle.
A ce récit, il rugit de fureur,
    Sa main se crispe, et son œil étincelle,
    Il ne peut croire à cette lâche horreur.

(1) Frotbolde périt dans le siége de Chartres par Hasting, en 858.

Il appelle à grands cris tous ses guerriers d'élite ;
Par le pont du Vieux-Trou, vers le champ du combat,
    Il les pousse, il les précipite ;
« Nous dormons sur ces bords et là-bas on se bat ! »

Il veut de toutes parts qu'on sonne la bataille.

« Les loups de leur tannière ont donc osé sortir !
    » Ils vont bientôt s'en repentir !
» Allons, amis, qu'on frappe et d'estoc et de taille !
    » Écrasez-les sur leurs rochers !
  » Que tout périsse, et de la ville entière
» Faites un vaste amas de cendre et de poussière ;
    » Enterrez-la sous ses clochers !
    » Point de faiblesse ni de grâce,
    » Ayez du sang jusqu'aux genoux !
» Femmes, enfans, vieillards, sur tous faites main-basse,
    » Que Chartres tombe et Paris est à nous ! »

D'un bond il est aux lieux qu'illustrera Guillaume (1),
Où foudroyait Thibault, où bénissait Ganteaume.
    Mais qu'y voit-il ? Ses soldats effrayés
    Cédaient partout. « Eh quoi ! mais c'est infâme !
» Des prêtres vous font peur ! Fils du nord, vous fuyez
    » Devant le voile d'une femme !
    » Et vous aussi n'avez-vous pas vos dieux ?
    » N'avez-vous pas votre courage ? »

    Et comme un lion furieux,
Le voilà qui se jette au plus fort du carnage.
    Tout recommence : avec son puissant cœur,

---

(1) La porte Guillaume que bâtira plus tard Guillaume de Ferrières.

Son bras de fer, sa haute taille,
Un homme seul à la bataille
Ramène les vaincus, arrête le vainqueur.
Il frappe, il tue, et sa sanglante épée,
Pour aller à Thibault perçant des rangs entiers,
Honteuse d'être ainsi trempée,
Fauche sans les compter les vulgaires guerriers;
Bons marchands, jeunes écoliers,
De leur sang généreux ils rougissent la terre,
Et leur dernier regard et leur dernier soupir,
Se tournent, avant de mourir,
Vers leurs clochers et vers leur mère!

Pour terminer d'un coup la guerre corps à corps,
Sur ces monceaux de mourants et de morts,
Les deux chefs se cherchaient, ardens, infatigables;
Sur leurs pas les deux camps se ruaient indomptables;
Là s'écroulaient les balistes normands;
Ici les toits, épars dans la vallée,
Couvraient de leurs tisons fumans
Du fleuve épouvanté la rive désolée.
C'était partout une immense clameur
Et de celui qui tue et de celui qui meurt.
Étendus côte à côte, en cet instant suprême,
Le front soumis ou l'œil hagard,
La prière soupire ou rugit le blasphème.
En vain dans ce chaos tonnerait Dieu lui-même.

Penchés sur le haut du rempart,
Les vieillards haletans, les femmes attentives,
Suivaient d'un avide regard
De ce duel sanglant les mille alternatives.
Ils respiraient à peine et de leurs cris :
« Oh! notre dernière défense!

» Oh! notre unique espérance! »
Ils poussaient au combat leurs fils et leurs maris.

IV

Mais bon Dieu! quels flots de poussière
Vers Saint-Barthélemy tourbillonnent soudain?
J'entends la trompette guerrière
Sur la route d'Auneau sonner dans le lointain.
Tout au travers des champs et des ravines,
Quel est ce rapide courrier,
Des buissons hérissés franchissant les épines?
Poil nu, bride abattue, il lance son coursier
Tout ruisselant d'écume blanche,
Et du fer de son dard lui laboure la hanche.
Courbé sur sa crinière et le front tout en eau,
Du vent lui-même il devance la course;
Sur son dos flotte le manteau
Qu'aux mers du Pôle il tailla dans une ourse.

Que veut-il? qu'a-t-il vu? Chartrains, soyez contens!
Sous ce nuage obscur, dans ces sons éclatans,
Ce sont vos amis, c'est la France!
C'est Robert de Paris et ses fiers compagnons!
C'est Richard et ses Bourguignons,
Richard (1), dont la justice égale la vaillance!
En sa lâche simplicité,
Pendant que Charles s'abandonne,
Ces terribles joûteurs, ramassant la couronne,
S'essayaient à la royauté!

(1) Richard, surnommé le Justicier.

Par une sanglante échappée,
Le Danois s'élançant sur la terre trempée,
　　Jusqu'à Rollon est enfin parvenu.
Le chef laisse un moment reposer son épée;
　　D'un regard il l'a reconnu.
« Mon brave, calme-toi ! que viens-tu nous apprendre?
» Parle haut; mes Normands sont dignes de t'entendre. »
— « Du nord et du levant de nombreux ennemis
　　» Accourent te donner besogne.
　　» J'ai vu dans les deux camps amis
» Le pennon de Lutèce et la croix de Bourgogne. »
— « Ils nous ont épargné la moitié du chemin,
» Tant mieux, notre victoire en sera plus parfaite.
　　» Et dans une seule défaite
» Toute la France, amis, nous tombe sous la main !
» D'abord avec Thibault réglons ici nos comptes;
　　» En attendant, que mes vieux loups de mer
　　» Sur la colline, à ces ducs, à ces comtes,
　　　» Opposent un rempart de fer !
　　« Puis quand j'aurai balayé ces prairies,
» Et mis à la raison tous ces bourgeois mutins,
» Nous irons tous là-bas achever de nos mains
» Une immense hécatombe aux pâles Valkiries (1) !

Il disait, et son glaive, un moment suspendu,
Frappant à coups pressés ces cuirasses sanglantes,
Ces casques entr'ouverts, ces haches ruisselantes;
　　Veut regagner le temps perdu.
La même ardeur courant de veine en veine
Produit dans tous les rangs un gigantesque effort;
A tout prix, des Chartrains rejetés dans leur fort,
　　Ils rendront la menace vaine.

(1) Divinités scandinaves qui présidaient à la mort.

Eh quoi! Dieu vient à leur secours;
Ils en sont sûrs, et déjà de leurs frères
　Ils entendent les cris de guerres,
　Le pas de charge et les tambours;
Et tout à coup oublieux de leur gloire,
　Ils se verraient sans coup férir
　Arracher des mains la victoire,
　Et Thibault pourrait le souffrir!
Non, non! le glaive est brisé par le glaive;
Chaque pied reste ferme, et le flot mugissant
　　Contre le rocher de la grève
　　S'élance et retombe impuissant.

　　Surpris de tant de résistance,
Rollon sent dans son cœur s'échapper l'espérance;
Son orgueil indigné frémit d'en convenir.
Mais Robert et Richard sont maîtres de la plaine,
Ses Normands débordés s'y soutiennent à peine;
Pour ne pas tout risquer, il voit qu'il faut finir.
　　Il cède donc, il se retire,
　Le front tourné contre ses ennemis;
Frappant tout imprudent dont le cœur s'est permis
Le dangereux honneur d'oser le reconduire.

　　Mais avec lui tous ses guerriers
　　N'ont pas repassé la rivière;
　　De Saint-André jusqu'à Saint-Pierre,
　　Le fer carnute par milliers
　　En a couché sur la poussière.
　　Le fleuve en roule des monceaux;
　　Malheur à qui veut à la nage,
　　Sous la pointe des javelots,
Chercher un abri sûr par delà le rivage!
Dans les flots entr'ouverts il tombe et disparaît!

C'est surtout au bourg du Muret (1),
Près du pont, que se fit le plus affreux carnage.
    Culbutés par-dessus le bord,
  Devant l'épée, au fond de l'onde noire,
Les fuyards entassés trouvaient une autre mort ;
  Et le vieux pont, aujourd'hui même encor (2),
  Aux récits du foyer s'il est permis de croire,
De l'immense massacre a gardé la mémoire.

Rollon de tous côtés recueillait ses Normands,
Et rentrait le dernier dans ses retranchemens.
    A l'abri de sa hache d'arme,
Sanglans, criblés de coups, ils sont là réunis !
    Quand il voit leurs rangs dégarnis,
De sa paupière humide il s'échappe une larme !

    « Le roi suprême des combats,
» Thor (3), a pour aujourd'hui différé la victoire !
» Mais honneur aux guerriers qu'a choisis le trépas !
    » Odin (4) ne leur manquera pas ;
» Sa table les attend ! dans des coupes d'ivoire
» Les dieux du Valhalla (5) leur verseront à boire !
» Mais tout n'est pas fini ; la guerre a ses retours :
» Français, ne soyez pas trop fiers d'une surprise ;
    » Le plus brave a ses mauvais jours.
» Ce n'est pas pour si peu qu'un Normand lâche prise !
» A demain la vengeance ! à demain les assauts ! »

    (1) Le Muret n'était alors qu'un bourg hors la ville.
    (2) Le pont du Massacre.
    (3 et 4) Divinités scandinaves.
    (5) Leur paradis.

Il voulait pour les siens une nuit de repos.
      Dans ces camps pleins de funérailles
Les fils de la Norwège, épuisés et rendus,
      Déposaient leurs cottes de mailles;
      Quand des hôtes inattendus
Les ramènent soudain au festin des batailles.

Écoutez ! Savez-vous qui nous vient du midi?
C'est le comte d'Angers, c'est le comte du Maine,
Avec ses Poitevins c'est Eble-le-Hardi,
Accourant à la voix de la Dame chartraine !
Viendront-ils de si loin pour se croiser les bras?
Ils veulent, eux aussi, leur part dans ces combats.
Voyez tous ces guerriers que la Vienne et la Loire
      Ont envoyés, nobles rivaux,
      Pour compléter notre victoire,
Dans les champs de Lucé déployer leur drapeaux !
En avant, mes amis, pendant que le jour donne,
A la voix de la France et du ciel qui l'ordonne,
      Marchez, courageux Angevins,
      Tourangeaux tout blancs de poussière,
Vous à qui saint Martin confia sa bannière,
Et vous, rusés Manceaux, et vous, fiers Poitevins!

Et tous ces bataillons, par Luisant et Courville,
      A mesure qu'ils arrivaient,
Prenaient chacun sa place; ils étaient là dix mille;
      Et la ligne qu'ils décrivaient,
Des caveaux d'Amilly [1] courait jusqu'à la ville.

[1] Il existe dans la plaine d'Amilly d'anciens caveaux qui se prolongent jusqu'à Chartres.

Là de Rollon les nombreux cavaliers
　　Campaient dans ces grasses contrées,
　　Où le diligent Mainvilliers
　　Sourit à ses moissons dorées.
Plus loin sur les côteaux, en face des Épars,
　　Avec adresse répartie,
　Le fer en main, barrant chaque sortie,
Sa puissante réserve observait les remparts.
C'est sur eux tout à coup que vient fondre l'orage.
Cette attaque imprévue a surpris leur courage ;
Ils ont mal soutenu ce choc audacieux.
Exprès la renommée, enflant sa voix cruelle,
Leur avait annoncé la funeste nouvelle ;
Si leurs frères ont fui, comment feraient-ils mieux ?
　　Ce n'est donc plus cette foi dans eux-mêmes,
　　　Cet élan, ce feu, ces blasphèmes,
Cet orgueil qui défie et la terre et les cieux.
　　　Ils doutent : leur main affaiblie
　　　Porte des coups mal assurés.
Aussi pourquoi Rollon, tout à ses Petits-Prés,
　　N'est-il pas là qui les rallie ?

Mais le héros lui-même a bien d'autres labeurs :
　　De toutes parts pressé par ces fureurs,
　　　Avec ses bandes décimées
Que vouliez-vous qu'il fît seul contre trois armées ?
Chartres, Chartres, rends grâce à tes libérateurs !
Adieu ces beaux projets qui lui donnaient la France !
Il pleure ! Terrassé par un pouvoir plus fort,
Son cœur, en ce moment, n'a plus qu'une espérance,
C'est d'arracher du moins ses braves à la mort.
C'est assez de combats ; au tour de la prudence !

V

Dès ce soir la trompette a sonné le départ.
  En tumulte le camp se lève,
 Et par les prés vers les hauteurs de Lève,
La rage dans le cœur, tout se dirige et part.

Victoire, ô ma cité! Repose désarmée!
Te voilà donc enfin libre de tes ennuis,
Et des camps ennemis les bruits et la fumée
Ne viendront plus troubler le calme de tes nuits!
  C'en est fait, la verte prairie,
  Par ces païens profanée et flétrie,
  Est retournée aux mains de ses vengeurs !
Au lieu même où Rollon commandait, les vainqueurs
  Vont dresser leur sainte bannière.

Ganteaume, soutenu par le bras des guerriers,
Sur un pont d'ennemis franchissant la rivière,
Monte sur les débris des tours et des béliers;
Là, comme le Prophète aux monts de l'Idumée,
L'œil au ciel, il bénit et la ville et l'armée!
Vingt mille cris joyeux répondent à la fois;
  Jusqu'au ciel, cet *amen* immense,
Que l'Église accompagne avec toutes ses voix,
Va porter leur victoire et leur reconnaissance.

  De tous côtés les femmes, les enfans,
  Dans leur prison retenus si longtemps,
   Accourent visiter ces tentes,
   Où veillaient tout à l'heure encor,
   Sous tant de formes différentes,
   Le fer, l'incendie et la mort.

Le peuple se souvint longtemps de ces batailles ;
>Tout lui servit dans l'avenir
>Pour transmettre le souvenir
>De ces terribles représailles.

Du nom de Rou (1) ces ravins appelés,
Retentissent encor des sons de sa trompette ;
>Plus loin ces prés, témoins de sa défaite,
Sont encor de nos jours les prés des Reculés.
Aux Vauroux, où Poitiers de sa lourde flamberge
>Culbuta si bien l'ennemi,
La piété plaça l'image de la Vierge ;
Là-bas, la croix Thibault, du sommet de sa berge,
>Protégeait Saint-Barthélemi.
Qui sait ? Si nos docteurs s'avisaient de me dire
>Qu'un Normand appelé Koanon
Périt à Saint-Maurice en y laissant son nom,
>A mes dépens dussiez-vous rire,
>Je n'oserais pas dire non.

>Mais finissons. Lèves sur sa montagne,
Après bien des dangers, a reçu les fuyards.
Ce jour leur coûta plus que toute une campagne :
Huit mille étaient couchés au pied de nos remparts.
La nuit sombre, autour d'eux épaississant ses voiles,
Était heureusement sans lune et sans étoiles.
On fit halte en ces lieux ; des troncs d'arbres brisés,
>Des charriots jetés à la traverse,
>Des pans de murs qu'à la hâte on renverse,
>Abriteront ces camps improvisés.
>Il était temps : déjà la triple armée,
>>Lions à la dent affamée,
Sans leur donner le temps de respirer,

(1) Les Vauroux ou val de Rollon, val de Rou.

Accourt. Enveloppé de ses crêpes funèbres,
　　Le ciel aura-t-il des ténèbres
　　　Assez pour les en séparer?
　Mais laissez faire; en ce péril extrême,
　　Loup dévorant et renard tour à tour,
Le Normand saura bien inventer à son tour
　　Pour les sauver quelque adroit stratagème.

　　Vous l'allez voir : égorgeant les troupeaux,
Qu'il traînait après lui, nourritures vivantes,
　　　Il jette leurs sanglantes peaux
　　　Sur ces barrières impuissantes;
　　Et protégé par le hideux rempart
　　　De ces dépouilles palpitantes,
　　Il a caché les siens à tout regard.
　　　Puis à travers l'ombre rougeâtre,
De distance en distance il allume des feux,
　　Et les vaincus consternés et honteux
　　　Faisaient silence autour de l'âtre.
Mais ce n'est pas assez : bien loin dans ces vallons,
　　　Par Saint-Prest et par la Roussière,
Des soldats par son ordre armés de leurs clairons,
　A pas de loup rampant dans la clairière,
Font sonner tout à coup leur musique guerrière;
L'écho jusqu'aux Chartrains en apporte les sons.
Prêt à livrer bataille, on s'arrête, on écoute.
Les Danois seraient-ils secourus à leur tour?
Sans bouger, l'arme au bras, on veille; dans le doute
Il vaut mieux de l'aurore attendre le retour.

　　　Mais aux premiers rayons du jour,
　　De nos Français concevez la colère,
Quand se précipitant par-dessus tous ces chars,
　　　Indignés de ces vains retards,

De tous côtés leur tranchant cimeterre
Cherche, mais vainement, des casques à briser,
Des ennemis à vaincre et des cœurs à percer.
Pas un être vivant! pas un seul adversaire!
Partout des feux éteints, des armes, des tronçons,
    Des débris de caparaçons,
    Des chevaux étendus par terre,
Des morts qu'on n'a pas eu le temps d'ensevelir,
Et de pauvres blessés qu'à leur dernier soupir
    Avait abandonnés un frère!
Ils étaient tous partis. Sans halte ni repos,
A minuit en silence ils se sont mis en marche;
    Le mot d'ordre était Pont-de-l'Arche;
C'est là qu'ils vont chercher la Seine et leurs vaisseaux.

Ainsi Dieu les sauva tout en sauvant la France.
    Jusqu'au dernier la divine clémence
N'avait pas condamné la race des Danois.
Chaque peuple à son tour pèse dans la balance.
Tout homme est son enfant : avec d'égales lois
    Il le châtie et le conserve;
    Plus tard il se servira d'eux;
Pour l'œuvre qu'il médite il les tient en réserve,
Sous le soleil de France il fera place à deux.

Toutefois, dès ce jour la victoire chartraine
    Porta son fruit : arrêté par le sort,
    Rollon comprit que son âme hautaine
    Avait trop haut élevé son essor;
    Il mit un frein à ses folles pensées,
    Et modérant ses fougues insensées,
Sa noble ambition eut un plus beau succès.
    Charle enfin lui donna sa fille;

Et membre admis dans la grande famille,
Il devint à son tour et chrétien et français ! »

C'est ainsi que sans perdre haleine,
Mon docteur en trois points débitait ses sermons.
Je suais, et vingt fois : « Assez, mon capitaine !
» Ménagez mon oreille, épargnez vos poumons ! »
Le bonhomme dans son délire
S'arrêta, quand enfin il n'eut plus rien à lire.
J'applaudis : « Grand merci pour la chère Morard !
» Vous avez donc vengé sa gloire ;
» Elle aura désormais sa place dans l'histoire !
» Mais je veux vous parler sans fard.
» Pourquoi dans vos récits cette pompe homérique ?
» A quoi sert d'emboucher la trompette héroïque ?
» Je vous dirai ce qui m'aurait souri :
» A votre place, moi, j'aurais choisi pour cause
» La modeste et vivante prose
» Des Lépinois et des Thierry.
» Que voulez-vous ? Le siècle est si frivole,
» Et l'un de ses mille travers,
» Je le dis à regret, c'est d'aimer peu les vers.
» On n'en fait plus ou l'on est tête folle.
» La prose encore passe au besoin..... »

Je parlais, mais trop vieux pour aller à l'école.
Ma barbe grise était déjà bien loin,
Cherchant quelque autre oreille bénévole !

QUINZIÈME STATION.

LA PORTE GUILLAUME.

I. Guillaume de Ferrière. — Faubourg Saint-Barthélemi. — Vieille route de Paris.

II. Souvenirs historiques. — Procession de la Ligue. — La reine Berthe.

III. La porte Guillaume réparée et brulée.

IV. Avenue des Veuves et des Soupirs. — Jeunes gens du jour. — Panorama. — Lutte du pouvoir temporel et du pouvoir spirituel.

V. Guinguettes des Filles-Dieu. — Retour de leurs habitués. — Imitation d'une chanson allemande.

I

Ah ! voici notre noir donjon !
C'est à Guillaume de Ferrière, (1)
Ce fier vidame à la longue rapière,
Qu'il doit sa naissance et son nom.
Mais combien d'eau depuis, du haut de ses murailles,

(1) La porte Guillaume fut bâtie par Guillaume de Ferrière, vidame de Chartres, au commencement du XIIe siècle.

N'a-t-il pas vu couler sous l'arche de son pont? (1)
La ville tient à lui comme au vieux compagnon
  De sa gloire et de ses batailles.
 Cadeau de fête, en cadres bien rangés,
  Sur tous les murs la belliqueuse porte
  A nos clochers fièrement fait escorte,
Chefs-d'œuvre par Gilbert revus et corrigés.
  Vous donc aussi, sur vos toiles fidèles,
  Présentez-nous sonnant le branle-bas,
  La bonne mère avec ses deux jumelles,
  Bondissant d'aise à l'odeur des combats.
Pour moi plus pacifique, au bas de ses tourelles,
 J'aime mieux voir pliant sous ses melons
  Ma jardinière hors d'haleine,
  Le cardeur qui lave sa laine,
Ou le cordier qui tord son chanvre à reculons. (2)

  Réduit à ses humbles chaumières,
  Cet honnête Barthélemi,
  De Saint-Cheron fidèle ami,
 Est bien déchu de ses grandeurs premières.
Maintenon le premier, puis le chemin de fer
  En ont fait un triste désert. (3)
  Mais avant ces routes nouvelles,
Le fouet en main si parfois un courrier,
  Galopant à franc étrier,
  Si quelques princesses bien belles,
  Ou quelque huppé grand seigneur,
Nous visitaient, il en avait la fleur.

(1) Proverbe chartrain.
(2) Des cordiers travaillaient autrefois dans les fossés.
(3) La nouvelle route de Paris a été faite sous Louis XIV en faveur de madame de Maintenon.

Mais il aimait surtout les saints pélerinages,
    Quant les reines venaient à pié
    Vers Notre-Dame de Pitié,
    Lui recommander leurs ménages,
C'était là son plaisir depuis trop oublié.

    Si ces murs noircis par les âges
  Nous redisaient tous les gens qu'ils ont vus,
    Si ces pavés battus et rebattus
Avaient en bons bourgeois rédigé leurs mémoires,
    Quelle moisson d'excellentes histoires!
    Mais les ingrats ont tout gardé pour eux.
      A peine dans un siècle ou deux
    Puis-je glaner quelque bonne aventure,
    De ma guirlande économe parure!
Je cherche cependant pour vous de tous côtés;
    Car vous aimez ces contes populaires;
      Sous leurs écorces mensongères
Ils cachent bien souvent de bonnes vérités.

Jadis, quand par ici je faisais ma patrouille,
    Une vieille de ces faubourgs,
    Tout en agitant sa quenouille,
  Heureusement venait à mon secours.

II

« Un soir des cavaliers passaient l'oreille basse,
    Me disait-elle, (elle avait tant appris!)
Leurs chevaux tout poudreux partageaient leur disgrâce;
    Tout le quartier les regardait surpris.
Qui sont-ils? où vont-ils? pourquoi cette fatigue?
    Que fait le roi? que fait la Ligue?

Guise est-il maître de Paris ?.....
Vous ne devinez pas! eh bien! Dieu me pardonne!
C'était Henri-Trois en personne
Qui se sauvait à Chartre avec ses favoris! (1)

» Au milieu de mille embuscades,
Le pauvre roi tout éperdu,
Dans la crainte d'être tondu,
Fuyait devant les Barricades.
Nous du moins à son mal nous n'avons pas perdu.
Depuis ce temps pour notre gloire,
Le joli mois de mai, vivement attendu,
Tous les ans nous apporte et sa feuille et sa foire (2).
Un bel et bon décret sanctionna le cas.

» A la faveur de ces débats,
Le Balafré, pour saisir la couronne,
N'avait qu'à tendre un peu le bras.
Tout Paris qui l'aimait le portait sur le trône.
Peut-être vous ou moi... mais lui, ne l'osa pas!

» A Chartres, cependant, Dieu! quel remue-ménage!
C'est là que le roi tient sa cour :
De toutes parts, et la nuit et le jour,
Il dépêche et reçoit message sur message.
Mais que prépare-t-on dans le camp ennemi?
Chacun veut le savoir, et tout Barthélemi
Guette les courriers au passage.
Maint curieux, du haut de Saint-Cheron,
Les yeux fixés sur la grand'route,
Le cou tendu, regarde, observe, écoute.

(1) La journée des Barricades, en 1588.
(2) Foire des Barricades, le 11 mai de chaque année.

« Vers Nogent voyez-vous cet épais tourbillon ?
» On vient au roi prêter main-forte.
» — Vive le roi ! — Mais non, c'est Guise qui l'emporte,
» Et vient à son rival mettre ici le baillon !
» — Vive alors la sainte union ! »

» Ce n'était rien de telle sorte :
Comme des pélerins armés de leur bourdon,
Hier encor si menaçante,
La Ligue aujourd'hui repentante,
Venait pour mieux tromper lui demander pardon.
Il fallut bien le croire, après tout, quand la foule
Sur deux lignes sans fin s'allonge et se déroule.
Elle approche, et déjà l'on distingue les chants
Et des pieux versets la lente alternative.

» Tout Saint-Cheron arrive de ses champs.
Le faubourg est sur le qui-vive.
De tous côtés la nouvelle se dit,
Et jusqu'à Chartre aussitôt rebondit.
Chacun court à sa porte ou se penche aux fenêtres ;
Les enfans ont quitté leurs jeux.
« Ce sont eux ! les voilà ! rangez-vous ! — » Deux à deux
Marchent des pénitens, des moines et des prêtres,
Tenant un cierge en main, dont se moque le vent.

» Devant eux, un grand homme à la barbe souillée,
Suivi d'un long sabre mouvant,
Dans une trompette rouillée
Soufflait d'effroyables concerts,
Et de ses sons aigus faisait fuir les enfers.

» Trois estafiers ensuite avec leur hallebarde
Et leur barbare impunité,

De tout ce peuple qui regarde
Contenaient l'importunité.
Leur costume bizarre et leur mine blafarde,
Tout en eux est à l'unisson :
Leur casque est un sale chaudron
Qu'ils ont trouvé sur les quais aux ferrailles ;
Leur cuirasse ébréchée et leur cotte de mailles
Laissent voir à travers les trous
Leurs sacs de pénitens qui pendent par dessous.

» Voici des soldats juifs la bande furieuse ;
Captif au milieu d'eux frère Ange de Joyeuse,
Ce mignon de Henri devenu capucin,
Aujourd'hui c'est un petit saint ;
C'est Jésus-Christ qui monte aux sanglantes collines ;
Son front est peint en rouge et couronné d'épines.
Voyez la longue croix que supporte sa main.
De temps en temps, sous le poids qui l'entraîne,
L'adroit comédien semble manquer d'haleine,
Et se laisse en pleurant tomber sur le chemin.
Tout aussitôt, pour soulager sa peine,
Un mouchoir à la main et des pleurs dans les yeux,
Accourent à l'envi la Vierge et Madeleine :
C'étaient deux frères-lais, dont le menton sans laine
S'en acquittait on ne peut mieux.
A chaque sainte défaillance,
Ils se prosternaient en cadence,
Aux longs bravos des spectateurs.
Et puis de tous les rangs, de toutes les couleurs,
Deux mille autres suivaient ces tristes parodies.

» Ne riez pas, Messieurs, d'un air si triomphant ;
Chaque siècle a ses comédies ;
L'homme toujours ne fut qu'un grand enfant.

Et vous aussi, malgré toute votre sagesse,
Avec un bonnet rouge, ou des lis de carton,
Un petit chapeau mis de certaine façon,
    On vous fait pleurer de tendresse!

» Guillaume enfin, du haut de son donjon,
    Voit déboucher l'innocente cohorte;
Oubliant sa consigne, il leur ouvre sa porte.
    Ils ont traversé le grand pont;
    Et vont gagner les hauteurs de la ville.

» Par la porte Cendreuse et la Croix-de-Beaulieu
    La sainte légion défile,
A chaque station jouant la Vierge et Dieu.
    Accourus à la découverte,
    Tous les écuyers du château,
A travers les vitraux de l'escalier de Berthe,
Les regardent monter le rapide côteau.
    Dans le cloître l'âne qui vielle,
Remue en les voyant l'oreille et le museau,
    Et du haut de son escabeau
Les régale en passant d'un tour de manivelle.

» Valois, en ce moment, ce libertin pieux,
    De l'attentive cathédrale
Écoutait recueilli les chants religieux,
    En attendant la nuit et son scandale;
    Quand déployant ses longs replis,
    La kirielle en blancs surplis,
    Vient à ses pieds crier miséricorde.
Frère Ange, s'il se peut, redouble d'onction,
    Et dans le feu de l'action,
Sa croupe rebondit sous les nœuds de la corde.

» Crillon, qui près du roi les suit d'un œil moqueur,
   Applaudissait de tout son cœur :
   « Courage ! allons, point de relâche !
» Tout de bon, mes amis, frappez dru, frappez fort !
   » Ici point de pitié ! Le lâche
» S'est caché sous le froc pour éviter la mort ! »

   » Mais au milieu de ces capucinades,
      Joyeuse poursuivit en vain
      Ses sacriléges mascarades.
      La Ligue y perdit son latin ;
Derrière se dressaient toujours les barricades !
      Valois l'accueillit assez mal,
      Trop profonde était sa blessure ;
      C'est dans le sang de son rival
   Qu'il a juré de laver son injure.
      Guise accourt dès le lendemain,
      Et sa trop confiante audace
S'excuse le front haut et prie avec menace.
Insensé ! mais ce soir de ton lâche assassin
      L'italienne perfidie,
      Au son lugubre du tocsin,
T'arrachant en sursaut au cloître Saint-Martin (1),
      Dans le trouble de l'incendie,
Au milieu de la foule ira chercher ton sein (2).
      Tôt ou tard on aura ta vie ;
Et si Chartre aujourd'hui par un heureux hasard
Te manque, Blois demain aiguise son poignard. »

(1) Guise fut logé dans la maison des consuls, cloître Saint-Martin.
(2) On mit le feu, pendant la nuit, à une maison du Marché-à-la-Filasse, pour attirer le duc de Guise et le tuer à la faveur du tumulte.

Ainsi me racontait ma vieille filandière,
Du doigt tordant son fil et tournant son rouet ;
Et moi qui n'aime pas à demeurer muet,
J'aimais à provoquer sa verve coutumière.
A souhait, chaque jour, sans se faire prier,
  Elle trouvait dans son grimoire
  De quoi fêter par une histoire
  Tous les Saints du calendrier.

« C'était un autre jour notre comtesse Berthe
A pied rendant visite à sa chère cité.
Son mari n'était plus (1); pour consoler sa perte,
  Le roi Robert, épris de sa beauté (2),
  En avait fait son épouse chérie ;
Imprudent qui n'avait consulté que son cœur !
Elle vient aujourd'hui consacrer à Marie
  Sa gratitude et son bonheur ;
  Et demain, du haut de sa chaire,
Un Pontife irrité, qui par devant ses lois
Cite en maître absolu les peuples et les rois,
  S'en va frapper de son tonnerre,
  Au nom des liens respectés
  Que sa sévérité protége,
Entre parens cet hymen sacrilége
  Et ces folles témérités.

» Contre la foudre vengeresse
Robert la défendit de toute sa tendresse.
Mais le peuple à genoux fit entendre sa voix ;
  Le cœur brisé par la souffrance,

---

(1) Eudes Ier, comte de Chartres et de Blois.
(2) Robert l'épousa en 996 ; elle était sa parente dans un degré prohibé par l'Église.

A sa Berthe adorée il préféra la France,
Et vaincu renvoya la femme de son choix.

» On la revit plus tard sur ces tristes rivages
　　　Passer dans un autre appareil;
　　　En invoquant le grand sommeil,
Elle allait à Nogent pleurer ses deux veuvages. » (1)

Ma conteuse en avait ainsi pour tous les goûts ;
Mais sa porte un beau jour fut sourde à mes demandes :
Ma vieille du bon Dieu, manquant au rendez-vous,
Était allée au ciel raconter ses légendes.

III

　　　Je n'ai plus pour me consoler
　　　Que les créneaux de sa voisine;
Mais elle-même aussi, chancelante ruine,
　　　Comme elle, a failli s'en aller.
　　Combien de fois n'ai-je pas craint pour elle ?
Aux vieux machicoulis notre époque est mortelle.
　　　Deux seulement sur les sept sœurs (2)
Avaient fui le marteau de nos démolisseurs.
Déjà Morard n'est plus ; nos savans géomètres,
　　　Pour élargir de quelques millimètres
Un passage inégal, étroit, désespérant,
　　　Qui ne vaut pas la peine qu'on y prend,
　　　Sous nos yeux l'ont réduite en poudre;
Et le ciel n'a pas fait gronder sur eux sa foudre !

(1) Berthe mourut à Nogent-le-Roi.
(2) Chartres avait sept portes au commencement de ce siècle.

Je me disais : « Guillaume y passera ;
Pour couronner cette immense hécatombe,
Si bien de tous côtés on nous l'écornera,
Qu'enfin de guerre lasse il faudra qu'elle tombe! »
C'est ainsi qu'un beau jour je lui disais adieu : (1)
  Avec leur pic et leur truelle
Tant de maçons hargneux s'agitaient autour d'elle!
Mais non, je me trompais, ce n'était là qu'un jeu.
Après l'avoir dix fois fouillée et refouillée,
Et de ses vieux atours lentement dépouillée,
 On a fini par nous la mettre au bleu!

Là du moins sur sa base elle vit donc encore!
Puisse du moins cent ans son front humilié
  Échapper au temps qui dévore,
Mais à l'homme surtout qui brise sans pitié !

Écoutez! écoutez! du tocsin redoutable
  N'ai-je pas entendu la voix?
  Des malheureux sont aux abois ;
Courons vite leur tendre une main secourable!
  Couverte d'un nuage épais,
 C'était, mon Dieu! notre pauvre Guillaume (2),
Dont le toit belliqueux, au milieu de la paix,
Sous l'haleine des vents brûlait comme du chaume!
Peut-être ignorez-vous qu'aux boulangers voisins
De nos vieux échevins l'économe tutelle
Avait livré jadis, pour y serrer leurs grains,
  Son arsenal et sa chapelle,
  Sans réfléchir qu'une étincelle
Suffit pour allumer des brâsiers mal éteints.

(1) Réparations faites en 1846 et 1848.
(2) Incendie de 1856.

Cet oubli l'a perdue, et malgré ses vidames,
Enfaiteaux et planchers périssent dans les flammes;
    Son mur tout noir seul est resté.
    L'Anglais, vainqueur dans la mêlée,
Pour sa vieillesse eût eu moins de sévérité.
    La voilà donc toute démantelée,
Faisant, si vous voulez, bonne mine au dehors,
Mais au dedans sinistre et menaçante,
De longs éboulemens effrayant ses abords.
    Ah! si du moins une main bienfaisante
Rendait un peu de vie à ses vieux contreforts!
Mais nos budgets ont-ils l'âme compatissante?

IV

Poursuivons : comme moi hormis quelques flaneurs,
Notre jeune avenue a peu de promeneurs.
Je l'observai cent fois, en ce lieu solitaire,
    Une tristesse involontaire,
Sans nous en prévenir, se glisse dans nos cœurs.
De joie et de chagrins la vie est si mêlée!
    Comme Paris la cité du plaisir,
    Ou Venise la désolée,
Des Veuves nous aussi nous avons notre allée;
    Voici plus loin notre pont des Soupirs!

    Cette eau qui se hâte en silence,
    Ce noir feuillage et ces jardins déserts,
De leur maître éloigné réclamant la présence,
Par la guerre et le temps ces remparts entr'ouverts,
Tout ici nous invite à la mélancolie;
    Et ceux qui veulent méditer
    Sur les angoisses de la vie,

Viennent souvent la visiter.
Tour à tour le poëte y pleure une élégie ;
L'épouse indignement trahie
S'y plaint de son lâche abandon ;
Son manteau drapé sur l'épaule,
Quelque Fleury moderne y répète son rôle (1) ;
Ou le prédicateur y rumine un sermon.

Enfin les vents dormaient au bord de la rivière ;
Derrière les hauts peupliers
La lune avait caché sa tremblante lumière,
Et l'on n'entendait plus à travers la clairière
Que l'eau qui murmurait ou le chien des meuniers.

Là-bas, sur cette pierre usée,
Quel est donc ce jeune amateur ?
Ah ! je comprends ! sur la hauteur
Sans doute il aura vu le modeste élysée,
Où sur le blanc duvet repose son trésor.
Son œil ne peut quitter la vision charmante.
J'ai deviné soudain le mal qui le tourmente,
Et de loin je souris à ses beaux rêves d'or.
J'ai toujours aimé la jeunesse,
Et je sais pardonner à ses graves soucis.
Gardons pour nos cœurs endurcis
Les froids conseils de la sagesse.

Mais lui le voyez-vous choisir
Parmi tout son amour sa plus douce pensée :
« Va, lui dit-il, fille de mon désir,
Vole auprès d'elle à travers la rosée,
Et de mes vœux tout bas songe à l'entretenir ! »

(1) L'acteur Fleury est né à Chartres en 1750.

Puis la docile messagère,
Je la vois s'élancer légère ;
Heureuse, si le noir hibou,
Qui dans un tronc pourri la guette,
Ne vient pas saisir la pauvrette,
Et la noyer dans le Vieux-Trou !

J'étais dans une erreur complète.
Il s'agit bien ici d'amour !
Maladroit ! pour juger nos jeunes gens du jour,
Le vieux régent n'est plus qu'un vrai barbare !
Ce bel et touchant Amadis,
C'était tout simplement un de nos étourdis,
Qui, tout en fumant son cigare,
Tout en suivant de l'œil la vapeur qui s'égare,
Pour festoyer un ami survenu,
D'un bruyant déjeûner préparait le menu !

Laissons chacun courir où son penchant l'entraine
Moi, toujours au passé le présent me ramène.

Je m'en allais contemplant tour à tour
Ces pignons et leurs bigarrures;
Saint-Aignan et sa sombre tour;
Ce clocheton grimpé sur ces vieilles toitures (1);
Plus bas les coquettes maisons,
Où notre grave bourgeoisie
Lit ses journaux et s'extasie,
Dans ces lieux où jadis s'élevaient nos prisons.

(1) Maison de la rue des Changes, bâtie par l'évêque Bèche-bien au XVe siècle, et qui a servi depuis d'hôtel-de-ville

Saint-Jean, de ses teintes austères (1),
Au lieu de ses blancs solitaires,
Protége un peu plus loin sous l'azur de ses toits
Ces saintes mères de l'enfance,
Dont les conseils et la pieuse voix
Sont pour elle ici-bas une autre providence.

J'aimais à recréer tous ces temps d'autrefois.

Sur la croupe de la montagne
C'est là que le château (2), vieux de plus de mille ans,
Dressait avec orgueil ses créneaux turbulens,
Et du haut de ses tours dominait la campagne.
Son ombre s'étendait sur toute la cité.
A ses murailles redoutables
Chaque siècle avait ajouté ;
Devant ses portes formidables
Ami comme ennemi passait épouvanté.

J'y voyais les Thibault, les Eudes, les Étienne.
Tantôt du flot normand soutenant tout le poids,
Ici le disputant aux rois ;
Là, vengeurs de la foi chrétienne,
Sur les murs de Sion allant planter la croix.
Ou tremper de leur sang la rive égyptienne.

(1) Ancien couvent de Saint-Étienne, reconstruit par les moines de Saint-Jean en 1591, et occupé maintenant par les Dames de la Providence.

(2) Le château des comtes de Chartres fut relevé par Thibault-le-Tricheur, dans le courant du Xe siècle

Mais voici qu'en regard une maison de bois (1),
Bien modeste d'abord, près de la cathédrale,
Montrait, humble pendant, le plus simple des toits.
Là, de nos fiers barons, si jaloux de leurs droits,
L'autorité hautaine a trouvé sa rivale.
    Sous ces maîtres impérieux,
C'était là que le peuple à l'envoyé des cieux
Allait en gémissant révéler sa misère.
    Le prêtre ému, descendant sur la terre,
A tous ces opprimés prodiguait son secours.
C'était d'abord pour eux la timide prière;
Bientôt ce fut un droit qui grandit tous les jours.
L'ange hélas! trop souvent montra qu'il était homme!

    Sur le sommet de ces côteaux
    Je rebâtis Carthage et Rome.
Je rends la vie à ces puissans rivaux.
En eux circule encor cette sève féconde,
Mère de tant d'erreurs, de crimes, de vertus;
    Et sur les peuples abattus
Ils sont là sous mes yeux se disputant le monde!

    Mais voici l'heure du réveil!
Le lion à son tour secouant sa crinière,
Se lève, brise tout et venge son sommeil;
Et tous ces grands débris gisent sur la poussière.
    Ainsi périt le monde féodal;
    Plus de comtes ni de vidames;
    Plus de castes ni d'oriflammes;
Et le frère au banquet à son frère est égal.
    On dit pourtant que des fantômes

---

(1) L'évêché, bâti d'abord en bois, fut rebâti en pierres par saint Yves, vers 1100.

Errent encore autour de ces tombeaux,
Pleurant sur leur pourpre en lambeaux,
Demandant à grands cris leur part dans ces royaumes.
Pourquoi ces regrets superflus?
Ne le voyez-vous pas? Le torrent populaire
Emporta tout dans sa colère,
Et le passé ne revient plus.

Ne nous plaignons pas trop : la clémence infinie
Qui laisse en liberté l'orage bondissant,
Sait aussi de son bras puissant
Du mal enchaîner le génie.
Voyez notre vieux temple assis sur son rocher :
Tout l'effort de l'enfer n'a pu l'en détacher;
Pendant que tout cédait à l'affreuse tempête,
Sous tant de coups multipliés
Seul il n'a pas courbé la tête ;
Le flot vint en grondant expirer à ses pieds.
La sainte et divine pensée
Resta là toujours grande et le front dans les cieux,
Comme un abri mystérieux
Pour la famille dispersée !

V

Mais écoutons ! Bons dieux ! quel tapage et quels ris
Sur la route silencieuse
Réveillent les échos surpris !
Courage, Saint-Cheron, c'est ta bande joyeuse!
Ce sont vos abonnés, mes braves Filles-Dieu,
Rendez-vous si vantés une lieue à la ronde!
Car tous les ans mûrit, s'il plaît à Dieu,
Sur vos côteaux que le soleil féconde,
Ce petit vin clairet si prisé des buveurs.

Vous savez avec tant d'adresse
Endormir les commis, allonger vos liqueurs,
Et vendre à musse-pot les songes de l'ivresse !

Aussi, l'après dîner, voyez que d'amateurs
A vos bouchons de lierre apportent leurs suffrages !
Qu'un rival redouté, Mainvilliers par hasard,
Pendant un jour ou deux captive leurs hommages,
A ses premiers amours on revient tôt ou tard.
  C'est là, sous vos treilles amies,
   Que le gai savetier du coin,
   Buvant pour les jours de besoin,
   Va placer ses économies ;
Un panier sous le bras, sa prudente moitié
Porte le fin jambon, le fromage et la poire,
  Bonne femme dont l'amitié
  A toujours soif, quand son mari veut boire.
  C'est là, que, chômant le lundi,
   Devant la pinte bienheureuse,
  Le portefaix règle avec sa leveuse
   Les recettes du samedi.
C'est là que fatigués de gouverner la France,
Le nez plein de tabac, nos vieux politicons
  Viennent aussi finir leur conférence,
Et d'un verre anodin rafraîchir leurs poumons.

  Mais sur les bancs de la guinguette,
  Quelques bons amis en goguette,
  Ce soir dans de joyeux ébats,
Ont oublié les trop rapides heures ;
 Et les voici qui se tenant le bras,
 De ci de là regagnent leurs demeures.
  Au milieu d'eux un vieux troupier chantait
Des couplets qu'il avait rapportés d'Allemagne.

Seul prix d'une rude campagne ;
Je les retins au vol quand chacun répétait :

« Quels flots, amis, de vapeur enivrante (1)
Du mont voisin parfument ces vallons ?
Ah ! c'est la vigne à la feuille naissante,
Qui verse au loin l'odeur de ses bourgeons.
Dans le cellier, au fond de la futaille,
Qui peut ainsi s'agiter et bondir ?
A l'air natal c'est le vin qui tressaille ;
Oh ! la patrie et son doux souvenir !

.

» Muet longtemps sous la douve il sommeille ;
Mais à l'odeur de ses chers espaliers
Impatient le voilà qui s'éveille !
Et nous, amis, serons-nous ses geôliers ?
Préparons-lui la coupe hospitalière !
De sa prison qu'on le fasse sortir !
Pauvre captif, vois enfin la lumière !
Oh ! la patrie et son doux souvenir !

.

» Dis maintenant, enfant de la colline,
Te sens-tu libre ? En ce rayon d'amour
Dont le cristal transparent s'illumine,
Vois-tu ces champs où tu reçus le jour ?
Comme il frémit ! Ses yeux se multiplient
Pour voir sa mère, enivré de plaisir ;
Et d'elle aussi les regards lui sourient !
Oh ! la patrie et son doux souvenir !

(1) Imitation du poète allemand Kerner.

* *
*

» Divin nectar, dont la chaude puissance
Sait pénétrer tous les replis du cœur,
Vois bien ces lieux où grandit ton enfance!
Nous le voulons, goûte encor ce bonheur !
Privé longtemps du ciel qui l'a vu naître,
Que le proscrit qui va bientôt mourir,
Ainsi que toi de loin voie apparaître
Et la patrie et son doux souvenir! »

Voilà comment sur la rive étrangère,
Le vieux soldat qui marchait en avant,
  En arrière jetait souvent
Un œil d'amour sur sa France bien chère;
Il la retrouve encore aujourd'hui dans son verre.
 Moi, j'admirais et leur pas cadencé,
  Et leurs couplets, et leur mine fleurie;
Mais tout depuis longtemps s'est dans l'ombre effacé!
  Sur le grand chemin de la vie,
Ainsi brille un moment chaque heureuse folie!

SEIZIÈME STATION.

LE VIEUX-TROU.

I. Origine du Vieux-Trou. — Souvenirs. — Henri IV. — Siége de Chartres en 1591. — Épisodes.

II. Attaque du 2 avril, du côté du Vieux-Trou.

III. Capitulation. — Sacre du Roi. — Pont des Filles-Dieu.

Ainsi, dans ces momens de douce poésie,
Je m'en allais au hasard devant moi,
En méditant je ne sais quoi
Au souffle de la fantaisie.
Sur le banc vert je m'assis près du pont,
Pour mieux goûter le frais de ces rivages,
Laissant mon esprit vagabond
Sans souci galoper sur le dos des nuages.
Je pestais de bon cœur contre nos sots usages,
Aux lieux les plus charmans donnant un vilain nom,
Ou coiffant d'un beau mot les plus affreux visages.
Puis je prêtais l'oreille au tic tac du moulin :

Si vous saviez comme ce bruit lointain
Me plaît, quand à la fois, à travers la feuillée,
Les vents pendant la nuit s'agitent gémissans,
  Et que les chiens qui guettent les passans,
Troublent de leurs abois les chants de la veillée !

I

Le voilà donc ce terrible Vieux-Trou,
    Qui vaut mieux que sa renommée !
Son nom tout seul ferait fuir une armée ;
Qui ne le connaît pas le croit un loup-garou.
Mais s'il l'a mérité, dites-moi donc par où !

Au temps où les Anglais nous faisaient rudes guerres,
    Quand la fortune sans merci,
Aux vignes de Poitiers, dans les champs de Crécy.
    Trahissait l'élan de nos pères ;
    Chartres voyant ses faubourgs menacés,
        Pour garantir sa ville basse
        Et n'avoir pas à crier grâce,
        Ici creusa ces longs fossés ;
L'Eure l'environna de sa double ceinture ;
Paraissez, Navarrais, Maures et Castillans !
Ici comme là-haut, Chartres, sous cette armure,
    Bravera tous les assaillans.

    Au confluent des deux rivières,
    Dans cet angle, sous les Valois,
Un vieux château se dressait autrefois
    Flanqué de tours, criblé de meurtrières.
Un pont y conduisait par la porte d'Imboust.
Au pied de son rempart, le temps qui ronge tout

Et le courant qui lutte et gronde,
Avaient creusé jadis une fosse profonde.
Sans consulter l'oreille ni le goût,
Nos bons aïeux, dans leur langue grotesque,
Eurent bientôt trouvé son nom tout pittoresque.
Depuis, pont et château l'Eure a tout emporté ;
Et le Vieux-Trou tout seul jusqu'à nous est resté.

Mais que dis-je? A son tour le voilà qui s'efface !
Ce paysage décevant,
Est-ce bien ce désert dont nous cherchons la trace?
On le perd en l'enjolivant.

Plus de ces histoires terribles,
Que le peuple contait le soir près du foyer.
De quelque pauvre prisonnier,
Jeté dans ses gouffres horribles ;
Plus de ces furieux assauts,
Qui faisaient trembler ses rivages;
Ni de ces immenses carnages,
Où les morts encombraient ses eaux !

C'était surtout de Henri-Quatre
Que sa fierté se souvenait le mieux ;
Car il était tout glorieux
D'avoir lutté contre ce diable à quatre; (1)
C'était sa page à lui, son fleuron précieux.
Mais dans les flots de notre grande histoire
Tout va se perdre et s'engloutir.
Vase trop plein, notre mémoire
Depuis un demi-siècle a trop à retenir.

(1) L'attaque principale eut lieu vers le Vieux-Trou.

A peine s'il survit quelques vieilles légendes,
Et nous laissons périr nos dernières guirlandes!

Ces Grecs et ces Romains, dont nous sommes jaloux,
　　Sans valoir mieux, faisaient bien mieux que nous :
　　　　Dans leurs vivantes écritures
Leur soin religieux, songeant à l'avenir,
　　　　Racontait aux races futures
　　　　Tout mémorable souvenir;
Puis dans leurs temples saints, sur leurs places publiques
　　　Rendant la vie à leurs héros,
Et le marbre et le bronze, en œuvres magnifiques,
Allaient de siècle en siècle éveiller cent rivaux.
Ainsi tous ces grands noms traversèrent les âges!

Chez nous de tous les rangs mille nobles courages,
　　　Sous la bannière des guerriers,
　　L'enfant du peuple et les fiers chevaliers,
　　　Pour sauver leur indépendance,
　　Leurs vieux autels et leur libre croyance,
　　Bravent la mort pendant trois mois entiers;
Les mines, les fossés, la brèche meurtrière,
　　Sont inondés de leur sang généreux;
　　　Et nous, leurs fils ou leurs neveux,
　　　Nous jetons un peu de poussière
Sur leur cercueil, et puis tout est fini pour eux!

　　Oh! des clairons si la mâle harmonie
　　　Convenait à ma faible voix,
Si le cœur suffisait à défaut de génie,
Va, mon vieil Autricum, fils aîné des Gaulois,
Ton jour serait venu! Dans une autre Iliade,
Moi, j'aurais à mon tour raconté tes exploits,
Et ton Vieux-Trou lui-même eût eu sa Henriade!

Près des Turenne et des Montmorency (1),
　　Ces noms brillans que la Mémoire
Est sûre de trouver où se trouve la Gloire,
　　J'aurais voulu chanter aussi
　　Tel autre nom à la rude encolure,
　　Qui d'une lieue eut senti la roture.
　　J'aurais fait vivre, à côté de Grammont,
Qui s'est en amateur jeté dans nos murailles,
Attiré par la poudre et le cri des batailles,
Le clerc de procureur et le gai compagnon,
　　Qui troque pour un mousqueton
　　Son écritoire ou ses tenailles.
　　Que de bons vers ils m'auraient inspirés,
　　Tous ces guerriers aux glaives acérés,
Rochambault, Poisvilliers, Suireau, la Pâtrière (2),
Et toi, leur chef à tous, sage la Bourdaisière,
　　Et Réclainville aux bras de fer,
　　Et Laborde et la Pinellière,
　　Tous prêts à défier l'enfer!
A toi surtout, Lacroix, une place honorable,
　　Toi qui toujours infatigable,
Où se donnaient les coups étais là le premier.
　　Conduisant toutes les escortes,
　　Combattant à toutes les portes,
　　Et rentrant toujours le dernier!

Quel plaisir c'eût été de faire connaissance
　　　Avec tous ces vieux noms chartrains!
　Dans l'autre camp, c'était encor la France,
Encor de nobles cœurs et de brillants destins!

(1 et 2) Noms des principaux acteurs de ce drame.

Là, sous la royale bannière,
En dignes vers j'aurais peint Châtillon,
Si fécond en ruses de guerre,
Et du Lude, et Saint-Pol, et Sourdis, et Biron,
Que Mars avait lui-même armés de son tonnerre.
Ici le Catholique eût placé ses quartiers ;
Les Reîtres menaçants et les Suisses farouches
Eussent campé plus loin à Mainvilliers.
Paysan, garde bien tes ouches;
Crains tout de ces sombres regards.
De ces lourdes cottes de mailles!

J'aurais d'abord du côté des Épars
Livré mes plus chaudes batailles.
Le Grand-Faubourg était tout en émoi.
Là flottait l'étendard du Roi;
Autour de lui, pleins d'une noble envie,
Les plus fidèles dévoûmens
Se disputaient l'honneur de lui donner leur vie.
Là, vingt canons aux longs mugissemens
Sans repos battaient la muraille ;
Fortins et cavaliers croulaient sous la mitraille.
J'aurais redit tous les assauts;
A travers le fer et la flamme
Mon vers impétueux dressant son oriflamme,
Marchant de pair avec tous mes héros,
Aurait escaladé les forts et les courtines;
Ou plutôt dans les rangs de sa chère cité,
Opposant mines contre mines,
Du haut de ses remparts il eut tout culbuté,
Et tout sanglant il fut resté
Avec ses fiers Chartrains debout sur leurs ruines!

En vrai furet, par l'odeur alléché,
L'œil aux aguets, j'aurais si bien cherché,
Dans tous les coins de nos vieilles chroniques,
　　Maint épisode bien caché,
　　Que j'aurais enfin déniché
De quoi rompre l'ennui de nos rimes classiques.

Je n'aurais pas manqué le courageux Robert (1),
　　A qui l'on rapporta sans vie
Son vieux père tombé sous la balle ennemie.
Ce n'est pas en sanglots que sa douleur se perd ;
　　Point de pleurs; mais à la nuit sombre
　　Par la poterne avec quelques amis,
　　Au camp des Reitres endormis,
　　L'épée au poing, il se glisse dans l'ombre.
Que de sang et de morts! mais au cri des mourants,
Pour adieux, quand enfin se réveille l'armée,
Il jette sur leurs toits ses brandons dévorans,
Et rentre tout couvert de sang et de fumée.

　　Savez-vous au haut de sa tour
　　Quel est cet autre téméraire ? (2)
Celui-là dans mes vers aurait aussi son tour.
　　Pour mieux préparer leur tonnerre,
Devant le bronze en feu les prudens Huguenots
　　Avaient étendu leurs manteaux,
Et se tenaient cachés sous l'abri-tutélaire.
Il l'a vu, cette ruse excite sa colère ;
　　Il a juré d'arracher ces lambeaux :
C'est au grand jour des cieux qu'un brave fait la guerre!
Puis d'un saut le voilà sur le bord escarpé;
Il tombe au milieu d'eux ainsi que la tempête.

(1 et 2) Épisodes du siège.

Taille en pièces les uns, brise aux autres la tête,
Et remonte au rempart dans leurs manteaux drapé !

    C'est en chantant ces mille alternatives,
    Ces coups hardis, ces glorieux hasards,
Que j'aurais oublié les heures fugitives
Et du court février et du belliqueux mars (1).
        La basilique sans se plaindre (2)
        Eût vu ses clochers menacés,
Sa rose étincelante et ses vitraux brisés,
    Et ses voix sonores s'éteindre.
Au milieu des dangers ces bourgeois ont grandi.
A ce beau dévoûment vous eussiez applaudi.

    Vous auriez plaint le Béarnais lui-même
Inquiet, agité, tourmenté nuit et jour,
        Quand, l'abattant au Grand-Faubourg,
    La maladie, avec sa face blême,
        Le clouait à la Croix-de-Fer (3).
Ah ! Dieu seul a connu tout ce qu'il a souffert !
    Pour soulager sa vive impatience,
Bien loin de la mêlée et du bruit des clairons,
Josaphat le reçut dans ses calmes vallons.
    Mais en partant, c'est un cri de vengeance
        Que fait entendre sa fureur :
       « Allez, ô mes vieux capitaines,
    Leur disait-il, démenti par son cœur,
» Votre roi vous verra de son lit de douleur,

(1) Le siège continua pendant les mois de février et de mars
(2) Les boulets entamèrent le clocher vieux, brisèrent la rosace royale et une des cloches.
(3) Le Roi logeait au Grand-Faubourg, dans l'auberge de la Croix-de-Fer, quand il tomba malade.

» Brisez ces murailles hautaines!
» Épargnez le soldat qui fait là son métier;
» Mais mille fois malheur à la ville rebelle!
» Point de merci ni de quartier!
» Et frappez, s'il le faut, l'enfant à la mamelle!... »

La fièvre ainsi parlait, Dieu ne l'écouta pas.
    Dieu cependant le gardait pour la France,
    Il eut pitié de sa longue souffrance
    Et le rendit au vœu de ses soldats.

    J'aurais chanté tous ces combats;
    Mais ma pacifique nature
    N'est pas faite pour ces ébats.
Ce soir pourtant je ne sais quel murmure
    Retentit au fond de mon cœur;
Essayer du Pindare est-ce un si grand malheur?
Une fois en passant je tente l'aventure!
    Nul ne m'écoute : Annibal n'est pas là
    Pour me renvoyer au collège.
    Je suis seul, l'ombre me protége,
    Honni qui mal y pensera!

II

Il était nuit! Chartrains, votre vertu sommeille;
    Mais garde à vous! l'ennemi veille!
Sans bruit en ce moment, par Luisant et Beaulieu,
Ses canons menaçans roulent aux Filles-Dieu.
    Écoutez bien, prêtez l'oreille!
    Entendez-vous dans le lointain
Le pas sourd des soldats que votre gloire éveille,
Et le cri des caissons heurtant sur le chemin?

Pendant que vous dormez, mille mains aguerries
    Ont tout préparé pour demain.
    Au premier réveil du matin,
    Trois formidables batteries,
A vos regards surpris se montrant tout à coup,
Vont de leurs feux croisés foudroyer le Vieux-Trou !
    Ce bal sanglant le voilà qui commence !
    Entendez-vous cette puissante voix ?
    C'est le coup d'archet de la danse !
Et tout le reste en chœur va répondre à la fois !

Je vous l'avais bien dit, sur l'enceinte ébranlée,
Des vignes de l'évêque et du haut des côteaux.
    Tout ce bronze à grande volée
Vomit en même temps la foudre et ses carreaux ;
Et leur rugissement, bien loin dans la vallée,
    Va roulant d'échos en échos.

    Allons, amis, qu'on se dépêche ;
Aux armes ! Vous surtout, enfans de la cité,
    Dont l'ardente intrépidité
Brigue le premier rang sur le haut de la brèche,
Soyez dignes de vous ! Allez, c'est dans vos mains
Que Chartres confiant a remis ses destins !

Mais Navarre a voulu diviser la défense.
    Pour mieux frapper, son adroite vengeance
    Sur tous les points menace les remparts ;
Parcourez Saint-Michel, Guillaume, les Épars ;

Le fer brille partout et partout l'airain tonne.
Une immense fumée au-dessus tourbillonne ;
  Et le vieux temple redouté,
  Qu'un cercle de flamme environne,
  Bondit sur son roc agité.

. .

Ne vous y trompez pas, ce n'est là qu'une ruse ;
Mais ses guerriers choisis, pendant qu'il vous amuse,
  Dans leur impatient transport,
  Attendent là sur le rivage.
Pour eux point de milieu, la victoire ou la mort !
Imprudens ! c'est la mort qui sera leur partage !

. .

C'en est fait, à grand bruit, sous tant de coups pressés
  Le mur s'écroule et leur ouvre passage ;
  Rien ne peut plus enchaîner leur courage :
  Dans l'eau qui gronde ils se sont élancés.
Sur la berge chacun gravit et se soulève,
Présentant d'une main la pointe de son glaive,
Se cramponnant de l'autre aux débris entassés.

. .

A peine ils touchaient l'eau, qu'une horrible tempête
Du sommet de la Brèche éclate sur leur tête ;
  De tous côtés le plomb part en sifflant.
Derrière chaque pierre une flamme étincelle ;
De la chaudière en feu l'huile à grands flots ruisselle,
Et la mort sans choisir les jette sur le flanc.

. .

  Là-haut, des enfans de la ville
  Pas un ne manque ; au milieu d'eux,
Avec sa haute taille et son front dédaigneux...

Je vois Lacroix, cet autre Achille;
C'est lui qui les mène aux combats;
Son œil lance la flamme et sa main le trépas.

․⁎

L'impétueux Dunois revit dans Longueville (1);
Autour du brave Réclainville
Voyez-vous ces guerriers? Ce sont là tous ses fils,
Troupe ardente dont le jeune âge
Chaque jour de ses cheveux gris
Reçoit encor des leçons de courage!
Qu'importe, si de ces débris
Le dur ciment au loin couvre le sable,
Ils sauront opposer sur le mur entrouvert
Avec leur poitrine de fer
Une barrière impénétrable!

․⁎

Eh! quoi! les ennemis pourront impunément
Franchir ces gués et braver leur vengeance,
Et sur leurs bastions tous nos canons dormant
Là-bas garderont le silence!
Et toi, dans les plaines de Dreux,
Fille des Huguenots (2) conquise par nos preux,
Toi qui savais si bien, nouvelle convertie,
Renvoyer à Condé son terrible concert (3),
Tu verras ces duels de ton haut belvéder,
Sans te mêler de la partie!

(1) Le comte de Dunois fut la tige de la maison de Longueville.
(2) La Huguenote, prise à la bataille de Dreux et placée au-dessus du Jeu-de-Paumes.
(3) Siége de Chartres par le prince de Condé, en 1568.

.˙.

Oh! non! n'en croyez rien, Drouaise et tous ses forts,
Et Guillaume, des lieux qui plongent sur ces bords,
Agitant tout à coup leur brûlante crinière,
A tant de bruits affreux viennent mêler leur voix,
Et prenant à revers l'assaillant aux abois,
Par de longs ricochets balayaient la rivière.

.˙.

Il en tombait des rangs entiers!
Henri-Quatre un moment balance;
Son cœur saigne en voyant périr tant de guerriers;
Quand pour couronner la défense
Un nouvel allié tumultueux s'avance.

.˙.

Dans la ville enchaîné par de prudentes mains,
Le fleuve, humble ruisseau, coulait vers la prairie;
Et quand Bourbon comptait sur son onde appauvrie,
Voici qu'à la Courtille et dans tous les moulins
Au même instant les pales sont levées;
Et l'Eure, rassemblant ses vagues soulevées,
Se jette sur les combattans,
Et roule vers les mers leurs cadavres flottans.

.˙.

C'était assez; le roi fit sonner la retraite.
La nuit s'avançait à grands pas,
Et la journée était complète.
« Ainsi, Messieurs, vous prenez vos ébats, »
Disait sur le rempart le brave Longueville,
Quand Châtillon faisait recueillir chaque mort!
— « Ainsi, Messieurs, se moque votre ville!

» Disait l'autre, demain il fera jour encor.
» Eh bien! comme aujourd'hui nous saurons nous ébattre
» Mille boulets pour vous sont au camp d'Henri-Quatre,
» Allez, et tous les jours il nous vient du renfort. »

.•.

Par cette longue résistance
Chartre épuisé n'en pouvait dire autant.
Chaque soir s'éteignait un rayon d'espérance ;
Et Mayenne (le négligent!)
Trahissait leur impatience.
Tout succès coûte bien du sang !

.•.

Bravant au champ d'honneur l'inconstante fortune,
Citoyens et soldats se battaient bel et bien ;
Mais au conseil de la Commune
La Discorde glissait sa figure importune,
Et le diable n'y perdait rien.

.•.

« Assez longtemps pour votre gloire,
» Chartrains, vous avez résisté.
» N'attendez pas la dure extrémité ;
» Sous l'égide de la victoire,
» Il en est temps encor, par un sage traité
» Sauvons nos droits, sauvons la sainte liberté. »

.•.

Mais Lacroix indigné, mais l'ardent Réclainville
Frémissaient de colère à ces honteux discours :
« Qui vous retient? partez! Sans vos traîtres secours,
» Nous saurons défendre la ville!
» Nous gagnerons à ce lâche abandon.

« Allez, jetez-vous bien aux pieds du nouveau maître.
» En vous voyant si bas il daignera peut-être
» Laisser tomber sur vous un indigne pardon ! »

   Puis joignant l'effet aux paroles,
Et sans plus s'occuper de querelles frivoles,
   A la tête de leurs guerriers,
Sans bruit ils descendaient de la brèche agrandie,
Le fer dans une main, dans l'autre l'incendie ;
   Et malgré ses lourds madriers,
   Ils s'en allaient réduire en cendre,
   Au milieu d'un noir tourbillon,
   Le pont hardi (1) que Châtillon
   Sut faire et ne sut pas défendre.

III

Chartres jugea pourtant qu'il fallait en finir.
Mais n'admirez-vous pas mes folles épopées ?
  Aurais-je au bruit de mes prosopopées
   Entrepris de vous endormir ?
Et moi tout le premier je n'y peux plus tenir :
Je sens de lourds pavots mes paupières trempées,
   Et je commence à m'assoupir !

  Que voulez-vous ? Jadis en rhétorique,
J'avais, jeune écolier, chanté ce deux avril,
Ce jour si beau pour nous de gloire et de péril !
  Longtemps dans ma ferveur classique,

---

(1) Pont de bois jeté sur le Vieux-Trou, pour faciliter un nouvel assaut.

A grands renforts d'emprunts et de larcins,
J'ai travaillé mon œuvre pindarique.
Depuis, hélas! mes chers alexandrins
    Jaunissaient dans mon portefeuille;
C'était vraiment à me fendre le cœur!
Ce soir, pour leur donner un peu de ce bonheur,
J'avais pris avec moi l'impatiente feuille;
    Et là mon paternel amour,
Sur ces bords où plusieurs avaient reçu le jour,
    Les lisait avec complaisance;
    Le Vieux-Trou d'aise en bondissait,
    Les chiens hurlans faisaient silence,
    Et le moulin applaudissait!

    Mais abusant de mon imprévoyance,
    Vous venez, vous, écouteur indiscret,
    A pas de loup me voler mon secret!
    Ce n'est plus moi qui suis le plus coupable.
    Signons plutôt une paix honorable;
Faisons comme Henri-Quatre et soyons généreux;
    Chartre et Bourbon y gagnèrent tous deux.

Le héros protestant, la ville catholique
Avaient dans la mêlée appris à s'estimer;
Mais réunis enfin sous la bannière antique,
Les deux nobles rivaux finirent par s'aimer.
L'heureux accord calma nos publiques tempêtes.
    Partout depuis, l'hydre aux cent têtes
    Tomba devant la puissante unité;
Et lorsque Reims encore et la Ligue obstinée
Combattaient en dépit de la majorité,
    Chartre était sa bonne cité;
Henri la chérissait comme sa fille aînée;

Et c'est dans son église, à l'ombre de sa croix,
Qu'il voulut, pour former comme un saint hymenée,
Recevoir de sa main la couronne des rois.

    Qui dirait que ces lieux paisibles
    Ont retenti de ces drames terribles,
    Ont regorgé de ces rouges torrens!
    Chartre eut bientôt réparé sa blessure,
        Et le fleuve de son eau pure
        Lavé tous ces débris sanglans;
        Cette bonne et sage nature,
        Pour cacher nos tristes débats,
Jette avec tant de soin son manteau de verdure
        Sur nos pompeux assassinats!

De nos jours seulement, près de la fleur naissante,
Parfois le jardinier, tout pâle d'épouvante,
Heurte de son hoyau, sous la terre enfoncés,
    De grands os, des glaives brisés;
Ou surpris vient montrer à nos vaines sciences
    Quelqu'un de ces globes de fer,
Dont le choc a tranché cent jeunes espérances,
Et qu'en fouillant le sol sa bêche a découvert.

    Depuis ces jours de terreur et de gloire,
      La main du temps a bien changé ces lieux;
Leur nom même n'est plus ici que pour mémoire.
    N'y cherchez plus ces amas rocailleux,
      Les plis heurtés de ces rivages,
Leurs buissons hérissés et leurs ronces sauvages,
Ni ces vieux troncs usés témoins de tant d'assauts!
    Sur cet inculte coin de terre,
Pour vous y ménager tous ces riants tableaux,
Les arts ont promené le compas et l'équerre.

Voyez, près du grand pont de pierre,
Ce joli pont de bois courant sous les berceaux,
Comme un enfant qui joue à côté de son père.
　　Voyez plus loin ces frais îlots
A l'envi chaque jour embellis par leurs maîtres,
Et tous ces pavillons dont les vertes fenêtres
Regardent passer l'eau sous les saules en pleurs,
Et sur le grand chemin trotter les voyageurs.
Ce pont-là me sourit : comme il va d'île en île,
　　　　Sur son beau sable généreux
　　　　Nous offrant un parquet facile!
　　En ponts surtout les Chartrains sont heureux;
　　　Mais croyez-moi, n'entrez pas dans la ville.
D'un utile trottoir celui-ci fut doté,
Et le piéton y brave avec impunité
Le coursier bondissant et le lourd équipage.
　　　Son frère aîné plus loin dans l'héritage
Ne fut pas en naissant aussi bien partagé;
Au pauvre promeneur ici l'on a songé;
　　　Sage Moline, il vous en remercie!
　　　Partout ailleurs si souvent on l'oublie!

Mais que de temps perdu par ma folle lenteur!
Vous verrez, le Vieux-Trou me portera malheur
　　　　Ai-je assez dans le flot rapide,
　　　　Avec un courage intrépide,
　　　　En tous sens trempé mon lecteur!
Oh! j'en serai puni; tôt ou tard je le gage,
On en retirera le maladroit rimeur,
　　　　Noyé là dans son bavardage!

DIX-SEPTIÈME STATION.

LES FILLES-DIEU.

I. Église Saint-André. — Embellissemens de la promenade. — Petits-Prés.

II. La Fonderie. — Son établissement, ses bataillons d'ouvriers, menuisiers, fondeurs, ébarbeurs, forgeurs, ajusteurs, poseurs, etc. — Turbine. — Moulins anglais.

III. Ancien couvent des Filles-Dieu. — Diane d'Apremont. — Son procès et sa condamnation (1).

I

Mon œil en ce moment aperçoit Saint-André ;
Avec tant de soin je l'évite !
C'est assez pour gâter ma course favorite.
    Quand je vois son flanc déchiré,
   Mon cœur s'attriste et malgré moi soupire ;
    Je souffre encor de son double martyre.

Celui-là fut aussi l'ami des pauvres gens !
Comme il aimait à vivre avec ses indigens !

(1) Voyez *Causes célèbres*

Quand la porteuse d'eau venait à sa fontaine,
  Et pendant toute la semaine
Grimpait, le dos voûté, nos tertres haletans,
  Il veillait là sur ses enfans,
Relevait son courage et consolait sa peine.

 Bon Saint-André, l'ombre de tes autels
Protégeait les cercueils de ma famille entière,
  Et sur le seuil de la carrière,
C'est toi qui me reçus dans tes bras paternels!
C'est sur moi que ta main dans cet instant suprême
Pour la dernière fois versa l'eau du baptême!
  Le lendemain, jour de douleur!
La Révolution, qui grondait à ta porte,
 A chaque instant plus terrible et plus forte,
Entra, brisa les fonts et chassa le pasteur.

 Depuis, hélas! la pauvre basse-ville
N'a plus de prêtre à soi ni de pieux asile.
Dans ce triste abandon que Dieu lui semble loin!
  Près d'elle plus de porte ouverte
  Pour la prière et le besoin!
Plus que d'affreux débris, qu'une plage déserte;
  Qu'un horrible grenier à foin!

  Du moins nos discordes sauvages,
  Dans leurs sacriléges ravages,
 Avaient laissé le vieux temple debout;
  Et voilà que des mains amies,
Surpassant dans la paix ces fureurs ennemies,
  Lui portèrent le dernier coup!
L'habile, qui conçut ce merveilleux ouvrage,
Avait sur le terrain rencontré tout à coup,
Et l'Eure et le chemin lui barrant le passage;

Il n'hésita pas un instant,
L'Eure et ses vagues frémissantes.
Et le chemin, où chacun va trottant,
S'étaient courbés sous deux arches savantes.
Vauban lui-même exprès venait les admirer.
C'est ici que fut Troie! Échappés du naufrage,
Ces restes sacrés d'un autre âge,
Un âge plus heureux pouvait les restaurer.
Mais vingt mal avisés, pleins d'esprit comme quatre,
Ont crié : « Malheur aux vaincus! »
Et sans broncher, pour sauver leurs écus,
Ont signé de leur main l'ordre de les abattre!
André perdit ainsi son chœur et son orgueil;
Un mur hideux cacha la grande cicatrice;
Et frappés du même supplice,
Les Beaux-Arts bien longtemps en ont porté le deuil.

Aujourd'hui nouvelle police :
Dieu soit béni! nous sommes bien changés!
Nos gouvernans enfin sont dans la bonne voie;
Avec le temps ils se sont corrigés;
Ils aiment le progrès, l'accueillent avec joie;
Beaux amateurs, qui faites chaque jour,
Muses à pied, comme moi, votre tour,
Dites, quel beau trottoir devant nous se déploie!
Naguère encor, quand la nature en pleurs,
Du haut des cieux, épanchait ses douleurs,
A quels chagrins n'étions-nous pas en proie?
Nous rentrions ruisselants, éreintés,
Jusqu'à l'échine indignement crottés;
Mais aujourd'hui voyez comme on nous choie!
De petits soins quelles rivalités!
Plus d'écueils dangereux où la jambe se noie!
On étend sous nos pieds un beau tapis de soie!

On nous traite en enfans gâtés!
Aussi, sans frais, au premier chêne,
Dût le messier grondeur après nous accourir!
Tressons-leur de nos mains la couronne chartraine;
Leur zèle a su la conquérir!

Assurément, toutes ces perspectives
Ont leur mérite avec leurs potagers,
Leurs belles eaux, leurs belles rives,
Et la grille de leurs vergers;
Pour peu qu'on ait au cœur un grain de poésie,
Sur une toile bien choisie,
On ferait un tableau d'un seul de ces noyers;
Loin de leurs surveillans se donnant cartes blanches,
Les garçons plus hardis grimperaient dans les branches;
En bas les jeunes sœurs tendraient leurs tabliers.

Mais comment oublier de ma joyeuse enfance
La promenade au long parcours?
C'était hier : j'en ai toujours
Gardé si douce souvenance!
Comme on faisait alors d'admirables détours!
Les grands ponts n'étaient pas; à travers les prairies,
Par de petits sentiers d'aubépines fleuries,
Près des moulins aux murs tout blancs,
On passait sur des ponts tremblans.
Nous courions haletans le long de la rivière,
Elle aimait ses enfans et ne les quittait pas;
A droite, à gauche, en avant, en arrière,
Les enlaçait de ses grands bras;
C'était partout son onde claire.

Les promeneurs ne faisaient pas alors
D'une haleine leur Tour-de-Ville;

Séduit par la paix de ces bords,
On s'arrêtait dans ce riant asile.
Quels bons momens! quels doux transports!
On était si loin de la ville!
On choisissait de beaux terrains frichus,
Bien près de l'eau, loin des vaches paissantes,
Laissant leurs souvenirs dans les herbes naissantes;
Et l'on causait assis sous les saules branchus.

Vous en souvenez-vous? née au sein d'une mine,
Une source teinte de fer,
Dans un de ces îlots, au fond de ce désert,
S'échappait d'un bassin qui tombait en ruine.
Elle avait eu jadis sa vogue et son renom.
Mais alors dans son abandon,
La pauvre fontaine souillée,
N'avait pour visiteurs, au milieu de leurs ris,
Qu'une bande d'enfans, qui regardaient surpris
Sur son lit de cailloux trotter son eau rouillée.
Aujourd'hui tout cela n'est plus!
Et vous aussi, pour nous vous êtes donc perdus,
O mes chers Petits-Prés de si fraîche mémoire!
A d'avares meuniers ou livrés ou vendus,
Emprisonnés par des fossés sans gloire,
Il n'est plus sur vos bords de douce liberté!
Adieu, nos courses buissonnières!
L'ignorante cupidité
Autour de tous vos foins a dressé ses barrières.

II

Mais qui donc trouble ainsi ce paisible séjour!
Nos vignerons, levés avant la cloche,
Ont assez pendant tout le jour

Tourmenté la houe et la pioche?
C'est le moins que la nuit soit donnée au repos.
   Mais que dis-je? à ces longs tuyaux,
   D'où la flamme par jets s'élance,
   Au cliquetis de ces marteaux,
Se relevant et tombant en cadence,
J'ai reconnu les triples ateliers
   De notre vaste Fonderie,
   Avec son peuple d'ouvriers,
   Ces fils aînés de l'industrie.

   Sans essayer de faire mieux,
Les Chartrains autrefois retenus dans leurs langes,
  Tout à leurs blés et tout à leurs vendanges,
Suivaient en tâtonnant les us de leurs aïeux,
   Quand un beau jour l'active colonie
     Vint ici planter son drapeau;
     Tout s'éclaira de son flambeau;
     Et guidé par ce bon génie,
Depuis le vieux serpent a fait nouvelle peau.

   Si notre usine aux longues veilles
   S'élevait sur un bord lointain,
   Malgré les ennuis du chemin,
Nous irions bravement admirer ses merveilles.
   Mais elle est là sous notre main,
   Chaque jour elle nous invite;
   Chaque jour étendant ses lois,
   Pour les projets qu'elle médite
   Elle recule la limite
   De ses arsenaux trop étroits;
   Et notre froide indifférence
   Accueille à peine d'un regard

Tant de richesse et d'espérance !
Est-ce juste ? A chacun sachons donner sa part.

Si vous aimez les teintes sombres
Du vieux Rembrandt, croyez-moi, c'est le soir,
Quand le feu pétillant se joue avec les ombres,
Que ces tableaux sont beaux à voir.
Avec moi de ces découvertes
Donnez-vous l'heureux passe-temps :
Nous avons devant nous encor quelques instans;
Venez, glissons un œil par ces portes ouvertes.

Brunis par ces noirs tourbillons,
L'œil ardent, la joue enflammée,
Comptez les nombreux bataillons
De cette infatigable armée.
Là président partout l'ordre et le réglement.
Soit qu'il ajuste, soit qu'il taille,
Sous les yeux de son chef, chaque détachement
Garde sa place au feu sur ce champ de bataille.

Ici, penché sur son bureau,
L'adroit dessinateur crayonne ses modèles;
Pour que des menuisiers l'ingénieux ciseau,
En forme avec le bois les images fidèles.
Plus loin voyez-vous les mouleurs
Pétrir et le sable et la glaise;
Mais garde à vous, intrépides fondeurs !
Entendez-vous dans la fournaise
Mugir la fonte et le coke et la braise ?
Contre le fougueux élément,
Qui jette au loin sa sinistre lumière,
Ces masses, ces lingots ont lutté vainement:
Tout est en fusion dans l'ardente chaudière.

On l'ouvre ; et ruisselant, dans des poches de fer,
Le liquide métal, comme un fleuve d'enfer,
A torrens enflammés se précipite et coule ;
    Nos gens soudain les saisissant,
    Vont deux à deux tout frémissant
    Le répandre dans chaque moule.
    Laissez reposer ces bouillons,
      Et bientôt, sous leurs mains savantes,
Vous allez voir surgir les mille échantillons
Qui formeront unis ces machines vivantes.

    Mais ces blocs se sont refroidis :
    Aussitôt de leurs bras roidis
  Les ébarbeurs à leur tour s'en emparent ;
    Avec la lime et les rabots
    Ils les polissent, ils les parent ;
Puis viendront après eux les tours et les tarauds.
Il n'est point de métal si dur, que l'art ne dompte ;
On se joue aujourd'hui du cuivre et de la fonte.

    Là-bas vers ses brillans reflets
    Voici la forge haletante
Qui nous appelle au bruit de ses soufflets.
    Sur la muraille flamboyante
Dansent en chœur cent spectres discordans ;
    Approchons, des brasiers ardens
    On a tiré la barre étincelante ;
Soudain huit diables noirs font cercle tout autour,
    Et sur l'enclume gémissante
Leurs lourds marteaux bondissent tour à tour.
Tout jeune, sur les murs ou ma page noircie,
J'aimais à barbouiller et forge et maréchaux ;
    Aujourd'hui même, en voyant ces tableaux,
    Si je cédais à douce fantaisie.

Comme l'enfant qui balbutie,
Je suis encor tenté de saisir mes pinceaux.

C'est ainsi que tous ont leur tâche.
L'âme de tous ces bras a conçu le dessein ;
Et sans songer à son voisin,
Chacun à son travail s'applique sans relâche.
Mais le calcul est si parfait,
Qu'après tant de détours, de ces mille parties,
Par un nœud secret assorties,
Tout à l'heure il naîtra le tout le plus complet.
Des ajusteurs ce sera là l'ouvrage :
Sous leurs mains l'habile assemblage
Prend ses mouvements réguliers ;
Car ceux-là, grâce à leur science,
Grâce aux chevrons de leur expérience,
Entre tous sont les grenadiers.

Ils ont réussi ! l'œil du maître
S'est assuré que tout est bien ;
Des chargeurs aussitôt, pour qu'il ne manque rien,
Je vois l'escouade apparaître.
Adroits et forts tout à la fois,
Ils placeront sur les voitures,
Qui tremblent sous l'énorme poids,
Du vaste corps les solides membrures.
Tout s'ébranle et poursuit son voyage à pas lent.
Est-ce tout, et va-t-on laisser l'œuvre ébauchée ?
Des poseurs l'escadron volant
Part aussitôt, brigade détachée ;
Ce sont eux qui partout et jusque sous les eaux,
Vont de l'œil et du bras diriger les travaux ;
Et quand ils ont rivé la dernière goupille,
Planté le dernier clou, la dernière cheville,

Que tout marche à souhait de la cave au grenier,
Ils s'en retourneront à la ruche fidèle,
Fiers d'avoir installé sur l'usine nouvelle,
Avec ses beaux rubans, la branche de laurier!

« J'admire, ô mes amis, vos bataillons d'élite;
» Chaque détachement en devient plus dispos;
» Le travail partagé se fait mieux et plus vite.
   » Mais enfin quels sont vos travaux?
» Voyons, instruisez-moi; car en fait d'engrenages,
   » Sur un rayon de l'arc-en-ciel
   » Perdu souvent dans les nuages,
   » Je suis un pauvre industriel. »

Telle était un beau jour la modeste demande
  Que j'adressais au plus vif de la bande,
   Qui tout en jouant du marteau,
  Me répondit, sans quitter son étau :
« Eh quoi! mon beau docteur, vous lisez l'écriture,
» Et vous ne savez pas l'alphabet du métier!
   » Demandez à l'agriculture,
   » Demandez surtout au meunier;
» Tant d'appareils nouveaux, ou rendus plus faciles,
» Vous diront longuement si nous sommes utiles.
» Par un, jugez de tous : tenez, heureusement
  » Pour vous exprès cette machine immense,
  » Que tant de bras dressent en ce moment,
» Vaut seule et par delà toute mon éloquence.

» Ce moteur tout-puissant, né sur le sol chartrain,
  » Cercle de fer au large diamètre,
   » Que mesure cinq fois le mètre,
  » Quand il mettra le mécanisme en train
   » Avec ses vingt paires de meules,

» N'aura besoin que d'elles seules
» Pour broyer chaque jour le blé,
» Que mange à ses repas tout Chartres rassemblé.

» Gloire aux chercheurs hardis de la cité chartraine,
» A qui nous devons nos succès!
» Mais gloire à vous surtout, industrieux Fontaine (1),
» Qui sûtes ajouter à vos premiers essais
» Cette perfection qu'attend toute œuvre humaine!
» De droit par sa naissance admise parmi nous,
» La Turbine a conquis l'Angleterre et l'Espagne;
» Les cent peuples de l'Allemagne
» Dans leurs fleuves profonds l'accueillirent jaloux;
» Elle a franchi les mers : l'une et l'autre Amérique
» S'empressa d'adopter ses lois;
» Et les trois continens, d'une commune voix,
» Proclament à l'envi ce nom patriotique ! »

Ainsi mon jeune appareilleur
Exhalait sa reconnaissance,
Et tout béant, moi pauvre rimailleur,
J'écoutais dans mon ignorance.
Mais lui, haussant l'épaule et quittant son travail,
Tout honteux de ma barbe grise :
« Venez, me disait-il dans sa rude franchise,
» Je veux que vous touchiez du doigt chaque détail.
» Voici les papillons et voilà les aubages!
» Devinez-vous pourquoi nous creusons les vannages ?
» L'énorme roue, au milieu du courant,
» Dans chaque cavité profonde
» Sur plus de points sentant l'effort de l'onde,

(1) Une médaille fut accordée à M. Fontaine pour ses turbines.

» Cède bien mieux au choc du rapide torrent.
» Sur ce pivot arrosé d'huile,
» L'arbre géant qui soutient tout le poids,
» Remarquez-vous comme il tourne facile,
» Emportant avec lui tout le reste à la fois.

» Dans l'origine, au fond de nos rivières,
» Il avait, jeune encor, cherché son point d'appui ;
» Éclairé par d'autres lumières,
» C'est là-haut qu'il a su le placer aujourd'hui.
» N'épuisez plus le lit des fleuves ;
» S'il faut à son activité
» Rendre des forces toutes neuves,
» La turbine descend et monte à volonté.
» A la vapeur, si coûteuse et si fière,
» Malgré le goût du siècle, elle n'a pas recours ;
» Pour vous servir sans frais, que lui faut-il ? le cours
» De la plus modeste rivière.
» Quels que soient vos projets, bienfaiteurs du canton.
» Vous plait-il de fonder une de ces fabriques,
» Où le sucre, la laine, et l'huile et le coton
» Sollicitent de l'art les récentes pratiques,
» Elle est là toujours prête avec son bon vouloir.
» Cent vigoureux chevaux pourraient-ils la valoir ?

» Mais dans nos pays de farine,
» Chez nos meuniers surtout doit régner la turbine.
» Aussi, depuis vingt ans à peine révélé,
» L'ingénieux système a tout renouvelé.
» Rendez-en grâce à notre usine.
» C'est fait de ces tristes moulins,
» Produit bâtard de l'aveugle routine,
» Tournant beaucoup pour peu de grains.
» Déjà de tous côtés, sur nos calmes rivières,

» S'élève, au bout d'un long chemin ferré,
» Maint joli pavillon carré;
» Les dames du château sont nos riches meunières.

» Là des Anglais, par un heureux accord,
» On a su réunir l'utile et le confort.
» L'ardoise bleue abrite cinq étages;
» Voyez dans les communs ces vastes chariots,
» Et ces robustes attelages;
» Rien n'est perdu de la force des eaux :
» Au fond l'horizontale roue
» A tout l'immense corps donne le mouvement :
» En haut, en bas, partout, à son commandement,
» Tout ressort se replie et tout cylindre joue.
» Ici, d'énormes sacs, gonflés de leur froment,
» De planchers en planchers, par des trappes faciles,
» Montent sans nul effort et descendent dociles.

» Chaque étage a sa fonction.
» Là-haut une adroite machine
» Saisit le blé, le verse avec précaution;
» Secoué, balotté par sa rude étamine,
» Le mauvais grain est rejeté,
» Et n'ira pas de son impureté
» Ternir la fleur de la blanche farine;
» Puis le bon grain, fier de sa robe d'or,
» Court au devant de vingt meules puissantes,
» Et sous leurs dents retentissantes
» Il meurt pour nous léguer son plus riche trésor.

» Dirai-je les bluteaux, les rouets, les trémies,
» Et tous ces ressorts différens,
» Qui, comme autant de mains amies,
» Remplissent tous les sacs, en disposent les rangs,

» Ou les descendent aux voitures,
» En moins de temps qu'ici j'en mets à ces peintures. »

Moi sur mon calepin je notais ces discours.
Ainsi je vais partout glanant quelque broutille ;
    L'homme économe tous les jours
    Doit songer à sa pacotille.

    Mais sans aller jusqu'au moulin,
    Ce soir sous ces vastes toitures,
Contentons-nous de voir ces joyeuses figures,
Ces luttes, ces ardeurs, ce mouvement sans fin,
    A qui plus tard nous devrons nos moutures.

    Pas un jour ne s'écoule en vain ;
Pas une heure en passant donnée à la paresse ;
    Chacun réclame leur adresse ;
    Il leur faudrait des bras d'airain.
Longsault (1) crie après eux, Maintenon les talonne,
    Et Royer lui-même en personne,
Royer qui veut changer en moulin beauceron
Son sucre Martinique et son café Bourbon,
    Les gourmande et les aiguillonne.

Mes braves, avant tout, servez ceux du pays ;
    Puis les étrangers à la ronde
    Seront tour à tour obéis ;
Et vous ferez ainsi, vous, votre tour du monde !
    Courage ! allons, nobles rivaux,
Faites crier la lime et gronder la chaudière ;

---

(1) Moulin de Longsault, moulin de Pierre, moulin de Maintenon, moulin Leconte, etc.

Soyez bien fiers de vos travaux ;
C'est grâce à vous que Chartre a quitté son ornière,
Qu'il ouvre à deux battans sa porte aux arts nouveaux,
Et du sage progrès arbore la bannière !

III

Mais ici-bas bon Dieu ! quelle instabilité !
    Croiriez-vous bien que cette enceinte
    Où règne tant d'activité,
    Fut jadis une terre sainte ?
    Au pied de ces riches côteaux,
    Sur cette rive solitaire,
    Était un pieux monastère ;
L'ombre de son clocher se baignait dans les eaux,
Et le fleuve attentif répétait la prière.
    C'est là que les Filles de Dieu
Donnèrent au hameau le nom qui le désigne.
    L'Évêque aussi près du saint lieu
    Avait son pressoir et sa vigne.

    Pour être bénis du Seigneur
  Que de raisons ! Loin des troubles du monde,
Sous son aile caché, dans une paix profonde,
Ici devait sans doute habiter le bonheur.
    Vous le croyez ? Erreur ! erreur !
On y connut aussi les cruelles alarmes,
    Et les pointes de la douleur ;
Et des yeux bien souvent y versèrent des larmes.
Dans l'asile pieux à ton enfance ouvert,
Toi, sur qui pèse encor l'arrêt qui te condamne,

Noble sang d'Apremont, malheureuse Diane (1),
Dis-nous tout ce qu'ici ta pauvre âme a souffert!

 Au souvenir de l'affreuse sentence,
 Je l'avouerai, j'ai longtemps hésité;
Je disais : « dans ces vers amis de la gaîté,
Jetons sur tout cela le voile du silence! »
Mais criminelle ou non, son malheur fut si grand,
  Que mon cœur, devant ce martyre,
  N'a pu passer indifférent;
 J'ai plaint la femme, et je veux vous le dire !
Je ne viens point ici refaire son procès :
  Fut-elle innocente ou coupable ?
  Le tribunal jusqu'à l'excès
  Poussa sa vengeance implacable.
  Le siècle le voulait ainsi !
Nous n'en sommes plus là nous autres, Dieu merci!

 Accueillie au couvent dès sa tendre jeunesse,
  Sous l'œil de la communauté,
Diane avait grandi chaque jour en sagesse,
  En grâce, en douce piété.
Chacune, d'applaudir; ses plus jeunes années
S'écoulèrent ainsi calmes et fortunées,
Et nul soupçon jamais n'atteignit sa vertu.
Mais ce n'est pas assez : plus tard, lorsque l'abbesse
  Vit aux confins de la vieillesse
  Par la mort son front abattu,
  On la choisit de préférence,
  Pour guider le pieux troupeau;

---

(1) Voyez le procès de Diane d'Apremont, prieure du monastère des Filles-Dieu, condamnée en 1663.

Et son cœur lui rendit en chaste bienveillance
Tout ce qu'elle en avait reçu dès le berceau.

Mais comptez sur la paix dans ce val de misère !

      Tout à coup de hideux récits,
      Que l'esprit repousse indécis,
Tombent dans ce bonheur comme un coup de tonnerre.

Je me garderai bien de sonder ce mystère.
    Longtemps fidèle aux saints commandemens,
Aux vents des passions, dans un de ces momens,
    Qui perdent souvent le plus sage,
Devant le ciel en pleurs a-t-elle fait naufrage ?
    Je ne le sais... mais avec ses poisons
    N'oublions pas que l'Envie à l'œil sombre
Habite trop souvent les plus saintes maisons,
    Pour mieux porter ses coups dans l'ombre.

Ces bruits ont retenti dans Chartre épouvanté ;
    Et la Justice, active sentinelle,
      Prend en main son glaive, et l'appelle
      Par devant sa sévérité.
    Sous cette foudre inattendue,
Surprise tout à coup dans sa sécurité,
Diane vainement se débat éperdue.

      Au nom sacré des bonnes mœurs,
      C'est à qui prouvera son zèle ;
      La pitié rentre au fond des cœurs,
      Le dévouement doute et chancelle ;
Qui la protégerait se croirait compromis.
Tandis que les méchans au scandale applaudissent,
Les bons, tremblans chez eux, se taisent et gémissent.

Et la pauvre accusée est seule et sans amis.
Ajoutez-y du temps l'orgueilleuse ignorance,
  Et les bons mots du bel esprit,
  Dont la barbare insouciance
  Insulte les couvens et rit,
Et sauvez, s'il se peut, la plus pure innocence !

  De tribunaux en tribunaux,
 Le rouge au front, indignement traînée,
Par la prévention d'avance condamnée,
  Elle eut à souffrir mille maux.
Mais de tous ses tourmens le plus insupportable,
Celui par-dessus tout qui la blesse et l'accable,
(Si j'ai bien deviné le saint frémissement
  Que Dieu, de sa main paternelle,
Dans l'âme de la femme a mis en la formant),
Le voici : (disons-le pour la honte éternelle
  De ceux qui l'ont ainsi jugé,
  Et pour flétrir l'odieux préjugé
  Qui commandait cette épreuve cruelle).
  Afin d'éclairer leurs décrets,
 Figurez-vous qu'ils doutent qu'elle est femme
  Et c'est d'une visite infâme
  Que vont dépendre leurs arrêts !

Celle qui la reçut aux portes de la vie,
Celle qui de son lait jeune enfant l'a nourrie
  Et dirigea ses premiers pas;
  Sa mère qui l'a tant chérie,
Et dont la main soignait ses membres délicats,
(D'une mère pourtant l'œil ne se trompe pas!)
  Non, tous ces chastes témoignages
  Ne seront plus dignes de foi ;

Les insensés! donnez-leur d'autres gages ;
Et c'est par d'autres yeux que doit lire la loi!

Il faut que sur le lit du martyre étendue,
    Sans pitié pour son désespoir,
Devant huit médecins condamnés à tout voir,
La Vierge du Seigneur, mourante et toute nue...
      Arrêtons! la sainte pudeur,
En voyant consommer ce sacrilége outrage,
Poussa tout éplorée un long cri de douleur,
Et la Religion se voila le visage!

Enfin que décida le docte aréopage ?
    A qui mieux mieux chacun déraisonna ;
On hésitait un peu, l'on douta davantage,
Et puis pour en finir le juge condamna!
On affecta pourtant d'être à demi-sévère ;
      On lui fit grâce du bûcher ;
Loudun trente ans plus tôt était moins débonnaire ;
Mais le siècle déjà s'essayait à marcher.

Au fond d'un noir cachot, sous la verge ennemie,
Dans ces lieux habités par l'éternelle horreur,
      Elle ira pleurer son malheur,
Tant qu'un ciel rigoureux prolongera sa vie.
    Longtemps elle invoqua la mort ;
Mais non, il lui fallut vider jusqu'à la lie
      La coupe de l'ignominie,
Sans qu'un rayon d'espoir vint adoucir son sort.
    Elle mourut déshonorée!
  Pas un ami ne lui ferma les yeux !
      Et dans un coin silencieux
Pas un pleur ne coula sur sa fosse ignorée!
    L'histoire a conservé son nom,

Mais ce nom est encor tout chargé de blasphème ;
L'histoire le répète en détournant le front,
Et lui jette indignée un dernier anathème !

Mon Dieu, du haut des cieux, prenez pitié de nous !
Les pauvres égarés, que seraient-ils sans vous ?

Mais où m'emporte un douloureux caprice ?
Voilà mon cœur tout en émoi.
Il ne peut voir sans qu'il bondisse
Une victime en pleurs de quelque injuste loi.
Au moindre mal que je soupçonne
Je frémis et mon sang bouillonne ;
Je ne suis plus maître de moi.
Dieu m'a fait de la sorte, il faut qu'on me pardonne !

Si toutes les iniquités
Qui chaque jour affligent notre terre,
Devaient ainsi de tous côtés
Soulever ces flots de colère,
Vraiment on aurait trop à faire.
Laissons, sans tant de soins, la rivière couler ;
Et cherchons au Pont-Neuf de quoi nous consoler.

DIX-HUITIÈME STATION.

LE PONT-NEUF.

I. Construction du Pont-Neuf durant les guerres de Prusse. — Double panorama.

II. Épisode de l'enfant de chœur.

I

Fournier, du riant paysage (1)
  Le premier parmi nous a retracé l'image,
    Lui qui savait si bien choisir !
Si j'avais comme lui reçu de la nature,
  En poésie aussi bien qu'en peinture,
    Le double don de réussir,
J'aurais à mon pays donné tout mon loisir ;
    A lui mon âme tout entière !
Saisissant tour à tour la plume et les pinceaux,
Par mille inventions j'aurais mis en lumière
    Ses monumens et ses héros.
    Partout de charmantes vignettes

(1) M. Fournier Desormes, peintre et poète estimable, a longtemps habité Chartres.

J'aurais entremêlé mes vers ;
J'en aurais mis tout plein la page et le revers.

Vous auriez vu sur mes tablettes
Tantôt un frais panorama,
Ou nos marchés et leurs emplettes ;
Tantôt nos bastions que la paix réforma,
Ou nos clochers portant jusqu'au ciel leurs aigrettes ;
Et puis par-ci par-là quelque grosse gaîté :
De nos vieux promeneurs les mines renfrognées,
Ou les friands appas d'un classique pâté,
Pour ces rimes mal alignées
Insuffisante indemnité.
Peut-être alors vers et gravure
Seraient allés, par la même voiture,
L'un portant l'autre, à l'immortalité !

Ma muse aurait gardé pour ce beau site
Ses efforts les plus généreux :
De lui par-dessus tout mon cœur est amoureux.
Mesdames, j'attendrais votre aimable visite ;
Toi, mon meilleur ami, l'odeur de ta marmite
M'annoncerait de loin le plus fin des repas ;
Quel que soit le désir qui me pousse et m'agite,
Que je veuille ou ne veuille pas,
Toujours quelques momens ce lieu suspend mes pas,
Tant son attrait doucement nous invite !

J'étais bien jeune alors ; les captifs d'Iéna
Nous ont bâti ce pont de leurs mains enchaînées ;
On nous l'avait promis depuis longues années,
La victoire nous le donna.

Tout au travers de la verdure,
Sur ces tableaux que la nature
Exprès pour nos yeux dessina,
N'est-ce pas un plaisir de promener sa vue?
Que j'aime chaque fois dans la vaste étendue
A découvrir un charme, une surprise, un trait,
Échappé jusqu'alors à mon regard distrait!

Suivant le temps, l'humeur, l'heure ou les circonstances,
Chaque objet à son tour obtient mes préférences.
Des Petits-Prés hier la beauté me frappait :
    Accoudé sur le parapet,
    J'admirais mon fleuve limpide,
    Qui, chagrin de quitter ces lieux,
    Ralentit sa course rapide,
Se repliant dix fois pour les embrasser mieux;
    Par trois côtés entre dans le bocage,
S'arrête à chaque pas avec félicité,
    Offrant partout sur son passage
Et son lévier puissant et sa fécondité.
    Puis sur les eaux, sur le rivage,
    Un rien occupait mes regards;
    J'étais un neveu des Musards;
J'aurais fait volontiers des ronds dans la rivière.

    Près de l'arche une bonne mère
Enseignait à nager à ses jeunes canards;
J'étais là tout entier : l'aile gonflée et fière,
Elle faisait vingt tours, de ses cris nasillards,
Arrêtant les pressés, activant les traînards,
Et puis plongeant la proue et relevant l'arrière,
    Son large bec au fond des eaux,
    Pour ses petits allait à la recherche
    Des poissons et des vermisseaux.

Plus loin, avec sa longue perche,
Un meunier sans souci conduisant son bateau
Noir de vieillesse et faisant eau,
Tondait les joncs de sa faux vigoureuse,
Tout en contant fleurette à la jeune laveuse,
Qui, sans trop l'écouter, le battoir à la main,
Préparait active et railleuse
Sa robe pour le bal prochain.

Mais encore un regret dans ce joli lointain!
Que voulez-vous? n'est-ce pas là la vie?
A Dieu ne plaise que j'oublie
Fier de régner en ce beau lieu,
Sur son pivot mouvant le moulin pittoresque,
Dont la cloche éloignée et l'aile gigantesque
Appelaient nos regards du haut des Filles-Dieu!
Mais il fut à son dam trop près de la rivière.
L'autre moulin d'en bas, riche et puissant seigneur,
Attirant tout à lui sans pitié pour son frère,
Le fit tomber enfin de toute sa hauteur.
Le pauvre détrôné, couché sur la poussière,
Lui tendait vainement, du fond de son malheur,
Tous ses bras supplians et sa toile pendante;
Loin de son air natal, brisé par la douleur,
Il a dû dans l'exil traîner son déshonneur.
Sa place veuve est encor dans l'attente;
Qui l'a vu le désire; hier sur son sommet
Mon souvenir le réclamait;
Oh! que son aile ici revive et tourbillonne!
Car mon côteau sans sa couronne,
N'est qu'un bel officier sans arme et sans plumet.

Ce soir, mes yeux et ma pensée,
Sous le charme rêveur de cette heure avancée,

Vont chercher ma vieille cité ;
Et cet autre tableau n'a pas moins sa beauté.
    J'aime à voir cette paix profonde,
    Ces vapeurs courant dans les cieux,
    Et ces frémissemens de l'onde,
    Et ces lavoirs silencieux ;
J'aime l'écho lointain de ces bruits qui s'apaisent,
Pour mieux recommencer ces clameurs qui se taisent ;
    Puis à côté de ce repos,
Tant de soins, de soucis, de veilles, de travaux !
    Oh ! comme alors je songe et je médite,
      Philosophe sans le savoir !
      Dans sa cellule, un vieil ermite
    Ferait-il mieux sous son capuchon noir ?

      Ici ce paisible miroir,
    Que sillonne à peine une ride,
      Où l'étoile du soir,
      Souriante et timide,
      Se penche pour se voir ;
Là-haut, ces mille toits groupés sur la colline,
Où près de chaque couche habite la douleur,
Où le corps a sa plaie et l'âme son épine ;
Voilà l'homme ! La peine à côté du bonheur !
      Et pour un plaisir que de larmes !

    Mais, mon cœur, bannis tes alarmes ;
Va, tout n'est pas perdu : lève, lève les yeux ;
Dieu n'a pas laissé l'homme à sa faible nature ;
Père, il a mis le baume auprès de la blessure :
    Sur la cime de ces hauts lieux,
Pour qu'il soit vu de loin il a dressé son temple,
Merveilleux échelon pour s'élever aux cieux ;

Sans jamais se lasser l'œil ravi le contemple ;
Le pauvre en l'abordant n'est plus si malheureux.

Mais le prédicateur quitte bientôt sa chaire,
    Et sans sonder plus longtemps ce mystère,
        L'artiste a repris son pouvoir.
Oh! qu'elle est grande ici la sombre basilique,
        Au milieu des splendeurs du soir!
        Du haut de sa védette antique,
        Elle nous a suivis des yeux,
Nous montrant tour à tour et son royal portique,
Et de ses vastes flancs l'accord harmonieux :
Et toujours nos regards se reportaient vers elle.
Mais en ce lieu surtout sa grandeur se révèle.

    Bien par dessus ces toits capricieux,
        Son imposante silhouette
Se dessine à grands traits sur le beau bleu des cieux ;
Et plus bas tout autour la nature muette
Admire et l'œuvre et l'homme! Oh! gloire à nos aïeux,
A ces grands inconnus, dont le puissant génie,
        Dans ce monument immortel
      A réuni, rival de l'Éternel,
        Majesté, terreur, harmonie!
Quels rochers entassés sur d'énormes rochers!
Ou plutôt leur ciseau, creusant, fouillant la pierre,
Dans le mont d'un seul bloc a fait l'église entière.
Comme le jour circule à travers ses clochers!
Voyez, par cette ogive une étoile étincelle!
        Quoi? là-haut ces hardis piliers,
Le long desquels à jour grimpent ces escaliers,
Suspendent dans les airs cette masse rebelle!
Le soleil s'est baissé vers d'autres régions,
Pour nous depuis longtemps la nuit sombre est venue

Et cependant ses flèches sous la nue
Brillent encor de ses lointains rayons.
　　A l'abri de cette grande ombre,
　　Confiante la ville dort,
Et son ange sur elle étend son aile d'or.

　　C'est donc là, sous sa voûte sombre
　　　Que votre simple piété,
　　　Douces filles de la cité,
　　Va si souvent confier à Marie
　　Ces longs chagrins qu'on appelle la vie!
Quand vous priez pour vous, bonnes pour le malheur,
　　Priez aussi pour les âmes souffrantes
　　　Dont nul ne connaît la douleur;
　　　Priez pour les âmes aimantes
　　Et qui n'ont pas où reposer leur cœur;
　　　Priez pour les âmes errantes,
　　　Qui vont frapper impatientes
　A chaque porte hélas! sans trouver le bonheur!

Marie entend surtout le cri des pauvres mères.
Si votre fils s'égare en de folles amours;
　　　Si, flétris par les vents contraires,
Votre fille, humble fleur, voit périr ses beaux jours;
Elle aussi souffrira de vos larmes amères,
Et sa main bienfaisante en tarira le cours.

　　S'il faut en croire à nos anciens oracles,
　　　Depuis qu'en sa bonne cité
　　　Elle a dressé ses tabernacles,
　　　Par combien de touchans miracles
N'a-t-elle pas sur nous épanché sa bonté?
Autant que son pouvoir sa tendresse fut grande.
Ce matin même encor, dans un vieux manuscrit,

J'en lisais tout ému la plus douce légende;
Quelle grâce naïve en ce pieux récit!
    Si j'osais vous en faire hommage!
    Mais qui comprend ce vieux langage?
    Au risque de vous le gâter
    Par nos froides enluminures,
Si, sans trop de rigueur, vous voulez m'écouter,
    Avec nos modernes parures,
N'importe, j'essaierai de vous le raconter.

II

    Autrefois sous le comte Étienne,
    Au pied du clocher protecteur,
Vivait dans la retraite une veuve chrétienne.
Longtemps elle a pleuré l'autre part de son cœur;
Elle avait tant aimé! L'épreuve était bien rude;
    Mais au fond de sa solitude,
Dieu lui laissait du moins un fils de son amour.
    Bonne mère, dans ta détresse
Puisses-tu conserver jusqu'à ton dernier jour
    Ta seule joie et ta douce richesse!
    Dame de Chartre, ô mère des douleurs,
    Grâce et pitié pour les pauvres pécheurs!

    Dès sa naissance, à la céleste Vierge
    Elle l'offrit, et devant les autels,
Toute pauvre qu'elle est, sans faute un humble cierge
    Brûlait pour lui dans les jours solennels.
    Point de parure aux couleurs éclatantes;

Mais avec ses yeux bleus, ses boucles ondoyantes,
    Qu'il était beau dans ses bras maternels!
Sa robe fut toujours plus blanche que la neige.
Le lis croissait ainsi sous l'œil qui le protége.
      Sur ses genoux tous les matins,
Un baiser apprenait à sa bouche enfantine,
      En joignant ses petites mains,
    A bégayer la prière divine :
    Dame de Chartre, ô mère des douleurs,
    Grâce et pitié pour les pauvres pécheurs!

        .

Il n'était plus aux jours de sa première enfance,
      Touchés de sa pudique ardeur,
Ces chanoines si fiers l'admettent dans leur chœur;
      Une mère a tant d'éloquence!
Et pour elle et pour lui ce fut un doux bonheur.
      Comme il suivait avec délice
Les hymnes du matin, les cantiques du soir,
Présentait à l'autel le vin du sacrifice,
      Ou joignait aux chants de l'office
      Les parfums de son encensoir!
Son œil était si pur! Vous eussiez dit d'un ange
Un instant descendu de la sainte phalange.
De tous côtés le peuple accourait pour le voir.
    C'était surtout aux fêtes de Marie
    Que la multitude attendrie
Avide l'écoutait, les larmes dans les yeux,
    Quand de sa voix la touchante harmonie,
      Sous le dôme silencieux,
      Invoquait la Reine des cieux,
Et seule redisait la douce litanie :
    Dame de Chartre, ô mère des douleurs,
    Grâce et pitié pour les pauvres pécheurs!

⁂

C'était de tous les Saints la fête vénérée :
  Un usage des anciens jours
Appelait le chapitre à la Grotte sacrée.
   En chapes d'or et de velours,
   Le long des escaliers de pierres,
   Les cent chanoines défilant,
Précédés de la croix et des riches bannières,
Deux à deux, recueillis, descendaient à pas lent.
Par vingt lampes d'argent aux voûtes suspendues,
   De mystérieuses clartés
Avec un saint frisson circulaient répandues
   Dans ces profondes cavités.
On portait devant eux entre mille bougies
Le voile de la Vierge et les châsses des Saints ;
Les chants retentissaient dans les longs souterrains,
Et l'écho répétait les graves liturgies :
  Dame de Chartre, ô mère des douleurs,
  Grâce et pitié pour les pauvres pécheurs !

⁂

  Les yeux baissés saintement vers la terre,
Ils allaient visiter le prophétique autel,
Que jadis, éclairés d'un rayon immortel,
   Dans leur bocage solitaire,
   Ici nos Druides chartrains,
Bien des siècles avant qu'elle vit la lumière,
   Au berceau de la Vierge mère
   Avaient élevé de leurs mains.
   Au-dessus est la Vierge Noire,
   Tout auprès, le puits des Saints-Forts,
Où les persécuteurs ont jeté tous ces morts,
Dont l'église naissante a sauvé la mémoire.

Au milieu des parfums, des psaumes et des vœux,
Couronné de ses blancs cheveux,
Le pontife pénètre au fond du sanctuaire;
Devant l'image sainte au sourire si doux,
Les prêtres en silence et le peuple à genoux
Priaient le front dans la poussière :
Dame de Chartre, ô mère des douleurs,
Grâce et pitié pour les pauvres pécheurs!

Jeune protégé de Marie,
Et toi, que faisais-tu sous tes habits de lin?
Il tenait un cierge à la main;
Là dans la foule est sa mère chérie;
Entre elle et ce tableau divin,
Son œil admire et son cœur prie.
Mais à deux pas le puits des saints martyrs
S'ouvre là dans le voisinage;
Un désir curieux est permis à son âge :
Il voudrait voir ce lieu si plein de souvenirs.
Il relève les plis de sa tunique blanche;
Un coup-d'œil doit suffire; il approche, il se penche;
Mais plus rapide que l'éclair,
Son pied glisse, une pierre roule;
Il tombe, il disparaît dans le gouffre entr'ouvert!
Au même instant, un cri perçant part de la foule!
Dame de Chartre, ô mère de douleurs,
Grâce et pitié pour les pauvres pécheurs!

On court, on vole, on descend, on s'empresse;
Pour le sauver tous moyens sont tentés;
On sonde ces débris, ces eaux, ces cavités;
Tant de grâce et tant de jeunesse!

Tous les efforts sont hélas, superflus !
La tendre fleur, d'hier épanouie,
Dans l'abîme sans fond ne se retrouva plus.
On emporta la mère évanouie;
Pouvait-elle lutter contre tant de douleur!
Tout le monde pleurait, trop sûr de son malheur!
Tous les jours une pauvre femme,
Aussitôt qu'on ouvrait la porte des lieux saints,
Pâle, les yeux gonflés, le désespoir dans l'âme,
Descendait dans les souterrains.
Pleine de son malheur et ne pouvant y croire,
Le cœur bondissant de soupirs,
Elle allait aux Saints-Forts, puis à la Vierge Noire,
Puis revenait aux Saints Martyrs,
Puis de l'autel elle embrassait la pierre,
Implorait la Vierge à grands cris :
« Comme vous je suis mère! oh! rendez-moi mon fils! »
Un long ruisseau de pleurs coule avec sa prière :
Dame de Chartre, ô mère de douleurs,
Grâce et pitié pour les pauvres pécheurs!

. .

Mais, après huit longs jours, l'octave solennelle
A la souterraine chapelle
Amenait de nouveau le cortége sacré.
Le pauvre enfant! sa place était vacante.
Caché dans l'ombre un regard éploré
Cherchait dans tous les rangs cette tête charmante,
Et vers Marie errait désespéré.
De la voûte soudain un rayon de lumière,
Vient jeter sa splendeur aux regards éblouis;
Un céleste parfum remplit l'église entière;
Tous les cœurs en sont réjouis.
O surprise! ô bonheur! l'insatiable mère

Sur son sein éperdu presse son bien-aimé !
C'était bien lui ! sauvé par un bras tutélaire,
L'enfant avait repris son rang accoutumé.
  A cet admirable spectacle,
  Les cantiques sont suspendus ;
  Autour de l'enfant du miracle,
  Peuple et clergé sont confondus.
Ce n'est qu'un cri d'amour et de reconnaissance ;
Le ciel a donc pitié de la frêle innocence !
  Dame de Chartre, ô mère de douleurs,
  Merci, merci pour les pauvres pécheurs !

     .

  Dans son ardeur impatiente
  Chacun l'interroge à la fois :
« D'où vient-il ? qu'a-t-il fait ? quelle puissante voix
» A détourné de lui la mort obéissante ? »
« — J'allais payer bien cher mon imprudent désir,
» Disait-il, je roulais heurtant du front la pierre !
  » Je sentis qu'il fallait mourir !
» Et mon cœur appelait et la Vierge et ma mère !
  » Mais tout à coup voici qu'un doux sommeil
  » S'appesantit sur ma paupière ;
» Dieu sait combien de temps. J'étais à mon réveil
  » Couché sur un lit de verdure ;
  » Sur ma tête un berceau de fleurs
  » Versait autour de moi ses suaves odeurs.
» Je cherchai sur mon front, et pas une blessure !
» Étonné je me lève, et qu'est-ce que je vois ?
» Une Dame, une Reine était auprès de moi !
» J'en fus tout ébloui. Mon Dieu, qu'elle était belle !
» Son jeune fils vers moi souriait dans ses bras.
  » Un doux penchant m'attirait auprès d'elle ;
  » Moi, pauvre enfant, je n'osais pas.

» Un diadême d'or environnait sa tête,
» Tel que la Vierge en porte aux plus beaux jours de fête;
 » Les diamans, la soie et le satin
» Brillaient sur son manteau, flottaient sur son écharpe;
 » Et pour elle dans le lointain
» Mille voix s'unissaient aux accords de la harpe.
 » Dame de Chartre, ô mère de douleurs,
 » Merci, merci pour les pauvres pécheurs!

.·.

 » Rien qu'à la voir j'étais heureux près d'Elle!
 » Et je l'aimais de toute mon ardeur.
» Mais une chose hélas! manquait à mon bonheur,
» J'étais loin de ma mère et regrettais son aile.
» Une larme souvent glissait sur ma prunelle.
 » Pour ne pas affliger son cœur,
» Moi, je les renfonçais bien avant; mais la Dame
 » Lut bientôt au fond de mon âme;
 » Elle a le don de tout savoir.
 » Va, mon fils, je te le pardonne;
» Va consoler ta mère et si seule et si bonne!
» Mais promets-moi, plus tard tu reviendras me voir,
» Et tu m'amèneras celle qui t'est si chère!
» Ma bouche sur sa main osa dire merci;
 » Tout disparut et me voici,
 » O ma mère, ô ma bonne mère! »
 Dame de Chartre, ô mère des douleurs,
 Merci, merci pour les pauvres pécheurs!

.·.

Le jeune enfant de chœur plus tard devint un homme;
Plus tard il s'enflamma d'une sainte ferveur
Pour les divins écrits de la Grèce et de Rome;
Mais toujours deux amours ont dominé son cœur.

Son tour vint d'éclairer la terre ;
Et toujours il chercha son plus noble trésor
Sur l'autel de Marie, aux lèvres de sa mère.
Prêtre, son front depuis ceignit la mitre d'or.
Fier d'un tel rejeton, Chartre avec complaisance
Le plaça de ses mains au rang de ses prélats ;
    Les rois l'écoutaient en silence ;
    Aidés par lui dans leurs combats,
Les pauvres bénissaient sa divine indulgence ;
Jadis pauvre lui-même, il ne l'oublia pas.
Et quand Dieu lui voulut payer sa récompense,
    Le grand Yve (1), au jour glorieux,
Près de sa mère, au rendez-vous fidèle,
    Des mains de la Reine des cieux
    Reçut la couronne immortelle !
Dame de Chartre, ô mère des douleurs,
Merci, merci pour les pauvres pécheurs !

(1) **Supposition toute poétique.** — Yves fut évêque de Chartres en 1091. On ignore le lieu de sa naissance. Il écrivait au pape Urbain II que Dieu l'avait tiré de la poussière pour l'élever à l'épiscopat. Il siégea pendant vingt-cinq ans.

DIX-NEUVIÈME STATION.

LA PORTE DROUAISE.

I. Souvenir du siége de Chartres par le prince de Condé.

II. Chapelle de la Brèche et sa restauration.

III. Porte Drouaise et sa fontaine.

IV. Sources miraculeuses dans la Beauce. — Le Curé de Soulaires.

Mais le vieux timbre a sonné dix fois l'heure,
   Et sur la ville agitant ses pavots,
Le guetteur endormi dans sa haute demeure,
Aux flaneurs attardés a soupiré repos.
Je salue en passant les trois filles de l'Eure ;
      Des trois sœurs admirez l'instinct ;
      Chacune va, suivant sa pente,
      Par une route différente,
Aux lieux où les appelle un semblable destin.
     L'une, infatigable ouvrière,
A travers la cité poursuivant sa carrière,
      Se voue aux plus rudes travaux,
Tannant, lavant, moulant, livrant toutes ses eaux ;
     L'autre, hautaine et dédaigneuse,

Aime à se prélasser le long des boulevards,
  Et de son onde paresseuse
Daigne à peine arroser les fleurs de nos remparts;
  La voyez-vous pleine de suffisance,
  Sourire à ces jardins anglais,
De ces ponts nouveaux-nés caresser l'élégance,
Et bercer mollement ces jolis batelets?
     La troisième, humble faubourienne,
Ira par l'abreuvoir servir nos maraîchers,
Et verser bravement sa cruche toujours pleine
    Sur leurs ognons et leurs pêchers.
    Ainsi de l'homme, ainsi de nos rivales :
On était divisé ce matin, et ce soir
Au giron maternel toutes trois sont égales.

   Mais c'est assez, les belles, au revoir!
   Vous le savez, ô rivière, ma mie,
     Il n'est point de si bons amis
     Qu'on ne quitte, disait jadis
Le bon roi Dagobert à sa meute chérie.
Adieu! je ne suis pas si près de mon chez-moi,
   L'heure est déjà passablement indue;
Que dirait la voisine avec sa langue aigue?
Quand on rentre trop tard, on fait parler de soi.
Et puis, c'est bien assez prolonger ma journée.
Car demain, sans dormir la grasse matinée,
Dès qu'un rayon viendra dorer nos peupliers,
Je veux recommencer ma joyeuse tournée.
   Je suis un peu comme nos épiciers,
     Demi-gros et demi-banquiers,
     Qui, pour mieux débiter leur huile,
Et pendant tout le jour se tenir les pieds chauds,
S'en vont chaque matin faire leur Tour-de-Ville.
     Ménageant pour nous leurs fagots.

I

Mais sur un pan de nos murailles
N'ai-je pas entrevu, par delà ces jardins,
Cette pierre moussue où sont des vers latins?
Encore un souvenir de nos vieilles batailles!
C'était sous Charles-Neuf : avec ses lansquenets (1)
Condé fut moins heureux, malgré tout son courage,
   Que son cousin le Béarnais;
   Il lui fallut plier bagage.
Linière, honneur à toi! ce fut là ton ouvrage!
C'est ton bras, c'est ta voix, c'est ton brûlant regard
Que suivaient nos aïeux au sentier de la gloire;
Et délivrés par toi, sur ce même rempart,
Leur main reconnaissante a gravé ta victoire.

Moi, comme eux, sur les pas du conseiller Grenet (2),
Dans mon œuvre, dix fois revue et mise au net,
  J'aurais pu chanter ta mémoire.
  J'aurais montré sur les créneaux,
  La Vierge, notre heureuse étoile,
  Ouvrant tous les plis de son voile,
Pour mieux y recevoir les boulets huguenots.
 Car je suis peuple et j'aime ses croyances;
  Et pour qui voudrait le nier,
  J'en conserve un dans mon grenier
  Ramassé dans ces prévoyances :
Ma loupe y voit encore un fil du tablier.
  Une sainte et douce légende,

---

(1) Siége de Chartres en 1568 par le prince de Condé.
(2) Grenet, conseiller au présidial, est auteur d'une inscription en vers latins qu'on lit encore sur la muraille de la Brèch

Que le pauvre aime tant, que le peuple demande,
  Produit toujours un bon effet.
Mais j'y pensai trop tard; tant pis, mon siége est fait!
Vous étourdir encor du bruit de ma mitraille,
Quand déjà mes canons, mes hourras, mes tambours,
  Par deux fois vous ont rendus sourds!
Ah! laissons-les dormir en paix sous leur muraille!

  Nobles victimes de l'honneur,
  Vous le voyez, généreux que nous sommes,
Nous savons bien payer notre dette aux grands hommes.
N'hésitez pas, mourez sans reproche et sans peur.
  Toi surtout, mon brave Linière,
  A travers cet amas de lierre
  Cherche bien, trouve, si tu peux,
Dans ce coin reculé le monument pompeux
Dont nous avons doté ton audace guerrière!
Dis-moi, n'as-tu pas là de quoi t'enorgueillir?
Pauvre gloire! et demain sous son niveau funeste,
  Autant que nous ardent à démolir,
Le temps effacera ce peu même qui reste.
L'un après l'autre ainsi dans nos épais gazons
Chartres voit chaque jour crouler ses vieux blasons!

II

Mais qu'ai-je dit? Là-bas, avec sa croix nouvelle
  J'aperçois un jeune clocher (1);
La Brèche a-t-elle donc retrouvé sa chapelle?
  Nos yeux ici n'allaient plus la chercher.
  Non, vraiment, ce n'est pas un songe :

(1) Cette chapelle, détruite en 1791, fut rebâtie en 1813 par les soins de M. l'abbé Baret.

Qui l'aurait cru? dans ce siècle, où l'on songe
A donner, peu; beaucoup à retenir;
Une main dévouée, en l'honneur de Marie,
Sans bruit, de la vieille patrie
A voulu restaurer ce pieux souvenir!
Le zèle vaut de l'or. Allons, ami, courage!
  Apôtre de la charité,
  Poursuis ton généreux ouvrage;
  Sois bien le fils de ta cité.
Pour consoler une longue disgrâce,
  Du vaste océan de la grâce
Fais jaillir quelques flots sur cette aridité (1).
  Lave bien toutes ces souillures,
  Guéris bien toutes ces blessures,
Rends au sein paternel l'enfant déshérité!

J'applaudis doublement à la sainte pensée.
  C'est bien de rapprocher de Dieu
  La pauvre rue obscure et délaissée;
  C'est mieux encor de placer dans ce lieu,
  Témoin d'un si noble courage,
L'honneur de nos aïeux sous un saint patronage.
Héros de mon pays, n'en soyez pas jaloux!
Je le veux, à jamais vivez dans la mémoire;
Mais pour mieux triompher du temps et de ses coups,
Que la Religion veille sur votre gloire!
  C'est une erreur de notre temps;
  Aux grands hommes qui l'ont servie
  La reconnaissante patrie
Élève jusqu'aux cieux ses marbres éclatans.
J'admire ces frontons, ces dômes, ces portiques,

(1) Ce quartier, assez mal habité autrefois, a bien changé depuis.

Et tous ces noms inscrits sur les tables civiques
En caractères immortels ;
Mais étonné je cherche les autels
De Celui, dont la main protége ces reliques ;
Partout le néant et la mort!
A quoi bon ces caveaux, ces bronzes et cet or?
Sur ces tombeaux sans espérance
Vous parlez d'immortalité?
Mais alors dans ce vide immense
Amis, faites donc place à la Divinité!

Comme tout change en ce bas monde!
Si de nos jours, de sa fosse profonde,
Ce Thibault, qui trichait si bien ses ennemis,
Pendant que son épée entamait leurs cohortes,
Redressait tout à coup son front jamais soumis,
Pourrait-il sous ces feuilles mortes
Reconnaître les murs par ses mains élevés?
Où sont ces cavaliers (1) qui protégeaient nos portes?
Ces herses, ces créneaux, ces courtines si fortes,
Et ces ponts chaque nuit soigneusement levés?

Mes camarades de collége,
Vous souvient-il de ce bon temps si court
Où nous faisions avec amour
Du feu dans les fossés et des châteaux de neige?
Drouaise avait encor sauvé sa basse-cour (2).
Nous venions y livrer nos joyeuses batailles :
Par la brèche de ses murailles
Nous grimpions comme autant de rominagrobis,
Non sans laisser aux griffes des broussailles

(1) Fortifications élevées vers le milieu du XIVᵉ siècle.
(2) Nom donné au cavalier de la porte Drouaise.

Un bout d'oreille, un pan d'habits.
Nous allongions la tête au bord des meurtrières ;
D'en bas les huguenots sur nous lançaient des pierres.
Le combat s'échauffait, et les deux camps mêlés
Par le val de Rollon continuaient leurs guerres,
Ou les vaincus fuyaient aux prés des Reculés.
Mais tout cela n'est plus ! Les dieux s'en sont allés !
Plus de ces vieux donjons où la jeunesse joue ;
    Et sur ces terrains nivelés
Avec quelques chevrons, avec un peu de boue,
Notre orgueil a dressé ces frêles pavillons
    Percés de leurs mille fenêtres,
Afin qu'un beau matin les jaloux aquilons
Emportent ces châteaux de cartes et leurs maîtres.

    Ainsi notre siècle l'entend.
Le javelot danois, le mousquet protestant
    N'ose plus siffler dans nos rues ;
Mais en valons-nous mieux ? Sous le miel de nos mœurs,
Est-il moins de hutins, de mauvais, de tricheurs (1) ?
Perçons-nous nos rivaux de flèches moins aigues ?

III

Mais dans cet angle étroit où vont ces escaliers ?
Entendez-vous ici comme le vent murmure ?
    C'est là que ta fontaine obscure,
Drouaise, se glissant entre les peupliers,
    Donne à qui la veut, son eau pure.

Si Dieu l'avait fait naître en nos grandes cités
    Pleines de vie et de témérités,

(1) Louis-le-Hutin, Charles-le-Mauvais, Thibault-le-Tricheur.

Dont le trésor et la magnificence
Ne s'alarment pas trop d'une noble dépense,
De son humble et mousseux réduit,
On l'aurait sur la place amenée à grand bruit;
Et reine de ces lieux son urne complaisante,
Dans un magnifique bassin,
Épancherait les flots de son eau bienfaisante.
Puis près d'elle un beau groupe ou de marbre ou d'airain,
Afin que rien ne manque à ses largesses,
Admirable chef-d'œuvre, y joindrait ses richesses.

On y verrait, au gré de la mode et du temps,
Ou Linière vainqueur sur la brèche surprise
Que son audace a reconquise,
Rendant grâce à ses combattans;
Ou Cérès à la tête blonde,
Tenant sa faucille à la main,
Et montrant au peuple Chartrain
Ses épis d'or et sa gerbe féconde.
Ici ne cherchez pas en vain!
Nous, plus modestes, à sa guise,
Pour ne pas la gêner par de vains ornemens,
Nous la laissons couler où le bon Dieu l'a mise.
La bourse des Chartrains craint trop les monumens.

Mais que dis-je? voilà que notre humeur jalouse
A voulu la cacher à tous les curieux;
Elle qui s'en allait sur la verte pelouse,
D'un pied si leste et si joyeux,
Sous l'œil du jour, dans le bon air des cieux;
Sans écouter ses plaintes, toute vive
Nous l'avons enfermée au fond de ces caveaux!
Descendez maintenant, et la pauvre captive
Trouvez-la, s'il se peut, dans ces sombres cachots!

IV

Chaque siècle eut sa poésie ;
Et nos aïeux jadis, autrement inspirés,
Auprès de leurs canaux sacrés
N'appelaient pas des arts la docte fantaisie:
Mais sur le roc, d'où l'onde jaillissait,
Leur reconnaissance plaçait
De quelque saint connu l'image bien choisie.
Puis c'était un pieux concours :
Toutes les misères humaines,
Les mains jointes, venaient lui demander secours;
Et Dieu, touché de leurs neuvaines,
Guérissait quelquefois, mais consolait toujours.
Nos Chartrains, aux cœurs catholiques,
Dignes fils de ces vieux Gaulois,
Qui sous leurs chênes druidiques
Croyaient toujours des dieux antiques
Entendre la puissante voix,
Dans leurs plaines sans fin, que le froment couronne,
Avaient surtout inscrit des noms religieux,
Aux rares eaux que Dieu leur donne;
En tout temps, dans son cœur la race beauceronne
Sentit un vif attrait l'emporter vers les cieux.

Il fallait voir, près de ces sources vives,
L'ardente foi, les vœux touchans
De ces natures primitives,
Ces mères à travers les champs,
Apportant dans leurs bras leurs naissantes familles,
Toutes ces blanches fleurs, toutes ces jeunes filles,
Et la simplicité naïve de leurs chants!

Mais dans ces temps où dans ses langes
Bégayait encor la raison,
Le courant le plus pur roulait bien des mélanges ;
Bien des abus prouvaient qu'on n'était pas des anges.
Dans ce lieu même, à cette occasion,
Un vieux bailli de Gallardon
M'en racontait un jour des plus étranges.
Peut-être son récit est-il hors de propos ;
Mais il nous reste encore une heure,
Je veux vous le dire en deux mots :
Courte folie est toujours la meilleure.

« Comme ici, disait-il, au pied de nos côteaux
Coule une source merveilleuse (1) ;
Chacun jadis puisait à pleins tonneaux
Dans son onde miraculeuse
La guérison de tous ses maux.
Mais surtout lorsque desséchée
La Beauce languissait sous de brûlans rayons,
Et que l'épi, de sa tête penchée,
Prêt à périr, touchait les durs sillons ;
Avec la croix et la bannière,
C'était alors que nos curés,
Se redressant sous leurs bonnets carrés,
Y menaient leur paroisse entière.
De tous les hameaux d'alentour,
Sur tous les tons alternant sa prière,
Procession nouvelle accourait chaque jour.

» Là s'élevait une chapelle
Que, pour se distraire, à nos frais
Avaient jadis construite les Anglais,

(1) Notre-Dame de la Source, au Bourget, près Gallardon.

Quand Gallardon tremblait sous leur tutelle.
Au-dessus de la grotte était placé l'autel.
  Suivi de la foule chrétienne,
  Le pasteur d'un ton solennel
Dans le chœur avant tout débitait son antienne,
Et puis en blanc surplis, plein de sa dignité,
Il donnait le signal à la communauté,
   Descendant par la pierre usée,
   Mouillait ses doigts dans le bassin,
   Et semait sur le troupeau saint
  Une légère et bénite rosée.
  Tous se signant défilaient à leur tour,
   Chantres, enfans, hommes et femmes;
Pas un seul ne manquait; et de toutes leurs âmes,
  Dans l'eau profonde ils plongeaient tour à tour
  Deux larges mains plus creuses qu'une coupe,
   Et sans rien perdre, à qui mieux mieux,
Sur le bon célébrant, trempé comme une soupe,
Jetaient du bain sacré les flots mystérieux.

  » Ne croyez pas que je vous en impose,
  Avec serment ajoutait le bailli,
  De mes deux yeux enfant j'ai vu la chose.
   Je vois encor tout recueilli
   L'excellent curé de Soulaire
Recevant le dernier ce déluge d'eau claire.
Le cher homme! c'est lui qui tenait aux vieux us,
Et traitait de son haut tous les savans en us.
Déjà le zèle ancien commençait à s'éteindre
   Au milieu même du clergé,
Et ses jeunes voisins, qui craignaient de déteindre,
S'étaient mis à crier : « abus et préjugé! »
Mais, ferme comme un roc, à la grotte sacrée
  Quand il mena la paroisse altérée,

Il voulut, lui, que rien ne fut changé.
Oh! qu'il était sublime au fort de la tempête!
Il ruisselait des pieds jusqu'à la tête;
　　Mais plus il était inondé,
　　Et plus son cœur se faisait fête;
Car c'est là son espoir : à torrent débordé
Plus s'épanche sur lui la douche fécondante.
Plus il attend du ciel une pluie abondante.
　　« Allons! versez, mes chers amis!
» Hardi! ne craignez pas; faites bonne mesure!
　　» Nos anciens nous l'ont bien promis,
» On nous rendra là-haut le tout avec usure! »

　　» Il était heureux comme un roi;
Et les siens d'autant plus redoublaient de courage.
Ce fut le dernier jet!... Notre siècle est plus sage;
　　Mais avons-nous leur bonne foi?
Aussi quand ils partaient, la divine clémence
Ouvrit plus d'une fois son trésor paternel;
　　Et les cataractes du ciel
De la procession dérangeaient l'ordonnance.
　　Ils n'en étaient que plus joyeux,
　Comptant déjà sur la moisson lointaine;
Quitte à recommencer près d'une autre fontaine
Si la dose parfois outrepassait leurs vœux. »

　　Tels étaient nos gais dialogues.
Oh! comme il en savait sur cette question!
　　Volontiers, dans l'occasion
Il en eut fait un cours à nos archéologues.
Je pourrais profiter de sa provision,
Passer de Saint-Evroult au moulin de la Roche.
Découvrir à Saint-Jean quelque anguille sous roche.

Mettre un cierge à Béville et même à Saint-Chéron. (1)
    Mais c'est assez et je m'arrête.
  Si j'abusais de la permission,
    Dans quelque source toute prête
    Vous pourriez fort bien sans remords.
Ressuscitant pour moi tous ces usages morts.
    A mon tour me laver la tête.

    A quoi bon? Ici sur ces bords
Drouaise n'a point vu de ces pélerinages.
    Réservée aux simples usages,
    C'est l'active porteuse d'eau,
    Qui sans fin le long de sa pente
Descend légère, et monte avec son lourd fardeau;
    C'est la laveuse diligente,
    Qui, de sa famille indigente,
    Dans le courant de son ruisseau.
  Vient rajeunir le modeste trousseau.
Tout ce bon peuple l'aime, et dans ses jours de fête.
    Des humbles produits de sa quête
    Il pare sa grotte de fleurs.
Sur son trône, au milieu, la Dame de la Brèche
Leur sourit doucement, et son fils dans sa crèche
De ses doigts enfantins bénit tous ces bons cœurs.

(1) Les fontaines de Saint-Martin-de-Béville, du Pré-Saint-Evroult, de Saint-Jean-Pierre-Fixte, du moulin de la Roche, etc. etc.

VINGTIÈME STATION.

SAINT-MAURICE.

I. Licenciement de la garde royale en 1830.
II. Émeute de Lèves.
III. Les Petites-Sœurs des pauvres.
IV. Le Jeu-de-Paume.

Mais en passant, à ce bon Saint-Maurice
Nous devons au moins un regard.
A ses voisins ma rime fut propice,
Je veux dans mon album qu'il ait aussi sa part.
Il a perdu sa vieille basilique,
Ses saintes sœurs, sa croix de Jumelin ;
Plus de vie ou de bruit sur sa place publique ;
Où sont les voyageurs qui peuplent son chemin ?
Naguère encor, sans remonter les âges,
Sa main pesait du moins les plus gros personnages (1) ;
Mais aujourd'hui plus rien de ces faveurs !
La fortune a sur lui déployé ses rigueurs ;
Faisons-lui donc oublier ces outrages,
Et plaignons-le. Voyez! de loin en loin

(1) La bascule.

Si l'un de ces revers que l'on voudrait combattre
    Sur la cité vient à s'abattre,
Presque toujours il en est le témoin.

I

C'était le lendemain de trois sombres journées ;
    L'enfantement de mille années
    Une heure l'avait vu périr !
Seul, le fils de cent rois, comme un pâle fantôme,
    Fuyant à travers son royaume,
Allait chercher bien loin un lieu pour y mourir !
Les peuples à ce bruit se détournaient à peine,
    Et regardaient tout étonnés
    Passer, sans amour et sans haine,
    Ces cheveux blancs découronnés,
    Cette grande misère humaine !
O cruels jeux du sort ! En vain contre Paris
    Soulevé par son imprudence,
Sa garde trop fidèle avait pris sa défense ;
Saint-Maurice est au loin couvert de leurs débris.

    Dispersés sur la longue route,
    Souillés de poussière et de sang,
  Les malheureux s'en allaient frémissant,
Et vaincus refusaient de croire à leur déroute.
Hé quoi ! le vétéran échappé de Moscou,
Le vainqueur de Madrid, et de Vienne et de Rome,
L'émigré de Coblentz et le vieux gentilhomme,
Par l'émeute aux bras nus assaillis tout à coup,
Sont tombés sous la pierre arrachée à la rue !
    Sans ordres, sans chefs, sans drapeau,
    Ils ont fui, timide troupeau,
    Devant la foule qui se rue !

O douleur! sur le grand chemin,
Des officiers, sans souliers et l'œil morne,
Restaient là près de chaque borne,
Abattus et mourant de faim.
Leurs pieds étaient meurtris, et d'une main tremblante
Avec un lambeau déchiré,
Couverts d'une sueur sanglante,
Ils essuyaient leur front désespéré;
Puis honteux de les voir indignement trempées,
Ils invoquaient la mort et brisaient leurs épées;
C'étaient de toutes parts des tronçons dispersés;
Et les soldats, maudissant leur courage,
Frappaient de leurs fusils les pavés avec rage,
Et les jetaient dans les fossés.

Livrés à toutes les injures,
Depuis trois jours pas une main
N'a daigné panser leurs blessures,
Ni leur tendre un morceau de pain.
Dix ans de lutte et de carnage
Auraient-ils à ce point épuisé leur courage?
Leurs plus grands ennemis en auraient eu pitié.
Pourtant des forcénés (pouvez-vous le comprendre?)
Les voyant se traîner seul à seul et nu pié,
Au loin dans les faubourgs s'en allaient les attendre,
Comme des assassins, derrière les buissons,
Pour assommer de leurs bâtons
Des blessés qui tombaient sans pouvoir se défendre.

Mais au réveil du peuple et de la liberté,
Cabart (1) heureusement et la garde civique,

(1) Cabart, ancien lieutenant du roi Murat et colonel de la garde nationale.

Chauds amis de la paix publique,
Ont pris en main le soin de la cité.
« Courage, mes amis! en nobles adversaires
» Montrez-vous généreux et grands!
» Parce qu'ils ont servi des maîtres différens,
» En sont-ils moins pour vous des hommes et des frères? »

C'était bien là notre vieux colonel,
Lui, de Murat l'élève téméraire,
Frappant, sabrant, au grand jour solennel,
Mais pardonnant à l'ennemi par terre!
« Vous avez soif, vous avez faim,
» Voici de quoi vous faire vivre!
» Un ingrat vous perd et vous livre;
» Voici nos rangs et notre main!
» Mais vous venez menacer nos murailles!
» La vieille culotte de peau,
» Se ranimant au souffle des batailles,
» Saura défendre encor sa ville et son drapeau! »

A l'abri de ton nom, va, que Chartres repose!
Ils se sont rendus à merci.
Calme-toi, ce n'est pas ici
Qu'on doit juger la grande cause!

Cédant alors au doux entraînement,
De tous côtés la cité généreuse
A cette foule malheureuse
Courut offrir son dévouement.
A deux battans elle ouvrit au grand nombre
Et sa porte et sa charité;
Et la sainte hospitalité
Du haut de ses clochers les couvrit de son ombre.

Mais je ne sais quelle fatalité
    Jusqu'au bout sur leur tête pèse :
  Et cependant ils ont assez souffert!
N'est-il pas temps, mon Dieu, que ton courroux s'apaise?

Jusqu'au soir il en vint tant, que l'asile offert
   Ne pouvait plus contenir leurs brigades ;
    Et sur nos longues promenades
Les derniers survenus campaient à ciel ouvert.
Du moins ces belles nuits que le mois d'août prodigue,
Sous l'azur étoilé vont leur donner enfin
Une heure de repos après tant de fatigue.

    Ils avaient apaisé leur faim ;
    Mais au moment où sur le sable
    Chacun de son long étendu,
Commençait à goûter le sommeil attendu :
Grossi par les échos un bruit épouvantable
    Soudain les réveille en sursaut;
Pour se dresser debout, tous, ils n'ont fait qu'un saut;
   Dans tous les rangs court la même pensée :
    Le géant aux cent mille bras,
Profitant des terreurs d'une nuit avancée,
Paris, vient leur livrer le dernier des combats,
Et d'un coup terminer la guerre commencée !

   Ils se trompaient : c'était le ciel en feu,
  Qui déchargeant à grands coups son tonnerre,
   Cette nuit se faisait un jeu
D'imiter à son tour l'émeute de la terre.
   Non, jamais plus livide éclair
N'avait épouvanté les vastes champs de l'air.
C'est le dernier assaut que le destin leur garde.
  Le lendemain plus de royale garde !

Tout a repris sa liberté,
Et le dernier espoir était réduit en poudre!

Ainsi l'antique royauté
Disparut au milieu des éclats de la foudre!

II

Vous voyez, Saint-Maurice a joué de malheur.
    Cette fois-là sur ses pavés tranquilles
       Il avait vu plein de douleur
Ces débris glorieux de nos guerres civiles;
      Et voilà que plus tard encor
        D'une émeute religieuse
      Il entendra les cris de mort!
La lutte par bonheur était moins sérieuse.

    Sacrifiant aux nouveaux dieux,
Lève avait un matin quitté la foi commune:
      Il en avait déjà trop d'une,
      Le maladroit en voulait deux.
     Là donc on se faisait la guerre
Pour des points bien obscurs que l'on n'entendait guère;
     Mais on ne s'en battait que mieux.

Peu s'en fallut hélas! qu'un prêtre en fût victime [1].
    A leurs querelles étranger,
Poussé par le devoir au plus fort du danger,
Il avait obéi! c'était là tout son crime.
     Avec des hurlemens mortels,
    De furieux une bande sauvage,
Pendant que les soldats assiégeaient leur village,

[1] M. Dallier, aujourd'hui curé de Saint-Pierre.

L'avaient arraché des autels.
Le poing levé, lui jetant à la face
L'injure atroce et l'horrible menace,
Les insensés de détours en détours,
Le traînaient en triomphe à travers nos faubourgs;
Et lui, marchait tranquille au fort de la tempête,
Soutenu par sa charité;
Et cependant un mot, dans la foule jeté,
Pouvait faire tomber sa tête!

C'était pitié, honte et terreur,
De les voir s'enivrant de leurs propres blasphèmes,
Se poussant, s'exaltant, s'aiguillonnant eux-mêmes,
S'abandonnant à toute leur fureur,
Les yeux fermés, sans prévoir si le crime
Peut s'arrêter en roulant dans l'abîme.
Mais que Dieu leur pardonne! et nous, aux citoyens,
Dont la généreuse colère
L'a délivré de ces païens,
Hâtons-nous de payer un glorieux salaire,
Et bien vite écartons ce triste souvenir!
Loin de nous, mes amis, ces luttes téméraires!
Plus de ces combats entre frères!
Puisse Dieu contre nous sauver notre avenir!

III

De notre Saint ce sont là les spectacles.
Fort à propos, pour calmer ces douleurs,
Des pauvres les Petites-Sœurs
Ont depuis sous ses yeux placé leurs tabernacles.
Notre pensée a besoin de repos;
Près de leur charité si féconde en miracles
Allons chercher de plus riants tableaux.

Nos Tanneurs autrefois leur donnèrent asile.
　　Leur dénûment n'avait pas à choisir.
　　　　C'est là que leur bonté facile
Accueillit ma visite et mon pieux désir.
Je vous raconterai ce que j'ai vu moi-même.
　　　　Sous ce toit noblement prêté,
De faire tout de rien résolvant le problème,
Dans toute sa splendeur brillait leur pauvreté !

　　　　Curieux de voir ces merveilles,
　　　　Nous hésitions avec quelques amis,
　　　Qui demandaient comme moi d'être admis
　　　　Dans ces lieux témoins de leurs veilles.
Mais Dieu l'a dit : « Frappez, on viendra vous ouvrir!
　　　　Une pauvre vieille invalide
　　　Avec ses clés s'empressa d'accourir,
　　A notre appel hâtant son pas timide.

　　Tout aussitôt la plus modeste sœur,
　　　　Toujours humble et toujours soumise,
　　　　(De ces cœurs touchante devise),
　　　S'offre à nous, heureux précurseur.
　　　C'était là l'autorité sainte,
　　　Qui, comme Dieu, dans cette enceinte
　　　Ne régnait que par la douceur.
　　　　Avec son prévenant sourire,
　　　　Elle-même veut nous conduire
Dans l'arche bienfaisante, où tant de naufragés
　　　　Ont, au milieu de la tempête,
　　　　Par ces colombes protégés,
Trouvé l'asile sûr où s'abrite leur tête.

　　　　Mais, dites-moi, vers nos cantons
Quelle étoile a guidé l'utile colonie ?

Dans une heure cent fois bénie,
Le ciel nous l'amena des rivages bretons.

Dans une humble bourgade (1), une jeune orpheline,
Avec d'autres enfants aux pudiques regards,
Sans autre appui que la grâce divine,
S'était mise un beau jour à soigner des vieillards.
Un vicaire, aussi pauvre qu'elle,
Soutenait son courage et dirigeait son zèle.
La maison s'agrandit au profit du malheur.
Partout où leur main diligente
A consoler trouvait quelque douleur,
Les bonnes sœurs partaient pour y dresser leur tente.

Ainsi de proche en proche et sans autre appareil,
Ici, sur cette plage où déjà la souffrance
Reçoit de tant de cœurs une noble assistance,
Elles ont à leur tour trouvé place au soleil.
Car dans les régions même les plus heureuses,
De toutes parts et sur tous les chemins
Les misères sont si nombreuses,
Qu'on n'a pour les panser jamais assez de mains.

Aussi comptez déjà tous leurs pensionnaires :
Si, comme le besoin, l'espace allait croissant,
Ils seraient bientôt plus de cent ;
Tant les rangs sont pressés chez leurs surnuméraires !

Tous les maux côte à côte y sont représentés.
Et l'asthme, et le catarrhe, et la paralysie.
Et la pesante hydropisie,
Avec ces mille infirmités,

(1) Saint-Servan, diocèse de Rennes.

Filles de l'indigence et des intempéries,
  Qui, sans repos, de tous côtés
Assiègent les martyrs des humbles industries.

    Aux portes de nos hôpitaux,
    Nos ouvriers, la main tendue,
    Épuisés par leurs longs travaux,
Imploraient vainement une place attendue.
    Mais nos sœurs en ont eu pitié :
  « Venez à nous, braves gens en détresse;
» Venez; dans vos besoins nous serons de moitié.
    » Nous n'avons pour toute richesse
    » Que notre bonne volonté;
  » Mais qu'importe? venez! L'éternelle Sagesse
  » N'abandonne jamais qui compte en sa bonté. »

— « Du reste, voyez-les! nous disait notre guide;
    C'est l'heure de leur liberté!
  Dans ce préau pas une place vide! »
Voici de ce côté les hommes au soleil
Assis tranquillement le visage vermeil,
    Et comme autant de Diogènes,
    Devant un avenir certain,
Philosophant en paix sur les choses humaines,
N'ayant plus à prévoir un triste lendemain.

    Plus loin saintement résignées,
    Sans bruit, sans contestations,
Les femmes se livraient à leurs distractions,
    Par la prière accompagnées.
L'une tenait l'aiguille et celle-ci filait;
Cette autre qui se plaît à ses vieilles coutumes
D'un doigt alerte encor préparait les légumes,
Pendant que celle-là disait son chapelet.

Entre tous volontiers le travail se partage :
    Le peu de force et de courage
Que, sévère aux petits, le temps leur a laissé,
    Est sagement utilisé.
    Tous ont ici leur ministère ;
    Ils sont leurs propres serviteurs ;
Une misère moindre aide une autre misère ;
On se sent inspiré rien qu'en voyant nos sœurs.

    Avez-vous faim? Passons au réfectoire.
    C'est là, dans un banquet frugal,
Qu'on suit de point en point ce précepte moral
Que l'homme ne vit pas pour manger et pour boire.
    Mais sur ces tables de sapin,
Après tous ces longs jours de peine et d'abstinence,
Du moins ils sont heureux de savourer leur pain,
    Assaisonné de tant de bienveillance.

    Vous leur voulez plus de douceurs?
    Eh bien! que votre main s'apprête!
Et quand demain nos sœurs commenceront leur quête,
N'allez pas vous montrer d'avares fournisseurs.
Chaque jour sans manquer, dès l'aube matinale,
L'essaim part, et malgré les menaces du ciel,
Sur la plus humble fleur, sur la riche pétale,
Chaque abeille attentive ira cueillir son miel.

    L'une s'en va dans la campagne,
Avec ses mannequins suspendus avec art
    Sur l'animal qui l'accompagne,
Chercher de la récolte une modeste part.

Cette autre, sans sortir de la place publique,
    Dans nos marchés, de paniers en paniers,

Avec son regard angélique,
Sollicite partout marchands et jardiniers.
C'est à qui remplira sa hotte ;
Le denier de la veuve est offert de grand cœur,
Haricot, panais ou carotte
Sont accueillis avec honneur ;
Tous donnent, riche ou pauvre, acheteur ou fermière ;
C'est de la charité la dîme volontaire ;
Un refus porterait malheur.

Ces autres vont frapper aux portes opulentes ;
Dans leurs salons fermés, l'avarice et l'orgueil
Oseraient-ils repousser de leur seuil
Ces admirables mendiantes ?

C'est ainsi que tous les matins
Les reliefs de nos grands festins
Leur sont gardés ; mais dans l'humble gamelle,
Informes assaisonnemens,
Seront-ils jetés pêle-mêle ?
Chaque vase bien net a ses compartimens.
Parmi tous ces débris leur vigilance trie ;
Ce sont les tendres soins de la maternité ;
L'ingénieuse charité
N'a-t-elle pas son industrie ?

Elles pénétreront jusque dans les cafés,
Pour y chercher à pleine aiguière
Ces marcs, qui, sur le feu sagement réchauffés,
Causeront tant de joie à la maison entière.

Voilà leur fonds, voilà leur revenu !
Ce fonds n'a pas encor trahi leur confiance ;

Combien de fois, complétant leur menu,
N'en ont-elles pas fait l'heureuse expérience ?

Leurs vieillards sont couchés, et le repas est fait;
Mais dans l'âtre désert la flamme s'est éteinte,
Et pour le lendemain plus rien dans le buffet.
Auront-elles un doute, un soupçon, une crainte ?
Elles dorment en paix; la Providence est là!
Puis du soleil naissant dès la première teinte,
  Le ciel invoqué, les voilà
Qui s'en vont à l'appel des promesses divines,
Sur vos garde-manger et vos chaudes cuisines
  Faire une immense razzia;
  Et malgré ces rudes années,
  Mieux que nos zouaves vainqueurs,
Toujours d'un beau succès reviennent couronnées !
Tant devant elles Dieu sait amollir les cœurs!

Ici son doigt partout a laissé son empreinte.
  Mais abrégeons notre visite sainte.
Notre guide empressé tient à nous faire voir
  Chaque étage, chaque dortoir.

Une chose avant tout excitait nos surprises :
  Dans ces vieux bâtiments en bois,
Que pour mille autres soins nos aïeux autrefois
  Ont construits à tant de reprises,
Partout s'est installée avec leur charité
  La plus parfaite propreté.
Sans cesse vainement tombe quelque parcelle
  De ces murs rongés par le temps,
  A des soins de tous les instans
Tout cède; bien lavé le pavage étincelle;
Pas un grain de poussière; et nos vaillantes sœurs,

Si bonnes pour tant de malheurs,
Font à l'humble araignée une guerre éternelle.

Mais nous avions franchi ces tremblans escaliers;
J'admirais comment leur adresse,
Pour y loger cette vieillesse,
A su mettre à profit jusqu'aux moindres paliers.
Entre ces murs blanchis pourvu que l'on respire,
Si resserré qu'il soit, nul angle n'est désert;
Dans tous les coins de leur empire
Pour un hôte de plus se dresse un lit de fer.

Sur leurs couchettes solitaires
Et leurs matelas rembourrés,
Hommes et femmes séparés
Goûtent là du sommeil les douceurs salutaires,
Eux qui souvent dans un grenier
Avaient eu si longtemps, privés du nécessaire,
Pour linge des lambeaux, la paille pour sommier
Et pour oreiller la misère!

Quand sur mon lit bien propre et bien couvert,
En m'éveillant, je trouve le dimanche
Bons habits et toilette blanche,
Fraîchement en été, chaudement en hiver;
Que m'importent ces couvertures
Plus diverses que l'arc-en-ciel,
Et tous ces couvre-pieds faits de mille coutures?
Pensé-je au superflu quand j'ai l'essentiel?

Mais supputez ce qu'il en coûte
De peine et de travaux pour en arriver là;
Quand l'ordre est mis à tout cela,
Chacun jouit en paix et pas un ne s'en doute.

Mais vous, songez combien du matin jusqu'au soir
    Les occupe la lingerie;
Combien le vestiaire et la buanderie;
Comptez les coups d'aiguille et les coups de battoir!

    Plus loin, sous le saint patronage
    De la mère des affligés,
  Notre Mentor dans son simple langage
Nous montrait de ses sœurs les chastes lits rangés.
    Ne cherchez pas la différence
    Entre elles et leurs protégés;
Ont-elles ici bas placé leur espérance?
Leur couronne est là-haut! les cieux s'en sont chargés!
    Elles n'ont qu'un seul privilége,
    C'est que leur sommeil est plus court;
Pour les indemniser des fatigues du jour,
La prière un moment le prépare et l'abrége.

Tenez-vous à savoir quels sont leurs préférés?
    Visitons les infirmeries,
  Et vous verrez, sur leurs couches flétries,
    Si jamais parens adorés
Reçoivent plus de soins de leurs filles chéries :
    Soins du jour et soins de la nuit,
Sans cesse ravivant leur faiblesse engourdie,
  Soins vigilans du médecin qui suit
    Les progrès de la maladie,
    Pour en apaiser la rigueur;
    Soins de l'ange consolateur
    Dont la voix touchante et sacrée
    Ramène à Dieu l'âme égarée
Et du départ fatal adoucit la terreur.

Sans être touché jusqu'aux larmes,
Comment voir chaque jour cette immense bonté,
   Toujours la même en sa simplicité,
     Qui sait trouver même des charmes
     Auprès de ces vieillards usés,
Dont le corps trop souvent n'est qu'une plaie impure,
    Ou dont les organes brisés
Cèdent sans rien prévoir au cri de la nature.
Tous les sens révoltés reculent pleins d'horreur.
    Mais elles, toujours patientes,
   Le front joyeux, les lèvres souriantes,
    Réparent sans bruit ce malheur.
On écarte bien loin cette humaine misère,
Et lorsque dans leur ciel le calme est ramené,
Leurs malades enfin respirent! Une mère
A-t-elle plus d'amour pour son fils nouveau-né?

  Mais d'où leur vient cette vive étincelle
    Et ce dévouement toujours prêt?
    Venez, entrons dans leur chapelle,
Et vous allez bientôt connaître leur secret.

C'est ici, c'est au pied de cet autel modeste,
    Paré de quelques humbles fleurs,
   Filles des champs, mais au parfum céleste,
Qu'elles viennent répandre et leurs vœux et leurs cœurs.
    Ici point de riches peintures,
De marbres précieux, de gothiques sculptures,
Point de lampes d'argent ni de chasubles d'or;
    Les pauvres... voilà leur trésor!
    Pourvu que là Dieu les entende,
Quand leur cœur crie : « Ayez pitié de nous! »
Sur le pavé chacune ne demande

Qu'une place pour ses genoux.
Est-il chez nos aïeux de plus douce légende?

    La sainte qui prie à l'écart,
    Les bras levés sur la montagne,
Pour Juda qui combat dans la rase campagne,
    A choisi la meilleure part;
    Je le crois; mais la femme active,
    Aux besoins de l'humanité
Donnant tout ce qu'elle a de grâce et de santé,
    Toujours ardente et toujours attentive,
Qui, faisant bon marché de son propre bonheur,
    Pourvoyeuse du famélique,
Bâton de l'impotent, bras du paralytique,
    Se dévoue à chaque douleur,
Oh! celle-là surtout parle mieux à mon cœur!

Comme elles, autrefois auprès de Saint-Maurice,
    D'autres sœurs, modeste troupeau,
Avec autant d'ardeur cherchaient le sacrifice;
Les filles de Saint-Paul (1) avaient là leur berceau.
    Quatre-vingt-treize, au milieu des tempêtes,
    Ce moissonneur si redouté,
Qui fauchait les châteaux, les couvents et les têtes,
    Emporta la communauté.
Depuis, lorsque le ciel eut dissipé l'orage,
    Pourquoi nos sœurs dans leur faubourg
    N'ont-elles pas rétabli leur séjour,
    En souvenir de leur vieil ermitage?
    L'arbre était né sur notre sol chartrain?
    C'est à la sève beauceronne

---

(1) Pieuse congrégation fondée au commencement du XVIIIe siècle dans le faubourg Saint-Maurice.

Qu'il doit et sa verte couronne
Et son accroissement soudain.

Sur le passage de ma rime,
Si dans mon étroit horizon
J'avais comme autrefois rencontré leur maison,
J'aurais payé comptant mon tribut légitime ;
L'une et l'autre à mes vers avaient un droit égal.
J'aurais montré saint Paul, ce généreux rival,
Veillant sans se lasser au chevet des malades,
Ou des enfans du pauvre instruisant les brigades.

Ces nobles cœurs, prodigues de bienfaits,
Dans notre France entière, au plus humble village,
Se sont-ils refusés jamais ?
C'est encor peu pour leur courage :
Voyez-les par-delà les mers,
Sur la rive la plus sauvage,
Braver la mort aux mille aspects divers,
Pour chercher un besoin que leur bonté soulage !
J'aurais chanté tout cela dans mes vers.
Mais nos sœurs, préférant la ville,
Sous le vieux toit des Jacobins
Depuis ont choisi leur asile ;
Je ne dois rien aux citadins ;
Aussi, dans ma course avancée,
Contentons-nous, car il se fait bien tard,
De leur jeter par-dessus le rempart
Cette reconnaissante et pieuse pensée ;
Que ce soit aujourd'hui ma prière du soir.

Trop insister mériterait reproche ;
Je ne veux pas avec la même cloche
Faire de votre oreille ici le désespoir.

A mes signes de croix je vous verrais sourire;
Des meilleurs sentimens l'excès souvent nous perd;
Laissons à Cassien le soin de vous écrire
Un dévot supplément aux Pères du désert.

IV

Hâtons-nous donc! Par-delà Seresville
La lune a gagné son dortoir;
Le manteau de la nuit se double bien de noir;
Nos reverbères faute d'huile
Ferment l'œil! Imprudent! traverser à tâtons
Le labyrinthe de la ville
Et les zig-zags de nos maisons,
Dans les ruisseaux où l'eau défile,
Sur les déblais qu'entassent nos maçons,
Malgré longue habitude est toujours difficile.

Ah! je retrouve enfin nos joyeux Charbonniers.
Voici le Jeu-de-Paume avec ses vieilles gloires.
Nos gros bonnets jadis y jouaient des premiers.
Combien m'a-t-on conté d'excellentes histoires?
Mais où sont aujourd'hui ces luttes, ces victoires,
Et ces nobles rivaux courbés sous leurs lauriers?

De tous côtés au loin des jouteurs formidables
Venaient défier en champ-clos
Nos vainqueurs les plus redoutables,
Et tout Chartre assistait à ces rudes assauts.
Ces beaux jours sont passés! Le roi de la raquette,
Mabon est descendu dans la nuit des tombeaux;
Niel, après ces clients qu'a guéris sa lancette,
Chez les morts a porté ses os;

Et Maugars a quitté la paume et sa recette.
Tout le reste a vieilli dans un lâche repos.

On m'a dit cependant que de rares fidèles
   Heureusement du feu sacré
   Ont conservé les étincelles,
   Tout n'est donc pas désespéré.
Naguère on me citait de nos héros en herbes
Les noms que répétaient nos anciens étonnés.
Allons, je reviendrai juger ces coups superbes,
Moi qui tout juste y vois aussi loin que mon nez.
Mais aujourd'hui j'ai bien autre martel en tête !
   Profitons d'un dernier instant,
   Car un nouveau plaisir m'attend,
L'embarcadère est ma dernière fête.

VINGT-ET-UNIÈME STATION.

L'EMBARCADÈRE.

I. Découverte de la vapeur.

II. Départs et arrivées des convois. — Voyageurs et curieux.

III. Trains de plaisir.

Amis, doublons le pas, par delà le faubourg
 Un sifflement aigu de loin s'est fait entendre ;
Du haut de nos wagons la foule va descendre ;
Allons les recevoir ; c'est à la fin du jour,
  C'est au milieu de ce frais paysage,
Dans le calme des nuits aux saints recueillemens,
A la vive splendeur de tous ces diamans,
Que j'aime à contempler cet orgueil de notre âge !

I

Dans le trésor de Dieu chaque siècle a sa part :
  De loin en loin ses mains ouvertes
Laissent tomber sur nous ces rares découvertes,
Que l'aveugle ignorance attribue au hasard,

Pensée admirable et féconde,
Qui doit au temps marqué renouveler le monde !
Ainsi, sans remonter jusqu'au commencement,
Voyez-le tout à coup révéler la boussole ;
Et bientôt sur les mers, de l'un à l'autre pôle,
 Tout va changer avec l'aimant :
C'en est fait, plus d'erreurs sous un ciel sans étoiles ;
A travers les déserts du terrible élément,
Le pilote averti sait diriger ses voiles.
Gama, pour chercher l'Inde, affronte sur les flots
Et les caps orageux et les vents de l'Afrique ;
Et le hardi Colomb, malgré ses matelots,
A l'autre bout du monde aperçoit l'Amérique.
Vers cent peuples nouveaux les chemins sont ouverts,
Et le vieux continent croît d'un autre univers.

Dans le siècle suivant, à la voix du grand Maître,
 Voilà soudain que le salpêtre
Vient réformer la guerre et ses arts meurtriers.
C'est fini des vieux droits et des cottes de mailles ;
 Les barons et les chevaliers
Ne fixeront plus seuls le destin des batailles.
Le peuple aura son arme, aura son étendard ;
 Et quand viendra la délivrance,
Laissez-le s'aguerrir ; son mousquet tôt ou tard
Saura de son côté décider la balance.

Mais pour le genre humain une autre heure a sonné ;
 L'esprit de l'homme se réveille,
 Et bientôt une autre merveille
Apparaît à son tour sur le globe étonné.
Poëtes, orateurs, historiens et sages,
Rassurez-vous ! Le temps qui n'a rien respecté,
 Ne peut plus de sa dent entamer vos ouvrages ;

Et sûrs de l'immortalité,
Vos écrits imprimés vont chasser la nuit sombre
Qui pèse sur l'humanité;
La science n'est plus le lot du petit nombre;
Tout homme de ses yeux peut voir la vérité.
Au midi comme au nord, sur la nature entière,
Ce soleil, dont les feux font tout épanouir,
Répand sans s'épuiser ses torrens de lumière,
Au risque de nous éblouir.

Mais dans la pensée éternelle
Notre tour est enfin venu;
Pour nous, c'est la vapeur, dont sa main paternelle
Gardait le trésor inconnu.
O prodige! un peu d'eau que le feu sur son aile
Dilate et précipite en mille effusions,
Vient changer tout rapport entre les nations,
Et donner au vieux monde une face nouvelle!
C'est un enfant qu'hier a vu venir,
Il est encore entouré de ses langes,
Et déjà nous voyons tant de choses étranges!
Mais que nous promet donc plus tard son avenir?
A ses lois la nature obéit en silence,
Et les fleuves impétueux,
Et les monts jusqu'au ciel dont la cime s'élance,
Et les ravins torrentueux,
Rien ne résiste à sa toute-puissance.
Sous le rapide essor de son souffle vainqueur,
De province à province il n'est plus de distance;
Lyon, Rennes, Strasbourg sont voisins, et la France
N'est plus qu'une cité dont Paris est le cœur.
Tout est mis en commun : le couchant et l'aurore
Sur une table égale entassent leurs produits;
Et le nord boit les vins et savoure les fruits

Que le midi brûlant sur ses rives colore.
Dans le vaste univers ainsi les nations
Ne feront qu'un seul tout de mille fractions.

II

Debout c'est ainsi que je rêve.
J'allais vous en donner d'autres échantillons ;
Mais vers nous apporté dans de noirs tourbillons,
　　Avant que cela ne s'achève,
Voici que tout en feu le convoi haletant,
Roule comme un torrent sur sa route hardie,
　　Avec son panache flottant ;
　　Vous diriez d'un vaste incendie !
Déroulant ses longs plis, le dragon furieux,
　　Par la narine et la gueule et les yeux,
　　Vomit la flamme étincelante :
Sa lumière s'accroît des ombres de la nuit.
Il marche précédé d'une lueur sanglante ;
Derrière un gros nuage et s'allonge et le suit.

Mais en somme, à quoi bon tout ce discours frivole ?
L'impatient tender, sans gêne et sans façon,
　　Vient brusquement me couper la parole,
Et n'attend pas la fin de ma comparaison.

Avec un long sifflet à travers la vallée,
Il arrive, il arrive aussi prompt que le vent ;
Et la gent curieuse, accourue au-devant,
Partout où l'on peut voir, se presse entremêlée.
　　Lui, dans sa course échevelée,
　　A peine s'il jette un regard
　　Sur nos belles rives de l'Eure,

Où nous autres songeurs, si longtemps et si tard,
A mille riens charmans nous laissons couler l'heure.
   Comme l'éclair il dépasse Longsault ;
Foule d'un pied hautain le parc et la chaumière,
     Franchit Rigeard et les Grands-Prés d'un saut,
Lançant à tous les vents sa brûlante crinière.
     Les ravins, le torrent, le mont,
     Rien ne peut suspendre sa marche ;
Et le pavé des rois sous l'orgueil de son arche,
     S'empresse de courber le front.
Bondissant en vainqueur sur sa large chaussée,
Bien par-dessus ces toits dignement exhaussée,
     Il traverse l'humble faubourg ;
     Et le front couronné de flammes,
Vient en roi visiter, au milieu de sa cour,
     Ma noble ville et ses vidames.

   Chartres jamais n'a rien vu de pareil :
     Avec la foule frémissante,
     J'admire l'immense appareil,
     Et cette machine puissante,
Traînant ses lourds wagons et ses brâsiers fumans,
     Dont les derniers rugissemens
     Nous glacent encor d'épouvante.
   La main de l'homme a donc su la dompter !
Mais sur sa bonne humeur n'allez pas trop compter :
La lionne endormie est toujours menaçante ;
     C'est une esclave obéissante
     Toujours prête à se révolter !

La vapeur cependant a ralenti sa course ;
   Et sous les yeux des inspecteurs polis,
Chacun tend son billet ou prépare sa bourse.
Ils sont entrés ! Voyons descendre les colis.

Avant de regagner notre toit solitaire,
Nous devons un coup d'œil à notre embarcadère.
    Rendez-vous des gens comme il faut,
Chacun lui doit par jour au moins une visite ;
C'est un devoir sacré que le plaisir acquitte,
    Et personne n'y fait défaut.
    Il est entré dans nos usages ;
Chacun s'enorgueillit de son chemin de fer,
On veut voir ses wagons et toucher ses bagages,
Le voilà devenu la chair de notre chair !

Nos rentiers l'ont surtout choisi de préférence ;
Ils sont ici chez eux ; c'est leur lieu de plaisance.
Voyez-les, essoufflés cent fois entrer, sortir ;
Utiles supplémens pour les gens de service,
Pourraient-ils refuser leur complaisant office ?
Eux absens, le convoi n'oserait pas partir ;
Mais ils s'en gardent bien, bon sang ne peut mentir.
On veut voir qui s'en va, qui passe ou qui débarque,
A chaque voyageur attacher sa remarque,
De l'art aux ignorans expliquer les secrets,
Exercer la police ou casser ses arrêts.

    Sont-ils heureux, je le dis sans reproche,
      Quand un voyageur attardé,
      Aux derniers avis de la cloche,
      Accourt le front tout inondé,
    Le cœur battant et la jambe qui cloche,
Traînant à chaque bras tout son équipement,
      Et tout à coup, quand il approche,
Voit les guichets fermés et manque ainsi le coche !
Son visage allongé, son ébahissement
      Attendriraient un cœur de roche ;
Mais nos malins vieillards ont toujours dans la poche

Des mots que le parterre applaudit en riant;
    Sans pitié leur langue décoche
De ces douceurs qui font bondir le patient,
Pauvre gibier, qu'on tourne et retourne à la broche.

Ils ne sont pas ici les seuls maîtres et rois;
Chartrains, nous sommes tous appelés au partage,
    Chacun veut goûter au potage,
Chaque friand y met et la lèvre et les doigts.
C'est notre port à nous, plein de scènes vivantes,
    Le foyer de notre opéra,
Notre Bourse, contant ses nouvelles plaisantes;
Quel que soit votre goût, qui les aime en aura.
    En doutez-vous? le départ qui s'apprête,
    Sans plus tarder, vous le démontrera.

    Au ménage aujourd'hui c'est fête :
Vieux époux d'autrefois, Baucis et Philémon
Vont passer leur dimanche en galant tête-à-tête
    Chez Madame de Maintenon.
Voyez-vous ce recors à la mine inquiète,
Portant de tous côtés son regard scrutateur?
Muni, de son arrêt, c'est un huissier qui guette
    Au passage son débiteur.
    Celui-là, comme il se dépêche!
    Jouy l'appelle en son val enchanté.
Il va, loin de sa femme et près d'un bon pâté,
Se donner librement les plaisirs de la pêche!

Cet autre à Rambouillet veut voir de vieux amis,
    Et respirer sous leurs charmilles,
    Au sein de ces douces familles,
    Un bonheur qu'il s'est tant promis.
Ceux-là vont au rabais faire fête à Versailles,

Admirer ses bosquets, ses marbres, ses canaux,
Revoir dix fois ses bains, ses palais de rocailles,
Et Neptune inondé de ses mille jets d'eaux.

    Mais tout cela n'est qu'un entr'acte.
Dans la salle d'attente, autour de ces lambris,
Regardez sur ces bancs cette foule compacte,
      De tous les rangs, à tous les prix,
Que cent motifs divers emportent vers Paris.
Le marchand affairé veut courir ses usines,
      L'amateur voir ses monumens,
Le savant près de lui chercher des documens,
Et nos riches meuniers lui vendre leurs farines.

Ainsi chaque départ a ses amusemens.
La scène en arrivant n'est pas moins animée.

Ceux-ci, comme Bias, portent tout avec eux.
Venez voir défiler cette nombreuse armée,
    Qui, Dieu merci, n'a rien de belliqueux.
C'est le négociant regagnant sa fabrique ;
Le soldat pour tout bien qui n'a que sa tunique,
Mais riche de galons et de gloire chargé,
Et dans un long étui rapportant son congé ;
C'est le commis cherchant à placer ses futailles ;
Ou l'homme de nos champs qui, le fouet à la main,
Rentre chez lui plus fier qu'un empereur romain,
Heureux d'avoir vendu ses porcs et ses volailles.
C'est quelque gros curé qui s'est mis en dépenses,
      Veut se montrer à l'évêché,
      Et se fournir à bon marché
      Et d'almanachs et de dispenses ;
Ou bien un jeune artiste, armé de ses crayons,
      Mieux inspiré que nos paresses,

Qui vient dessiner nos richesses
Sous notre ciel et ses rayons.
Que sais-je enfin? Ce sont peut-être
De belles dames de Paris,
Qui mettant hardiment la tête à la fenêtre,
Veulent voir de leurs yeux, pour gagner leurs paris,
Si nous ne sommes pas un peuple de sauvages,
Et si l'on parle encor français sur nos rivages.
Oh! non. Ce sont plutôt de pieux pélerins,
  Qui pour une tête chérie
Ont fait vœu, dans son temple et près de ses chartrains,
D'implorer avec nous le secours de Marie.

  Dans ce monde à flots descendu
  De quel bonheur notre âme est prise,
  Quand un sourire inattendu
Nous frappe tout à coup d'une douce surprise!
Car, voyez-vous, tantôt c'est un de nos élus,
Tantôt un amateur de nos jeunes musées,
Ou bien un vieil ami que l'on n'espérait plus,
Qui vient dans nos vallons rafraîchir ses pensées;
  Oh! comme alors avec avidité
Nous invoquons les droits de l'hospitalité!
  Mais aujourd'hui pas un visage
  Qui nous apporte un doux émoi;
Que chacun d'eux en paix s'en aille donc chez soi!
  Et n'y pensons pas davantage.

  Ils sont venus comme de bons voisins,
  La main libre et sans équipage;
  Mais là-bas sont les magasins,
  Où l'on descend avec arme et bagage.
Nous avons vu ceux-ci, nous devons voir ceux-là :
Le spectacle serait incomplet sans cela.

Passons, Messieurs, à l'autre porte !

Mais, bons dieux ! voyez donc comme cet employé
S'avance le corps tout ployé
Sous le poids du fardeau qu'il porte !
Écoutez, près de lui cette dame aux grands airs
Donne à tous ses ordres divers.
Pour quelques jours elle fait une absence ;
Un monde au grand complet la suit :
Tout ce qu'ont inventé la mode et sa science
Et pour le jour et pour la nuit,
Pour la ville et pour la campagne,
Caprices et rubans de toutes les façons,
Et robes et chapeaux pour toutes les saisons,
Hissés sur l'omnibus s'élèvent en montagne.

Quel est plus loin cet honnête vieillard
Aux cheveux blancs, au regard qui pétille,
Qu'accueille en bondissant une jeune famille,
Lui reprochant son long retard ?
A son cou suspendu chaque marmot s'enlace,
Le père qui les suit pleure d'émotion ;
C'est un oncle à succession !
L'un après l'autre, il les embrasse ;
Il vient par le chemin de fer,
Aussi bon que la bonté même,
Tenir sur les fonts de baptême
Le dernier des enfans de son neveu très-cher.
Que n'apporte-t-il pas? Sans compter les dragées
Que lui fournirent les Lombards,
En boîtes par douzaine artistement rangées,
Ses malles, ses ballots feraient de vrais bazars.
Il a pour les garçons des fusils, des épées,
Et des tambours retentissans ;

Pour les fillettes des poupées
Et des chapeaux éblouissans.
Mais à part pour la jeune mère
Sont les cadeaux les plus jolis ;
Chacun en l'embrassant reçoit son honoraire,
Chacun sautant de joie emporte ses colis.

Mais nos grands seigneurs de village,
Nos banquiers opulents qui marchent leurs rivaux,
Pour s'en aller dans leurs châteaux,
Trouvent là dans la cour tout prêts leurs équipages.
Un mot, et les voilà partis !
Comme eux, nos gros fermiers aussi fiers que leur maît
Et qui n'ont pas souvent moins de raison de l'être,
Ont aussi là leurs limoniers hardis.
Pour vous, simples mortels, épars dans nos provinces
Vous n'avez pas à vous de rapides coursiers ;
Vous serez, vous aussi, traités comme des princes ;
Parlez ! Voici, Messieurs, la voiture d'Illiers ;
Ceux-là vont vous rendre à Janville ;
Châteaudun est ici, plus loin est Angerville.
Mais vous n'allez qu'à Mainvilliers ;
Avec tous vos paquets vous restez dans la ville ;
La Poste vous attend, à tout le monde utile ;
Noël à peu de frais vous mène à vos foyers,
Tout en vous faisant faire encore un Tour-de-Ville.

Jadis les voyageurs, durant les sombres nuits,
Sous le règne du réverbère,
En sortant du débarcadère,
Ont éprouvé bien des ennuis ;
Tâtant le long des murs, de misère en misère,
Ils s'en allaient à pas de loups,
Culbutant parmi les cailloux ;

Heureux quand, tout trempés et l'habit en lanières,
Blasphêmant la police et maudissant leur sort,
Ils n'étaient pas réduits, après un long effort,
    A bivouaquer dans nos ornières!
Mais, Dieu merci, le gaz n'offre plus rien de tel :
    En attendant le reste de la ville,
    Ici du moins, il n'est pas difficile
De trouver bon dîner, bon lit et bon hôtel.

III

    Voilà le modeste ordinaire
    Dont nous régale chaque jour
    Notre joyeux Embarcadère.
Mais bien d'autres galas reviennent à leur tour!
    C'est surtout aux mois des vacances
Qu'il donne un libre cours à ses munificences.
    Pour nous alors plus de loisirs.
    Honneur au bienfaisant génie
    Qui prit en pitié les désirs
De notre bourse hélas! trop souvent dégarnie,
Et sut organiser les convois de plaisirs!

A tous les coins de rue une pompeuse affiche,
Par ses promesses d'or, en ces temps fabuleux,
    Conviant le pauvre et le riche,
Étale sur les murs ses prix miraculeux.
    Chaque dimanche a sa merveille :
C'est à qui nous aura tout le long du chemin;
    Et la fête du lendemain
Dépasse de bien loin la fête de la veille (1).

(1) Allusion aux différentes fêtes qui furent données dans les commencemens.

Aimez-vous les rapides chars,
　　Les coursiers fiers de leurs parures,
Et le camp du Drap-d'Or et ses nobles armures?
L'hippodrome français vaut celui des Césars ;
Et puis le Château-Rouge avec son art magique
Le soir jusqu'à minuit vous offre ses salons,
　　Ses bals, ses bosquets, sa musique,
　　Et les chevaux de ses ballons.

　　Mais les noirs donjons de nos pères
Vous vont mieux : en regard de ces vieux souvenirs,
　　Sous leurs ombrages séculaires,
Vous trouvez plus piquans nos modernes plaisirs ;
　　Rambouillet pour vous met la broche ;
　　Les d'Angennes, les Montorgueil,
　Ces chevaliers sans peur et sans reproche,
　En votre honneur chasseront le chevreuil ;
　　Et dans la royale guinguette,
　　Après le punch et le moka,
Arténice et Julie, en libre collerette,
Avec François premier danseront la polka.

Un spectacle plus grand vous plaît et vous attache ;
Dédaignant le plancher que foule votre vache,
Vous voulez voir la mer et son immensité,
Et quelque beau vaisseau par les vents agité.
Eh bien, préparez-vous ! Boulogne aux vieilles tentes
Et le Hâvre et Calais, sur l'élément amer,
Vous gardent tour à tour cent courses palpitantes
　　Et les plaisirs du mal de mer.

　　Mais votre audace téméraire
Sur notre continent se sent trop à l'étroit,
Voilà qu'on vous invite à franchir le détroit ;

Allez en amateurs visiter l'Angleterre,
　　Et sur les pas de nos législateurs,
La lorgnette à la main, graves réformateurs,
Étudiez chez eux ces maîtres de la terre.
Pour quelques soubresauts bravez-en les hasards.
Londre, avec ses palais, ses ports et ses brouillards,
Vous attend moyennant légères redevances ;
Et grâce au cicérone armé de son patois,
　　　　Vous connaîtrez en trois séances
Ses docks, ses monumens, son poudding et ses lois.

Devant ces prospectus, que cent regards avides
Ont dans tous les quartiers dix fois lus et relus,
Nos Beaucerons pâmés ne se possèdent plus ;
　　　　Eux si casaniers, si timides,
Couvant des deux genoux le feu de leurs tisons,
　　　　(Le croirez-vous, races futures ?)
Les voilà devenus, en dépit des saisons,
Coureurs de grands chemins et chercheurs d'aventures.
On veut par les cheveux saisir le bon marché.
Tous les pouls sont émus d'une fièvre brûlante,
　　　　Et la prunelle étincelante,
Chacun jure d'avoir sa part du doux péché.

　　　Huit jours d'avance, une foule serrée,
　　　　S'escrimant du coude et du poing,
　　　　Bien avant l'heure désirée,
Appelle l'employé pour compter son appoint.
　　　La cour est pleine, et jusque dans la rue
　　　　Devant tous ces bureaux fermés,
La bande aux cris joyeux et se pousse et se rue,
　　　　Comme autant de loups affamés.
Il faut les voir frapper et d'estoc et de taille.
L'audacieux l'emporte et malheur au vaincu ;

Mais s'il remporte son écu,
Il laisse son pourpoint sur le champ de bataille.

Jusqu'au jour où l'essaim doit enfin s'envoler,
La semaine paraît bien lente à s'écouler.
Mais les six cents élus que leur persévérance,
Leur adresse, leur force, un peu de préférence,
  Ont placés dans les chers wagons,
  Comme leurs fronts rayonnent d'espérance!
Partez, ne faites pas attendre les fourgons,
Et moi, pauvre rimeur, dont la poche est percée.
  Si pour moi la porte empressée
  Ne sait pas tourner sur ses gonds,
Allez, je vous suivrai du moins par la pensée.
A leurs justes transports tout le monde prend part ;
Et la ville qui reste, accourant dès l'aurore,
Vient faire ses adieux à la ville qui part.

  Ils sont partis! Sur la route sonore
Les derniers tourbillons s'étaient dans le lointain
Dissipés au milieu des brumes du matin,
  Et nos yeux les cherchaient encore!
Amis, profitez bien de tout votre bonheur ;
N'allez pas écouter la voix de la mollesse ;
Debout, toujours debout ; ni repos ni faiblesse ;
Ce n'est pas pour dormir qu'on chauffe la vapeur.

Quand vous aurez tout vu sur la terre et sur l'onde,
  Et par le plus beau temps du monde
  Visité tous les vieux créneaux,
  Dansé la mazurka dernière,
  Touché Douvre et ses arsenaux,
Et pour votre bon or bu sa petite bière ;
Échappés sains et saufs aux périls de la mer,

Aux périls des hôtelleries,
Aux périls du chemin de fer,
Aux périls des coquetteries,
Plus heureux que des rois, plus sages que Caton,
Près de vos moitiés attendries,
Puissiez-vous retrouver vos bonnets de coton!!!

Mais écoutez, la cloche sonne,
Un nuage au loin tourbillonne,
Les voici! ce sont eux! femmes, parens, amis,
Qui comptez les momens d'absence,
Allons, rassurez-vous, on vous l'avait promis,
Oh! la vapeur n'est pas aussi noire qu'on pense.

Si vous en exceptez tel maladroit musard,
Qui s'en va, distrait, à l'écart,
A chaque station, derrière les coulisses,
Oubliant l'heure du départ,
Du roulis des bateaux méditer les délices;
Tout entiers ils vous sont rendus,
Un peu moulus, un peu fourbus,
Traînant la jambe et les oreilles basses;
Mais de beaux souvenirs chargés,
Tels qu'un convive, heureux de dire enfin ses grâces,
Rassasiés de joie et surtout bien purgés!!!

Ainsi de notre temps admirables conquêtes,
Cet immense palais et la nuit et le jour,
Sans cesse de plaisirs, de surprises, de fêtes,
Nous garde l'éternel retour.
Que nos vieux routiniers nous vantent dans leurs pages,
Sans véhicule aucun, à travers des chemins
Inconnus au pied des humains,
L'innocent âge d'or et ses premiers voyages;

Moi, quand je vois ici tout ce qui m'est offert,
Étendu mollement dans une diligence,
   Qui comme un trait part et s'élance,
Je bénis mille fois notre siècle de fer.

VINGT-DEUXIÈME STATION.

INAUGURATION DU CHEMIN DE FER.

I. Gardes nationales du département. — Convoi de Paris. — Arrivée du Président de la République. — Bénédiction du chemin de fer.
II. Double banquet.
III. Feu d'artifice.
IV. Bal.
V. Illuminations.
VI. Retour. — Patrouille.

Certes, nous pressentions l'avalanche future
De tous ces dons, quand nous avons fêté,
    Avec tant de solennité,
De nos wagons l'heureuse investiture.
De tout ce qui s'est fait Chartres reconnaissant
    Gardera longtemps la mémoire ;
Et ce beau jour, marqué d'un caillou bien luisant,
    Vivra sans fin dans notre histoire.

I

Le coq gaulois sommeille encor.
Et déjà notre artillerie
Faisait tonner sa batterie,

Appelant à grand bruit notre garde qui dort.
Les yeux à demi-clos s'ouvrent à la lumière ;
Tout se lève : il faut voir comme nos grenadiers
Prennent à qui mieux mieux leur moustache guerrière
    Et leurs plus riches baudriers.

  Le rendez-vous est sur la grande place
Auprès de nos chasseurs, de nos hardis lanciers ;
Mais en voyant ces fronts où brille tant d'audace,
    Distinguez-vous de nos troupiers
    Formés par dix ans d'exercices,
Nos soldats citoyens et nos héros novices
    Encore à leurs premiers lauriers.
Droits, le jarret tendu, le képi sur l'oreille,
Une barbe touffue ombrage leur menton ;
Ils n'ont qu'un mouvement, leur pas ne rend qu'un son ;
    Vous diriez des vieux de la vieille.
  Leurs rangs jamais ne furent si nombreux ;
    Devant leur ligne de bataille
    Le vieux Chartres se sent heureux,
    Et son cœur paternel tressaille.

Mais des hameaux voisins, des lointaines cités,
Au bruit de leurs tambours, au son de leurs musiques,
    Nous arrivaient de tous côtés,
    Drapeaux flottans, les députés
  Qu'ils ont choisis dans leurs gardes civiques.
Ces beaux détachemens à l'air si martial,
Ce sont les fils de Dreux et ceux de Bonneval ;
Voici près de Nogent Châteaudun qui défile ;
Ces visages brunis nous viennent de Courville ;
Ce bataillon, si fier de son jeune officier,
    Qui, l'œil ardent et la taille élancée,
Cache sous son beau front quelque haute pensée.

Auneau s'est fait honneur de nous l'expédier :
  Protecteur des âmes bien nées,
Puisse Dieu lui garder de nombreuses années (1)!

  Entendez-vous au loin ces cris ?
  Orné de fleurs et de bannières,
Sur le fer vierge encor des nouvelles ornières
C'est le premier convoi qui nous vient de Paris!
Ce sont nos invités! Sans plus de badinages,
  Chartrains, vite allons recevoir
Au sortir des wagons ces puissans personnages,
Ces parrains généreux, qui se font un devoir
De nous encourager de leurs hauts patronages.

A leur tête, fidèle à notre empressement,
L'aigle ressuscité, le magistrat suprême,
L'autre Napoléon, quittant tout, vient lui-même
Consacrer de son nom ce grand événement.

N'allez pas lui tenir quelque vaine harangue
  Que répéta cent fois la langue,
  Et qui passa de main en main
Des grands hommes du jour à ceux du lendemain.
Si j'étais que de vous, simple et sans flatterie,
  Je lui dirais : « Élu de la patrie,
» Soyez le bienvenu chez vos concitoyens!
    » Vous désirez nous être utile,
    » Et vous en avez les moyens,
  » N'y manquez pas! et puis dans notre ville
  » Venez souvent, loin des majorités,
    » Des émeutes et des intrigues,

(1) F. Blin, l'un de mes plus jeunes amis, enlevé par une mort si prompte !

» Vous délasser de vos fatigues;
» Nos cœurs seront à vous ainsi que nos pâtés ! »

Pour nous sans doute une fête a des charmes,
Quand on y joint à l'éclat des discours
　　Les uniformes et les armes,
　　Et les canons et les tambours.
　　Mais à ces pompes solennelles
　　Quelque chose ferait défaut,
　　S'il ne descendait pas d'en haut
Un doux rayon des splendeurs éternelles.
Invoquez de la foi la sainte autorité :
　　Dans ses entrailles maternelles
L'Église trouvera des prières nouvelles
Pour les besoins nouveaux de notre humanité.

Non, je n'ai jamais vu plus imposant spectacle.
Que le jour, où dressant son pieux tabernacle
　　En présence de nos wagons,
Sous le ciel de juillet, devant ce peuple immense,
　　Accouru de tous les cantons,
Devant ces chefs armés de la toute-puissance,
　　Ces fiers guerriers, ces orateurs,
　　Devant ces rois de la science
　　Et ces graves législateurs,
Le pontife (1) montrait et la terre et les cieux;
　　Ici la haute basilique,
　　Là ces travaux prodigieux;
　　Au passé le plus magnifique
Opposait le présent si grand, si merveilleux;
Comme on était ému de sa vive éloquence!
Debout, le cou tendu, tout ce monde en silence

(1) Mgr Pie, évêque de Poitiers.

Admirait ses nobles accens,
Et sa parole harmonieuse,
Et sa douceur ingénieuse
Chère aux petits, chère aux puissans ;
Puis cette foule unie au prêtre,
Toute fière qu'elle est de ses progrès nouveaux,
Invoquait le souverain Maître !
Oh oui ! Priez-le bien devant ces grands travaux !
Quand un moment d'oubli, quand une erreur légère
Peut causer tout à coup les plus affreux malheurs,
Nous avons grand besoin contre tant de douleurs
Que Dieu couvre nos fronts de sa main tutélaire.

II

Mais après tant d'émotions,
De discours et d'inspections.
Va-t-on le ventre creux finir ainsi la fête ?
Notre Conseil municipal
Jugea qu'il n'était pas honnête
De renvoyer à jeun sans un banquet final
Ce monde d'invités docile à sa requête,
Au risque de les voir de faim se trouver mal.
D'une manière plus civile
Jadis le rat des champs traitait le rat de ville.
Avant le départ général,
C'est le moins qu'on leur serve un modeste régal.

Dans la cour de l'embardère
Changée en un riant parterre,
Ministres, généraux, savans et députés,
Et notre état-major, et nos autorités,
Sous les plis tricolors d'un pavillon immense,

Par nos amphytrions, sans plaindre la dépense,
Près de Napoléon largement sont traités.

Les chapons qu'engraissa la ferme beauceronne,
  L'asperge de nos potagers,
Les jambons délicats que Pichon assaisonne,
Les fleurs de nos jardins, les fruits de nos vergers,
Sur la table entassés, on les livre, on les donne
Avec un abandon qu'on n'aurait jamais cru.
On épargna tout seul le petit vin du crû.
Les œuvres de Rigaud, de Gautier, de Lemoine.
  A fond on les étudia,
A leur juste valeur on les apprécia
  Avec le goût sûr d'un chanoine.
  Plus d'un rempart a fait le saut ;
Tel ministre intrépide et que l'odeur allèche,
  Le fer en main livrait l'assaut,
Et nos vieux officiers s'élançaient sur la brèche.

  Mais là-bas, sous nos Charbonniers,
  Une autre table, avec sa vive joie,
Ne fit pas moins d'honneur à nos fins cuisiniers.
  Les enfans de nos poulaillers,
Le veau rôti que Brou nourrit et nous envoie,
Le fromage de Lève excitant les buveurs,
Les bonbons de Chopard, les biscuits de Savoie,
Altèrent nos pompiers, transportent nos chasseurs,
Et d'aise font pâmer nos heureux voltigeurs.
Le vin de Sèchecôte, émule des Bourgognes,
Fait bondir tous ces cœurs, rougir toutes ces trognes;
  Ce sont de longs épanchemens :
  Avec Illiers Saint-Cheron fraternise,
    Luisant trinque avec Méréglise,
Châteauneuf attendri serre la main du Mans.

III

Enfin les plats sont nets et les bouteilles vides,
Et l'abdomen n'a plus de rides.
Tout n'est pas terminé : cet immense appareil
D'où partent brusquement cent rapides fusées.
Va nous rendre bientôt tout l'éclat du soleil.

Déjà de curieux les bandes empressées
Ont choisi les meilleurs endroits ;
Vattier jadis, sous bien des rois,
Fit jaillir plus d'une étincelle,
Aidé de sa moitié qui tirait la ficelle ;
Mais c'en est fait de ses lauriers ;
Voici qu'un plus habile maître,
Avec le soufre et le salpêtre
Efface tous ses devanciers.

Je n'ose pas tenter de vous redire
Ces spectacles aériens,
Et cette courte joie impossible à décrire.
Où sont ici mes chers collégiens ?
Pour seconder mes forces affaiblies,
J'aurais trouvé dans leurs jeunes essais
Ces mots heureux, ces charmantes folies,
Ces frais tableaux qui donnent le succès.

Avec quelle verve facile
Ils auraient reproduit ce jeu,
Où nos yeux éblouis n'auraient vu que du feu !
Lâchant la bride à leur muse indocile,
Leur pétulant essor se fût moqué de l'art ;

Chaque bon mot, chaque pensée
Eût éclaté comme un pétard,
Ou brillé comme une fusée.

Sans craindre les détails, en vers étincelans,
Auraient-ils peint, tout rutilans,
Tantôt une étoile splendide,
Qui bondit vers le ciel en longue pyramide;
Puis arrivée au beau milieu,
Rassemble tout l'éclat de sa flamme croissante.
Règne un moment, et pour adieu
Retombe avec fracas en pluie éblouissante;
Tantôt des dragons furieux,
Qui formant à l'envi sous la haute coupole
Mille zig-zags capricieux,
De leurs débats épouvantent les cieux,
Et se font une guerre folle!
Tant qu'un reste de feu les pousse dans les airs,
Tout retentit sous les coups de leur foudre,
Et soudain, quand nos cœurs tremblent pour l'univers,
Tout s'éteint, et le vent emporte cette poudre.
Et nous aussi, souvent, pauvres fous, pour un rien
Nous nous déchirons entre frères,
Et puis la mort comme un voleur survient.
Et l'homme disparait et toutes ses colères!

Mais prenez garde, mes amis,
Auprès des amateurs sévères
Si vous voulez que vos vers soient admis.
Fuyez ces peintures banales
Plus vieilles que le genre humain,
Et qu'on trouve partout le long de son chemin;
Chaque description a ses beautés locales.
Choisissez bien parmi ces courts amusemens

Ce qui les distingua des autres,
Ce qui les a rendus véritablement nôtres,
Ou craignez d'affreux bâillemens!

Une chose avant tout emporta les suffrages :
Ce fut cet heureux à-propos
Qui couronna si bien ces bruyans badinages,
Avant de renvoyer tout ce monde au repos.
Offrez-nous en surtout une image fidèle;
Mais n'allez pas chercher votre modèle
Chez vos grecs ou chez vos latins.

On croyait tout fini, les soleils mal éteints
Jetaient leur dernière étincelle;
Tout à coup au signal donné,
Au milieu des splendeurs d'une vive atmosphère,
Quand chacun s'en allait, un autre embarcadère
Se montre à notre œil étonné.
C'était bien notre gare avec ses colonnades!
A ces lignes de feu dessinant ses arcades,
Il part un cri de joie et d'admiration.
Puis pour mettre le comble à notre illusion
Une ardente locomotive,
De l'autre bout de nos Épars,
Sur ses rails lumineux secouant tous retards,
Au long frémissement de la foule attentive,
S'élance et jette au loin ses milliers de pétards.
Je veux que dans vos chants tout cela tonne et brille
Que votre vers et par sauts et par bonds,
Coure plus éclatant que ce feu qui pétille,
Plus rapide que ces wagons.

Avec la fougue de leur âge
Ils l'auraient fait par delà mon désir,

Nobles enfans qu'il fallait retenir !
C'est alors qu'humble geai paré de leur plumage,
   A vos yeux j'aurais pu m'offrir
   Avec moins de désavantage ;
Mais je suis seul, et je me sens vieillir !

IV

J'allais donc terminer : mais si ma langue avare
   Ne dit pas un seul mot du bal,
  Que la vapeur aujourd'hui vous prépare,
   Je ne serai qu'un vrai barbare,
Et vous aurez le droit de me traiter bien mal.
  D'un tel oubli que le ciel me préserve !
   Pour cet usage improvisé
Avec un goût parfait aux salons de réserve
   On a si bien tout disposé !

   Je ne parle pas des peintures,
Des tapis étendus sous le pied des danseurs,
   Des girandoles, des tentures,
   Ou des guirlandes et des fleurs,
   Lieux communs de toutes les fêtes ;
Ici nos officiers, heureux ordonnateurs,
   Ont trouvé bien mieux dans leurs têtes.

Le commerce est le dieu qu'on adore en ces lieux !
   Et cependant son temple pacifique,
   Par un contraste ingénieux,
Emprunte des combats la parure magique.
  De tous côtés des groupes de drapeaux,
Relèvent l'arc-en-ciel de leurs couleurs flottantes ;
   Et des cuirasses éclatantes

Sur tous les points obscurs, admirables faisceaux,
Éparpillent les feux de deux mille flambeaux.

Au centre de la salle, un lustre gigantesque
　　　Attirait surtout les regards :
Ici point de cristaux taillés en arabesque ;
Dans un cercle d'acier, des mousquets, des poignards,
Offraient, bien agencés, leur forme pittoresque ;
　　　Des sabres aux mille reflets
　　　Faisaient briller leur lame nue ;
　　　La bougie était soutenue
　　　Dans le canon des pistolets.
　　　Ces rudes enfans de la guerre,
En voyant ces galops, ces toilettes, ces ris,
　　　Comme ils devaient être surpris !
Ce n'est pas le métier qu'ils ont appris à faire.

　　　C'est donc ainsi jusqu'au matin
　　　　Que l'élégante Beauceronne,
　　　　Sans crainte de faner son teint,
　　A fêté la vapeur, sa nouvelle patronne.

V

Il faut le confesser, ce jour-là, le bon goût
　　　Qui, de surprises en surprises,
Nous a fait oublier tant de vieilles sottises,
Du matin jusqu'au soir s'est retrouvé partout.
　　　Suivez-moi sur nos promenades ;
　　　Pendant qu'au loin nos lampions
Sur nos ifs rajeunis épanchent leurs rayons,
Venez, et vous aurez sous nos vertes arcades
　　　La plus douce des visions.

Au doigt habile il faut bien peu de chose
Pour enfanter le plus charmant effet;
Avec quelques morceaux de papier blanc ou rose,
Ce soir, on vous ménage un spectacle parfait.

Mille lanternes festonnées,
Que les ciseaux de nos décorateurs
Ont avec grâce façonnées
Dans des cahiers de toutes les couleurs,
Contre le vent malin sagement défendues,
De tous côtés par d'invisibles nœuds
Sous nos tilleuls sont suspendues,
Comme autant de nids lumineux.
A chaque branche un papier bleu s'attache,
Sous chaque feuille une flamme se cache;
Point d'éclat qui blesse les yeux;
Mais à travers la gaze transparente,
De ces feux adoucis la lueur caressante
Nous berçait mollement de songes gracieux.

Les oiseaux que cette merveille
Dans leur lit en sursaut réveille,
De ce jour sans soleil ne savaient que penser;
Ils l'ont redit à leur progéniture,
L'histoire en parlera chez eux; et l'aventure
De bec en bec, j'en suis sûr, va passer;
Et le soir en veillant, chez la race future,
Leurs arrière-neveux en entendront jaser.

Mais halte-là! grands dieux! ma muse imprévoyante,
Comme en juin, se fait-elle un jeu,
Avec son œuvre flamboyante,
De mettre Chartres tout en feu?
Toute l'eau de Saint-Jean et des bornes fontaines

Ne pourrait apaiser ce vaste embrasement.
  Mais nos pompiers heureusement,
  Avec leurs puissantes haleines
  Et leurs robinets entr'ouverts,
  Sont là qui, nouveaux Gullivers,
Rendraient bientôt nos épouvantes vaines.

  C'est avec ce rare concert
  Que Chartres qui se renouvelle
  Célébra son chemin de fer.
  Cette grande ère solennelle
  Chez nous déjà porte ses fruits;
Tout change dans la ville ainsi qu'à la campagne.
Attendez que Laval, et Renne, et la Bretagne
  Nous viennent avec leurs produits,
Vous verrez quels progrès nous aurons faits depuis!

VI

  Mais pendant qu'ainsi je bavarde,
  Que je m'amuse à la moutarde,
Les derniers voyageurs sont déjà disparus;
  Voici que le gaz va s'éteindre;
  Et mon logis comment l'atteindre,
Quand je serai tout seul et qu'on n'y verra plus?
A qui, si l'on m'arrête, oserai-je me plaindre?

  Par la rampe de Félibien
Je m'en vais retrouver et mon lit et mon bien,
Laissant pour aujourd'hui Jean de Beauce et Nicole,
  Ces noms chéris de la nouvelle école,
Pour qui tout souvenir est un objet sacré.
Oh! ce ne sont plus là de ces noms de bricole!

Je regrette pourtant ici Jacques Fouré (1).
    Par un seul nom Mainvilliers brille,
Et nous le négligeons chez lui! De si bon gré
      Le saint homme crossé, mitré,
     Nous eût conduits dans sa famille!

Je touchais au Grand-Pas, quand soudain les échos
Me font entendre un bruit de voix et de sabots.
    En voyant sous les arbres sombres
   En tapinois se glisser quelques ombres,
Je l'avoue, un moment j'éprouvai des souleurs ;
Par les rails si souvent il nous pleut des voleurs !
Je maudissais le sort et ses chances jalouses ;
Mais que vois-je? bons dieux! Ces vestes et ces blouses,
     Ces chapeaux ronds et ces bonnets,
     Ces vieux fusils mangés de rouille,
     Ce sont eux, je les reconnais,
     Je suis sauvé! c'est la patrouille!
     C'est l'uniforme des bizets !
Eux-mêmes découvrant quelque chose qui grouille,
Leur premier mouvement fut un peu de terreur;
Les plus braves parfois sont sujets à l'erreur.
On n'est pas un Rogeard (2). Pour sa femme et sa fille
On aime à conserver un père de famille;
     C'est un sentiment très-commun.

     Mais se comptant douze contre un,
L'un sur l'autre appuyés ils reprennent courage,
Croisent la bayonnette, et le front tout en nage
On s'aborde! un cri part : « C'est toi! c'est vous! c'est lui!

  (1) Jacques Fouré, prédicateur de Charles IX, évêque de Châlons-sur-Saône, né à Mainvilliers en 1516.
  (2) Ancien officier de l'Empire.

» Qui s'attendait à le voir aujourd'hui ? »
Sous les tilleuls et sous la mousse
Que la reconnaissance est douce !
C'était mon vigneron qui de l'eau seule a peur,
Mon épicier à la juste balance,
Mon perruquier qui coiffe à la vapeur,
Et quelques vieux amis d'enfance.

On cause, on se serre la main,
L'un fait l'article et l'autre connaissance;
Avec eux sans façon je reprends mon chemin.
Je leur conte du soir mes courses poétiques;
Et mes projets patriotiques
Sont accueillis par un chœur de bravos.
On m'applaudit, on me loue, on me fête!
« Le Tour-de-Ville enfin vaut bien tous ces travaux ! »
Aussi, le fusil haut et relevant la tête,
Le poste tout entier, précédé du sergent,
Me reconduit chez moi par la porte Saint-Jean.

« Encadrés dans mes vers épiques,
» Vous-mêmes, leur disais-je, et vos vertus civiques
» Trouverez place; allez! gardez ce doux espoir ! »
Leurs yeux étaient mouillés! mais enfin le devoir
L'emporte, et pour finir dignement la journée,
Une dernière main tour à tour m'est donnée,
Et jaloux de mon lit chacun me dit : « bonsoir ! »

ÉPILOGUE.

—

Mesdames, vous voyez! j'ai fourni ma carrière;
Malgré ses soubresauts, ses fuites, ses écarts,
Mon cheval écloppé, qu'animaient vos regards,
  Est de retour à la barrière.
Vous-mêmes de vos mains au plus simple des chars
Attelant aujourd'hui l'animal indocile,
  Des cahots de ce Tour-de-Ville
Vous avez sans pâlir bravé tous les hasards.
Votre vertu fut grande, et qu'elle soit bénie!
Sans membres fracassés votre course est finie,
Mais qu'il en dût coûter à vos constans efforts!

  Par une fraîche matinée,
  N'avez-vous pas avec transports
Projeté quelquefois de secouer dehors,
  D'une maison une heure abandonnée
  Les soucis et les soins jaloux,
  Seules enfin et maîtresses de vous?

Oh! comme alors vous savouriez d'avance,
  Loin de toute importunité,
  Dans une douce liberté,
De ce rare plaisir la joyeuse espérance!
  Déjà l'horloge a sonné le départ,
  Quand tout à coup un lourd bavard,

Comme une tuile, au détour de la rue,
Sans vous donner le temps de dire : hélas !
Tombe sur vous, s'accroche à tous vos pas,
Et de ses contes bleus vous assomme et vous tue.

C'est moi, maladroit que je suis,
Qui vous torture avec ces longs ennuis !
J'ai gâté votre promenade !
Rentrez vite chez vous sans attendre plus tard ;
Que Cosme (1) sur le champ tâte ce pouls malade,
Ou craignez pour la nuit le plus noir cauchemar.

(1) Un de nos plus habiles médecins, mort depuis quelques années.

TABLE.

	Pages.
Dédicace	I
Prologue	III

PREMIÈRE STATION. La Butte des Charbonniers . 9
   I. Nouvelle rue du Rempart 10
      Le Grand-Pas. 10
      Embellissemens nouveaux 12
      Faubourg Saint-Jean. 13
      Embarcadère et Carmélites. 14
   II. Habitués de la promenade 15
      Invasion de la butte pendant la foire . . . 19

DEUXIÈME STATION. Fêtes et réjouissances . . 23
   I. Une course d'autrefois 23
      Illuminations 25
      Mât de Cocagne 26
   II. Étymologie 30

TROISIÈME STATION. La Butte du Vidame . . 33
   I. Ancienne butte. Son origine 34
      Ses chevaliers de l'Oiseau-Royal . . . 34
      Son nivellement 35
   II. Cimetière 37
      Église Sainte-Foi. 39
   III. Habitués de la nouvelle promenade . . . 42

QUATRIÈME STATION. La Foire des Barricades . 47
   I. Marchands. 48
   II. Divertissemens 54

CINQUIÈME STATION. Le Marché-aux-Chevaux . 65
   I. Revue des différentes foires de Chartres :
      La Saint-André : foire aux chevaux . . . 67
                     aux porcs 71
                     aux laines 73
                     aux moutons . . 74
                     à la filasse 76
                     aux balais 77
      La Saint-Barthélemy : foire aux cercles . . 78
   II. Brigands d'Orgères 80
      Leurs mariages 81
      Leurs assassinats, etc. 83

SIXIÈME STATION. La place des Épars. . . . 87
   I. Description de la place. 88
      Voitures avant et depuis le chemin de fer. . 89
      Population de la place 93
   II. La gargouille et l'octroi. 94
   III. Embellissemens 96
      Fontaine, Marceau, Gaz. 97

SEPTIÈME STATION. Nouveaux projets. . . . 99
   I. Les vespasiennes placées et déplacées. . . 100
   II. L'hôtel-Dieu hors la ville. 105
   III. Nouvelle rue 109
      Théâtre, Cercle 110
      Bibliothèque, Musée. 111

HUITIÈME STATION. Souvenirs d'autrefois. . . . 115
   I. Croix de la mission 116
   II. Agrandissement de la place 118
      Arbre de la liberté 119
      Fêtes de la Montagne 119
   III. Mort du conventionnel Tellier 120
   IV. Martyre de l'abbé Brière. 123

NEUVIÈME STATION. La Butte Saint-Michel . . 137
   I. Nouvelles bâtisses. 138
   II. École Saint-Ferdinand 139
   III. Habitués de la promenade 142
      Tribunal de commerce 144
   IV. Souvenir de Regnier 145
   V. Journée des aloses. 146
   VI. Entrée de Henri IV 150

DIXIÈME STATION. Le Cœur-Pétion 151
   I. La glacière. 152
   II. Le collége 153

ONZIÈME STATION. La Butte de la Courtille. . 161
   I. Ancienne abbaye de Saint-Père. 163
   II. Légende. 165
   III. Incendie de la Cathédrale 167

DOUZIÈME STATION. Le pont de la Courtille. . 179
   I. Pont, bains publics 179
   II. Jolis dessins à faire 181
   III. Souvenirs du carnaval 184
   IV. Machine hydraulique, fontaines, lavoir . . 189

TREIZIÈME STATION. Le faubourg de La Grappe .	195
I. Voiture d'Orléans. — Souvenir d'un ami . .	195
II. Déroute de 1814	197
III. Paix de Brétigny	199
IV. Cimetière Saint-Cheron	203
Gaz	204
QUATORZIÈME STATION. La Porte Morard. . .	207
Siége de Chartres par Rollon, etc. . . .	209
QUINZIÈME STATION. La Porte Guillaume . . .	233
I. Faubourg Saint-Barthélemi.	234
II. Procession de la Ligue	235
La reine Berthe	241
III. La porte Guillaume réparée et brûlée. . .	242
IV. Avenue des Veuves et des Soupirs	244
Panorama	246
Lutte du pouvoir temporel et du pouvoir spirituel.	247
V. Guinguettes des Filles-Dieu, etc. . . .	249
SEIZIÈME STATION. Le Vieux-Trou	253
I. Origine du Vieux-Trou. — Souvenirs . . .	254
Siége de Chartres par Henri IV.	255
Épisodes.	259
II. Attaque du 2 avril.	261
III. Capitulation. — Sacre du roi	267
Pont des Filles-Dieu	269
DIX-SEPTIÈME STATION. Les Filles-Dieu . . .	271
I. Église Saint-André	271

Embellissemens de la promenade	273
Petits-Prés.	274
II. La Fonderie	275
Ses bataillons d'ouvriers.	277
Turbines.	280
Moulins anglais.	282
III. Ancien couvent des Filles-Dieu.	285
Diane d'Apremont.	286
DIX-HUITIÈME STATION. LE PONT-NEUF.	291
I. Construction du pont.	292
Double panorama.	293
II. Épisode de l'Enfant de chœur	298
DIX-NEUVIÈME STATION. LA PORTE DROUAISE.	307
I. Souvenir du siége de Chartres par le prince de Condé.	309
II. Chapelle de la Brèche.	310
III. Porte Drouaise et sa fontaine	313
IV. Excursion aux fontaines miraculeuses de la Beauce	315
Le curé de Soulaires.	316
VINGTIÈME STATION. SAINT-MAURICE.	321
I. Licenciement de la garde royale.	322
II. Émeute de Lèves.	326
III. Les Petites-Sœurs des pauvres.	327
Souvenir d'une visite faite dans leur maison de la rue de la Tannerie.	328
IV. Le Jeu-de-Paume.	339

VINGT-ET-UNIÈME STATION. L'EMBARCADÈRE . . 341
   I. Découverte de la vapeur. 341
   II. Départs et arrivées des convois 344
      Voyageurs et curieux 346
   III. Trains de plaisir 352

VINGT-DEUXIÈME STATION. INAUGURATION DU CHEMIN
   DE FER. 359
   I. Gardes nationales d'Eure-et-Loir 359
      Le Président de la République 361
      Bénédiction du chemin de fer 362
   II. Double banquet 363
   III. Feu d'artifice 365
   IV. Bal 368
   V. Illuminations 369
   VI. Retour. — Patrouille. 371

ÉPILOGUE. 375

NOGENT-LE-ROTROU.
IMPRIMERIE DE A. GOUVERNEUR.

www.ingramcontent.com/pod-product-compliance
Lightning Source LLC
Chambersburg PA
CBHW060608170426
43201CB00009B/946